外国家庭法及妇女理论研究中心项目
家 事 法 研 究 学 术 文 库

陈 苇 主编

遗产债务法律制度研究

杜江涌 著

群 众 出 版 社
·北京·

《家事法研究学术文库》顾问

（以姓氏笔画为序）

巫昌祯（中国政法大学教授）
杨大文（中国人民大学教授）
杨与龄（台湾“国立”政治大学教授）
张贤钰（华东政法大学教授）
陈明侠（中国社会科学院法学所研究员）
林秀雄（台湾辅仁大学教授）

丛书主编简介

陈苇 女，四川资中县人，1987年于西南政法学院民法专业硕士研究生毕业，获法学硕士学位，留该校任教至今。主要研究方向为婚姻家庭继承法，妇女、儿童、老人权益法律保护。2003年12月至2004年12月，其受国家留学基金资助公派出国留学，作为访问学者到澳大利亚悉尼大学法学院进修外国家庭法一年，现任西南政法大学民商法学院教授、博士生导师、外国家庭法及妇女理论研究中心主任、婚姻家庭继承法及妇女理论教研室主任，兼任家庭法国际学会执行委员会委员、中国婚姻家庭法学研究会副会长，重庆市人民代表大会内务司法委员会咨询专家、重庆市妇联法律顾问，重庆市渝北区人民代表大会代表，重庆市沙坪坝区人民法院"未成年人司法制度研究基地"专家咨询委员会委员。

陈苇教授担任负责人已主持完成并正式出版国家社科基金项目、司法部"法治建设与法学理论研究"项目、重庆市"十五"哲学社会科学规划项目、重庆市教育委员会人文社会科学重点项目等成果著作五部。代表性成果包括：独著、主编、主持翻译的《中国婚姻家庭法立法研究》（第一版、第二版）、《外国婚姻家庭法比较研究》、《中国大陆与港、澳、台继承法比较研究》、《当代中国内地与港、澳、台婚姻家庭法比较研究》、《当代中国民众继承习惯调查实证研究》、《外国继承法比较与中国民法典继承编制定研究》（国家社科基金项目成果著作，入选2010年度首届"国家哲学社会科学成果文库"）、《改革开放三十年（1978~2008）中国婚姻家庭继承法研究之回顾与展望》、《加拿大家庭法汇编》、《澳大利亚家庭法（2008年修正）》、《美国家庭法精要》（第五版）、《澳大利亚法律的传统与发展》（第三版）等著作、译作二十余部；在《中国社会科学文摘》、《中国法学》以及International Journal of Law, Policy and the Family, The International Survey of Family Law, US-China Law Review, 21st Century Law Review等中外学术刊物发表中英文学术论文六十余篇；此外，已主编出版《家事法研究》学术论文集六卷（2005年卷~2010年卷）和"家事法研究学术文库"系列著作七部；应邀与美国、意大利学者合作撰写美国法学院比较家庭法英文教材一部：Practical Global Family Law ——United States, China and Italy（2009年4月在美国出版）。

目　录

CONTENTS

前　言

自 1978 年西南政法学院复办以来，我国著名的婚姻法专家、中国法学会婚姻法学研究会副总干事杨怀英教授担任我校婚姻法研究方向的学科带头人。1985 年 3 月至 7 月，我校承担了司法部委托的全国法律专业婚姻法师资进修班的教学任务。当时全国著名的婚姻法专家巫昌祯、杨大文、王德意、李忠芳、任国钧等教授应邀前来我校，与我校全国著名的婚姻法专家杨怀英教授及胡平等教师一起为来自全国的婚姻法师资进修班学员们上课，传授婚姻法学的理论知识和教学经验。如今，该婚姻法师资进修班学员们大部分都成为各高校的婚姻法领域的著名专家学者和骨干教师，他们为国家培养了大批优秀的人才。因此，可以说，我校是我国婚姻法学人才培养的摇篮。在科研方面，杨怀英教授先后主编出版了：《滇西南边疆少数民族婚姻家庭与法的研究》（法律出版社 1988 年出版）；《中国婚姻法论》（重庆出版社 1989 年出版，1991 年荣获重庆市社科优秀科研成果三等奖）；《凉山彝族奴隶社会法律制度研究》（四川民族出版社 1994 年出版，1996 年荣获四川省社科优秀科研成果二等奖）等专著和教材。1995 年杨怀英教授去世后，由中国法学会婚姻法学研究会常务理事邓宏碧教授担任婚姻法学科带头人。邓宏碧教授、胡平副教授等老教师带领婚姻法课程的教师们继续努力进行教学和科研工作。尤其值得指出的是，邓宏碧教授主编的《中国少数民族人口政策研究》（国家社会科学“八五”规划重点科研项目，重庆出版社 1998 年出版），2001 年荣获重庆市社会科学优秀科研成果一等奖。

本人于 1979 年 9 月考入西南政法学院法律系本科学习，1983 年 6 月毕业任教一年后，于 1984 年 9 月考入西南政法学院攻读民法专业硕士研究生，师从杨怀英教授，主要研究婚姻家庭法。1987 年 7 月本人硕士研究生毕业后留校任教至今。我在母校学习和从事教学科研工作至今已有 30 多年了。在这 30 多年期间，在母校各级领导和老师们的辛勤培养下，我由一名学生成长为教授、博士生导师、博士后合作导师；于 1996 年 5 月起担任民法教研室副主任，于 1999 年 5 月起担任民法教研室主任，于 2003 年 5 月起至今担任婚姻家庭继承法教研室主任。在婚姻法学界老一辈专家的辛勤培养下，本人于 1996 年 7 月起担任中国法学会婚姻家庭法学研究会理事；于 1999 年 7 月起担任中国法学会婚姻家庭法学研究会常务理事；于 2004 年 7 月至今，担任中国法学会婚姻家庭法学研究会副会长。2003 年 12 月至 2004 年 12 月，本人受国家留学基金资助由教育部公派出国留学，作为访问学者到澳大利亚悉尼大学法学院进修外国家庭法一年。我留学回国后，于 2005 年 1 月向学校提出了建立“西南政法大学外国家庭法及妇女理论研究中心”的书面申请。2005 年 4 月 1 日，西南政法大学校长办公会议批准同意该研究中心成立，任命我担任主任。

自 2005 年 4 月该研究中心成立后，本人夙夜忧虑，恐负厚望，带领研究中心的教师和研究生组成科研创新团队，勤奋科研，不敢懈怠。近七年，我担任项目负责人，主持完成并公开出版的专著、译著有十余部：《外国婚姻家庭法比较研究》（重庆市哲学社会科学“十五”规划项目，2006 年 1 月出版）、《加拿大家庭法汇编》（2006 年 1 月出版）、《中国大陆与港、澳、台继承法比较研究》（重庆市教委人文社科项目，2007 年 1 月出版）、《当代中国民众继承习惯调查实证研究》（国家社科基金项目子课题，2008 年 1 月出版）、《澳大利亚家庭法（2008 年修正）》（重庆市教委人文社科重点项目，2009 年 1 月出版）、《美国家庭法精要》（2007 年第五版，

2010年3月出版)、《改革开放三十年（1978～2008）中国婚姻家庭继承法研究之回顾与展望》(西南政法大学重点项目，2010年1月出版)、《中国婚姻家庭法立法研究》（第二版，2010年1月出版)、《外国继承法比较与中国民法典继承编制定研究》(国家社科基金项目结项成果，入选2010年度《国家哲学社会科学成果文库》，全国哲学社会科学办公室在“出版说明”中指出：入选成果代表当前相关领域学术研究的前沿水平，体现我国哲学社会科学界的学术创造力，按照“统一标识、统一封面、统一版式、统一标准”的总体要求组织出版，2011年3月出版)、《澳大利亚法律的传统与发展》(第三版，2011年6月出版)、《当代中国内地与港、澳、台婚姻家庭法比较研究》(中国司法部部级科研项目，2012年5月出版）等。此外，应邀与美国、意大利学者合作撰写美国法学院比较家庭法英文教材1部：*Practical Global Family Law——United States，China and Italy*（2009年4月在美国出版)。

为促进婚姻家庭继承法领域的学术研究和学术交流，本人于2005年起创办《家事法研究》学术论文集刊。自《家事法研究》首卷面世以来，历时六年，先后出版了2005年卷至2010年卷共计六卷，推出了一批具有前沿性的学术论文，培养了一批学术新人，受到学术界同人和实务界人士的肯定和好评，产生了良好的社会影响。为进一步扩大《家事法研究》的学术影响，经本人提出申请，中国法学会婚姻家庭法学研究会常务理事会研究同意，《家事法研究》从2011年卷起始转为“中国法学会婚姻家庭法学研究会”的会刊。可以相信，今后在该研究会的精心主办下，《家事法研究》将在法学理论研究与司法实务探索相结合的沃土中更加茁壮成长，枝繁叶茂！

长江后浪推前浪。为了推出婚姻家庭继承法学研究领域具有前沿性、创新性的学术著作，培养学术新人，本人主编出版《家事法研究学术文库》丛书。此套丛书主要遴选婚姻家庭继承法研究领域具有前沿水平的博士学位论文和学术专著，每年拟出版2～3

部著作。本学术文库丛书的出版目的，旨在通过出版婚姻家庭继承法学研究领域的前沿学术著作，进一步提升家事法研究的理论水平，推出一批婚姻家庭继承法学研究领域的新秀，促进我国婚姻家庭继承法学研究朝着更深、更广的方向发展，以更多的优秀研究成果为国家的立法和司法服务。本学术文库2012年已出版以下四部著作:《婚姻家庭法之女性主义分析》、《基于性别的家庭暴力之民法规制——中国法与美国法之比较》、《亲属法的伦理性及其限度研究》、《人文主义视阈下的离婚法律制度研究》。2013年将出版以下三部著作:《遗产债务法律制度研究》、《防治家庭暴力立法与实践研究》、《私法自治视域下的老年人监护制度研究》，以飨读者。

最后，对群众出版社的编辑老师们对本文库丛书辛勤的编辑工作，我表示衷心的感谢!

陈　苇

2012年8月28日

自 序

继承法是民法的重要组成部分，既与一国的政治、经济制度有关，又与一国的文化传统、婚姻家庭有密切联系。继承制度关系到公民财产所有权的保护，是法的安全价值的体现，因此继承法在社会生活中有着重要的地位和作用。基于此，各国无不通过立法对其予以规制。

“法的关系正像国家的形式一样，既不能从它们本身来理解，也不能从所谓人类精神的一般发展来理解，相反，它们根源于物质的生活关系。”20 世纪 80 年代中期，我国商品经济不发达，特别是个体及私有经济并不活跃，个人资产额也不多，同时受“宜粗不宜细”立法指导思想的影响，1985 年颁行的继承法条文过于简单，可操作性不强。随着社会经济的发展，便日益显现出它的不适应性，尤其在遗产债务问题上，无法充分发挥法的规范和导向功能，甚至在一定程度上造成了人们认识的混乱。有鉴于此，笔者从保护遗产债权人利益之角度出发，就遗产债务法律制度进行探讨，分析其不足，提出立法建议，既可为继承法的修改与完善提供重要参考，也可以为司法实践提供理论指导，以求对法治国家的建立有所裨益。

就我国遗产债务实体制度的完善而言，笔者提出了如下思考：

关于继承的接受与放弃：为了保护各当事人的合法权益，继承关系必须在较短的时间内确定下来，不允许长时间悬而不决。放弃继承、接受继承，应当规定在一定的时间内以明示方式予以表示；

实行概括继承制度，继承人向其他继承人或利害关系人作出愿意概括接受继承的意思表示后，即须无限承受被继承人财产上的权利义务。下列情况视为继承人概括接受继承：（1）经过表示放弃继承的期限后继承人未作任何意思表示的；（2）继承人虽已作出限定接受继承或者放弃继承的意思表示，但隐匿遗产的全部或者一部，或者私自消费遗产，或者故意对遗产清册作不实记载。为了公平合理地保护遗产债权人的利益，我国继承法应改无条件的限定继承制度为有条件的限定继承制度。

关于遗产的界定：通过对“公民”、“自然人”内涵与外延的分析，对遗产的内涵作了新的界定：遗产是自然人死亡时遗留的个人合法财产。在立法技术上，建议对遗产范围的规定采用概括规定与排除式相结合的立法方式，即一方面从正面规定“遗产由被继承人死亡时遗留的个人合法财产及财产权利构成”，另一方面同时规定“与被继承人紧密联系不可分割的权利不能构成遗产”。此外，还就归扣制度（包括发生条件、主体、客体、方法、法律责任等方面）进行了设计。

关于遗产的管理：从我国实际情况出发，遗嘱执行人、继承人、被继承人生前所在地的居民委员会或村民委员会均可以充当遗产管理人，并赋予其相应的职责。

关于遗产债务清偿体系：笔者认为，遗产债务是指被继承人生前因其行为所产生的应当由个人负担的债务和遗产应负担的费用。具体来看，包括以下几个方面：（1）被继承人所遗留的债务（包括合同之债，侵权、不当得利、无因管理之债，遗赠之债，因违法犯罪行为所受之罚款、罚金，因经营所欠国家税款，被继承人生前因其他行为引起的债务）；（2）遗产应负担的费用（包括继承费用、酌给遗产之债和特留份之债）。在借鉴澳门立法的基础上，笔者就共同继承人清偿遗产债务时的责任提出以下构想：遗产分割前，共同继承人应发出公示催告程序，催告债权人于法定期间内申报债权。该法定期间以6个月为妥，自公告期满后起算。债权人在法定期间内或期限虽满但遗产尚未分割前申报了债权，各共同继承人应承担连带清偿责任。任何继承人不得以超出应继份比例为由拒绝清偿。继承人清偿债务超过自己应继份比例的，对超过的部分可按其他继承人应继份比例向其他继承人追偿；遗产分割后，各继承人对遗产债务应按各自比例承担按份责任。对超过应继份比例的遗产债务，各继承人负连带清偿之义务。如果个体继承人在未对遗产债权人进行公示催告之前分割了遗产，其分割无效。各继承人仍对债权人承担连带责任。在此无效分割中，有限继承人如果有隐匿遗产或拒不返还遗产之行为的，经债权人申请，负责有限继承申请登记的机关可以撤销该登记，该继承人即不再受有限继承的保护，应对债权人承担无限清偿责任。建议增补以下规定，以明确受遗赠人承担遗产债务的责任：该遗产债务为一般的遗产债务时，在这种情况下，受遗赠人承担遗产债务须遗赠人在遗赠中明示。除非遗赠人有明确表示，受遗赠人仅在法定继承人所继承的遗产份额不足以清偿遗产债务时，才与遗嘱继承人按所得遗产比例承担责任；该遗产债务为有担保的遗产债务时，在受赠人取得设有抵押权的物后，受遗赠人应单独承担该抵押权所担保的遗产债务，除非遗赠人在遗嘱中另有规定。如受遗赠人所得遗赠不足清偿时，剩余部分应先由法定继承人承担，如仍无法清偿时才由遗嘱继承人负担；除非受遗赠人自愿，受遗赠人清偿遗赠人的债务均以所受遗赠总额为限。继承开始后，继承人或遗产管理人在清点完遗产之后，应当及时通知债权人申报债权，以便于继承人清偿债务。对于已到期的债务，继承人应当及时清偿，对于未到期的债务，继承人经债权人同意后可提前清偿，也可以在分割遗产时保留与债务数额相等的遗产数额，或分配给某一继承人负责清偿。遗产债务清偿可以统一清偿为原则，分别清偿为例外。

关于遗产债权人的权利：赋予遗产债权人以遗产管理请求权，把保护权利的武器交给权利人自己，由权利人根据具体情况决定是否采取某种法律措施保护自己的合法权益；对于被继承人或继承人的危及债权人债权的财产行为，赋予债权人以撤销权；在遗产为第三人占有或第三人对被继承人负有债务时，赋予债权人以代位权。

就我国遗产债务程序制度的完善而言，笔者提出了如下思考：

遗产债权人行使诉权制度：利害关系人基于下列原因可以提起遗产债务清偿程序：继承人的申请；遗产债权人的申请；遗产管理人的申请；利害关系人请求遗产分离而启动；部分遗产债权人以继承人为被告，要求清偿债务，人民法院受理后，发现尚有其他遗产债务未予清偿，由人民法院通知遗产债权人参加诉讼，启动遗产清偿程序。债务人死亡案件牵涉到继承人、受遗赠人、继承参与人和他们相互之间以及他们与原告（债权人）、集体组织、其他公民之间所发生的析产、遗产管理、清偿债务、继承、遗赠等权利义务关系。具体诉讼中适格的被告是谁，应具体情况具体分析。债权人为保证将来生效判决得以执行，顺利实现其债权，可以请求法院实施诉前财产保全。

遗产清册制度：要确认遗产状况并使之保持独立之目的，笔者认为完全可以借鉴大多数大陆法系国家的做法——设立遗产清册制度，并从清理人的选任、清理人的职责、遗产清册制作的期限、遗产清册的内容、遗产清册公告制度、遗产清册的异议与补正等方面进行设计。

遗产破产还债程序：主要从设立遗产破产还债程序的必要性，设立遗产破产还债程序的法理学基础，设立遗产破产还债程序的可行性，遗产破产的制度设计（遗产破产的主体、原因、申请主体、目的、破产财产的范围、破产债权的范围、遗产破产的受理、清偿行为的无效），继承人、遗产管理人申请破产之补救等方面进行了论证。

关于遗产债务的清偿顺序：当一笔财产上有多项债权同时存在时，哪一项应优先受偿，哪一项应次之，这对保障债权人的利益是相当重要的。在笔者看来，确定遗产债务清偿顺序的原则为："共益费用"随时清偿原则；最必要性原则；先有偿后无偿原则。基于此理念，遗产债务的清偿顺序为：第一顺序：共益费用；第二顺序：确为维持生存所需要的特留份、酌给遗产；第三顺序：遗赠扶养协议之债；第四顺序：劳动债权；第五顺序：死者生前所欠的第三、第四顺序以外的债务；第六顺序：遗赠。

学海无涯，笔者在前人研究成果基础上作出的思考，不免挂一漏万；百尺竿头，愿同行、读者不吝赐教以求得进步。

杜江涌

2012 年 8 月于山城重庆

引　论

“任何一种法律制度都不可能回避的一个问题是，当一个人去世时，其财产将会发生什么变化呢？这一问题被一系列因素复杂化了，其中最重要的事实是，死者的遗产除了诸如土地或货物等类的有体实物之外，还可能包括有他人欠他的债务，另一方面，在他去世时，他还可能欠下别人的钱。”① 法律是一门“善良与公正的艺术”。公平是法律所应当始终奉行的一种价值观，而公平作用之发挥又常在于“矫正自法规普泛性所生之弊端”。② 继承制度的目的在于解决自然人死后合法财产转移给谁以及如何转移的问题。③ 一个具有以信用为基础的经济制度的社会，不能依靠曾被接受的债务同死者一起消亡的原则运行。法为保证遗留债务能适当偿付，必须有所约束。

遗产债务法律制度就是解决一个人死后其遗产、遗产债务如何界定，遗产债务如何清偿，继承人如何承担责任以及遗产债权人如何救济等问题。本书旨在对我国的遗产债务法律制度进行深入系统的分析，并对之予以制度设计。为此，在引论中笔者首先就该选题的实务价值和理论意义，国内外有关遗产债务法律制度的研究现状

---

① William B . Stoebuck, Dale A . *Whitman* : *The law of Property*, Oxford University Press, Oxford, England, 1982, 205.

② ［日］穗积陈重：《法律进化论》，黄尊三译，商务印书馆 1929 年版，第 66 页。

③ Arthur Hartkamp etc : *Towards a European Civil code and edition*, Kluwer law international, 1998, 175.

以及本书所要解决的问题做一阐释和说明。

一、选题意义

（一）遗产债务法律制度的确立，有助于保护公民个人财产所有权

第一，遗产债务法律制度的内容受到经济基础的制约，确立了继承人及利害关系人对遗产进行支配的根本规则，是一个国家经济基础的法律化，决定了一个社会的基本遗产继承和债务清偿秩序。

遗产债务法律制度可追溯到古罗马。罗马法[①]中，以家父权力体系维持下的具有宗亲关系的家族核心理念，始终占据主流的社会意识形态，这一意识观念不仅影响到罗马法中物权以及债权体系的构建，同时在继承法中亦强烈地得到体现。早期罗马的继承，是从继承人资格的确立开始。“遗产继承是取得继承人资格的必然结果，这种资格因而成为对死者财产概括取得的主体条件或权能条件。”[②] 具有资格的继承人被视为宗亲集团或家族最高权力的接班人，不仅接替死者原有的法律地位，而且接替死者原有的全部财产关系，因而也继承死者的负担，继承债权和债务。可以说，被继承人生前的一系列法律关系，均按照其设立时的原样转移至继承人，这也就是罗马法中通常所谓的概括继承。[③]

在这样的概括继承方式下，死者生前所有的人身及财产关系均得到延续，而家族永恒的理念亦正是在这样的继承下得到实现。继

---

① 我们今天所说的罗马法，是指自罗马建城起直到查士丁尼制定“民法大全”这一千多年时间内的罗马法律。在这一历史时期，法律并不是一成不变的，而是有一个变迁的过程。罗马法的继承制度，也经历了从身份继承到财产继承、从概括继承到限定继承的发展过程。

② ［意］彼德罗·彭梵德：《罗马法教科书》，黄风译，中国政法大学出版社 1992 年版，第 420 页。

③ 与现代意义上的概括继承不同的是，在罗马法上，概括继承包括“生前概括继承”和“死因概括继承”。

承首先不是基于财产的目的，而是“家族，也就是包括在家父权中和由家父权而产生的各种权利和义务的集合体”① 的延续，才是概括继承的目的所在。然而，随着罗马社会经济的发展，家庭作为一种政治组织的功能和地位逐渐被削弱，古代罗马从原来的宗法社会逐渐步入了商业社会，原来的身份继承制度丧失了客观基础，人们的宗族观念也日渐淡薄，最后身份继承逐渐被财产继承所取代。从而原来在身份继承观念下的概括继承制度失去了它的前提和根据，其不合理性日渐显露。其一，概括继承导致了死者遗产与继承人财产的混合，使得死者的债权人与继承人的债权人的债权均可能面临不公正的偿还。很显然，在损益遗产②情形下，继承人的债权人即刻面临其债权保障不利的地步，而当遗产很丰盛，但继承人却原本负债累累之时，那么死者的债权人又将因财产混合而面临不利之境况。所以说，概括继承不仅对继承人，而且对死者的债权人、继承人的债权人都将是有害的。“在这种情况下，它也是不公正的，因为没有理由让上述当事人中的一方以牺牲另一方利益为代价获取好处，或者让他忍受自己的倒霉。”③ 其二，概括继承与已经发展起来的债权理念亦不相符。“从罗马法遥远的起源时期起，债务人的财产就早已被视为其债权人的担保，债权人只应当在财产的范围内获得清偿。”④ 因而，对债权人的照顾，不会导致也不应导致在法律上让他人承担债务人缔结之债的责任。然而，由于罗马家族以及家父权力体系的强大，使得概括继承方式得以长期排斥这一很早发展起来的债权理念。在家父权力应充分得到尊重以及家庭延续即为社会秩序最佳延续所需时，以家父法律地位继承为要求的概

① ［英］梅因：《古代法》，沈景一译，商务印书馆1983年版，第109页。

② 所谓损益遗产，即死者所欠债务超过其遗产盈额的遗产。

③ ［意］彼德罗·彭梵德：《罗马法教科书》，黄风译，中国政法大学出版社1992年版，第426页。

④ ［意］彼德罗·彭梵德：《罗马法教科书》，黄风译，中国政法大学出版社1992年版，第425页。

括继承成为法律维护的核心。此时，所谓债务人以个人财产为其债务担保的债权理念亦不得不让步于概括继承的原则。为了实现债权理念的统一，对概括继承予以限定势在必行。于是，人们采取了以下一系列的法律措施来弥补其因不公平而造成的不利影响：

其一，划分债务。“对于债务的无限继承，最古老的补救措施是在数个共同继承人之间划分债务，从而排除了债的连带性，这种连带性是很危险的东西，尤其是当共同继承人中的某人无清偿能力时。”①

其二，弃权照顾。即继承人有权以放弃继承的方式而使自己从遗产的债务中免除责任。

其三，限定继承。“朕的仁慈使这一恩惠由所有受制于朕的谕令权的全体人所共有，起草了一个既很公平又很驰名的敕令，如果人们遵守了其内容，允许他们接受遗产，而只在遗产的价值范围内承担责任。”② 限定继承的采用，不仅表明继承领域由身份继承到财产继承的过渡完成，更主要的是反映以家族或家庭为社会核心组合力量的观念的退化，同时亦象征着以各自独立的个人为组合社会或国家力量的观念将不断地崛起。而且，债权人原本通过概括继承享有的扩张权力，因为限定继承而受到了限制，这与发展起来的文明债权理念亦正好极为相符。限定继承制度中遗产债权人的债权可以通过以下几种机制得到保护：（1）遗产分离。如果被继承人的遗产能够清偿债务，而继承人（无论是自家继承人③，还是家外继承人）却没有清偿能力，在这种情况下，死者的债权人有可能会

---

① ［意］彼德罗·彭梵德：《罗马法教科书》，黄风译，中国政法大学出版社 1992 年版，第 438 页。

② ［古罗马］优士丁尼：《法学阶梯》，徐国栋译，中国政法大学出版社 1999 年版，第 225 页。

③ 从字面上讲，他们是“他们自己的继承人”，是所有曾处于死者的支配权或者夫权之下的，并且随着他的死亡而变成自权的人。反过来讲，脱离了父权的子女或者被送养的子女，则被排除在自家继承人的范围之外。

因必须与继承人的债权人平等地分享遗产而不公平地丧失获得全部清偿的希望。顽强的债权人可以要求将死者的遗产和继承人的财产加以分离，直到他的清偿要求得到满足为止。（2）财产清单利益。家外继承人所面临的另一个问题是，他可以在接受遗产和拒绝接受遗产这两种可能情况中进行选择。但是，在没有对遗产的清偿状况进行调查之前，可能很难做出选择，而且有关的调查活动可以被理解为是在作为继承人经管遗产。查士丁尼时代，法律规定如果继承人制作一份遗产清单（这项工作必须在继承人知晓自己的有关权利后）的30日开始，在随后的60日内完成，他将不再对超过财产清单数额以外的债务承担责任，如果他接受了遗产，或者遗产清单制作太晚，仍适用概括继承。[①] 财产清单原本是为了保护家外继承人[②]的利益，但其确保了遗产首先用于清偿债务，从而也保护了遗产债权人的利益。

此做法先后被法、德、日、奥及我国旧民法所继受，并由此发展为近代继承法之限定继承。在现代社会，为保护继承人的利益和遗产的债权人的利益，许多国家都设有遗产债务清偿制度。

第二，在人欲无穷而物质有限的资源稀缺型社会，遗产债务的基本功能在于规范债的履行，从而达到定分止争的作用。

个人是社会最基本的主体，甚至可以说是唯一的主体。对任何一个国家来说，个人财产所有权都是基本的制度。因为它既是对社会主体既有财产的认可或保护，又是对通过劳动等合法手段获得的财产的一种法律保护，他使所有人有机会——权利参与社会经济生活，分享社会财富。“财产是一组权力。这些权力描述一个人对其

① ［英］巴里·尼古拉斯：《罗马法概论》，黄风译，法律出版社2000年版，第253页。

② 遗产可以转移给家庭以外的人，或通过合法订立的遗嘱或者在无自家继承人的情况下，通过无遗嘱继承的规则。家外继承人区别于自家继承人之处在于，他们可以进行选择（因此也被称为自愿继承人），只有在他们决定继承之后，这些人才取得继承人的身份。

所有的资源可以做些什么，不可以做些什么：他可能占有、使用、改变、馈赠、转让或阻止他人侵犯其财产的范围。"① 保护公民产权，不仅包括静态的产权，即民法的物权，也包括动态的产权，即民法的"债权"②。遗产债务法律制度为遗产的利用确立了基本的规则。这种利用关系并非限于静态的用益物权制度之上，同时还体现在对遗产的交换价值的关注。

（二）遗产债务法律制度的确立，有助于法的安全价值的体现

"有社会，斯有法律；有法律，斯有社会"，"法的价值是法对于人的需要的满足，也是人关于法的绝对超越的指向"。③ 法律是保障社会生活安全的，"人的安全乃是至高无上的法律"，所以安全性是法律的基本价值之一。安全的含义是指法律应对各种行为的法律后果加以明确宣示，从而使法律具有可预见性，使人们在行为之前即可预料到法律对自己行为的态度，可以知道自己的行为会产生什么样的法律后果，不必担心来自法律的突如其来的打击。

诚然，在不同的历史时期，影响社会安全、稳定的因素是不一样的，现代社会中，影响稳定的诸要素中，最重要的是经济。基于人与人的相互交往而形成的关系中，绝大多数是与经济要素有关，属于经济关系的范畴，因而维持经济稳定及经济安全是社会得以存在并发展的前提。事实证明，大量动态中的经济关系实质就是特定当事人之间的具体权利义务关系，即民法上的债的关系，这样的债权、债务关系必将透过经济关系对社会的稳定性施以影响，因此，债的关系的畅顺是社会稳定的重要因素。

民法是调整社会财产关系的法律，也必须以实现市民财产安全为其价值追求。作为动态的财产流转关系，交易的安全自 19 世纪

---

① ［美］罗伯特·考特、托马斯·尤伦：《法和经济学》，张军等译，上海三联书店 1994 年版，第 125 页。

② 纪坡民：《产权与法》，三联书店 2001 年版，第 4 页。

③ 卓泽渊：《法的价值论》，法律出版社 1997 年版，第 3 ~4 页。

以来就取代了静态的安全而成为各国私法保护的重点。

债权人利益保护问题从根本上说是一个社会经济秩序问题。这个问题存在于社会经济生活的各个领域。随着财产继承制度的确立，其在财产继承领域表现尤为突出。一个具有以信用为基础的经济制度的社会，不能依靠曾被接受的债务同死者一起消亡的原则运行。

（三）遗产债务法律制度的完善，有助于和谐社会的构建

党的十六届四中全会提出“构建社会主义和谐社会”的目标。所谓和谐社会，就是“形成全体人民各尽其能、各得其所而又和谐相处的社会”。[①]“我们所要建设的社会主义和谐社会，应该是民主法治、公平正义、诚信友爱、充满活力、安定有序、人与自然和谐相处的社会。民主法治，就是社会主义民主得到充分发扬，依法治国基本方略得到切实落实，各方面积极因素得到广泛调动；公平正义，就是指社会各方面的利益关系得到妥善协调，人民内部矛盾和其他社会矛盾得到正确处理，社会公平和正义得到切实维护和实现。”[②] 从上述论述中我们可以领悟到：在建设社会主义和谐社会的进程中，我们应当充分认识法律手段在解决人民内部矛盾中的重要作用，妥善处理各方面的利益关系，从而维护社会的安定团结。

一个社会法治进步的标志主要通过守法的状态表现出来，守法构成了社会的主旋律。在法治社会，社会主体自觉、积极地进行适法性行为，使法律在遵守中得以实现。守法是法治社会的常态，是法治运作过程中的必要机制。法治寄予人类的价值期待和美好愿望是通过守法转化为现实的。社会主义法治最主要的就是公民能够自觉守法，把法律的他律变为以自律性为主。这一观点也蕴含着法治

① 中央保持共产党员先进性教育活动领导小组办公室：《保持共产党员先进性教育读本》，党建读物出版社 2004 年版，第 72 页。

② 《胡锦涛在省级主要领导干部提高构建社会主义和谐社会能力专题研讨班上的讲话》。

的和谐主要体现在守法上的意义。

在我国的立法方面，许多学者都强调：中国所立法律之特色就是既要适应中国国情又要力争与国际接轨。笔者认为，从和谐观的视角看，这就是在追求一种和谐。中国的法律要求在中国适用，其立法必然要适合中国国情，要追求立法与中国国情的和谐。中国是一个文明古国，几千年来所形成的道德、风俗、习惯等，其中有许多是中华民族的优良传统，它体现着我国人民的伦理和气节等高尚的品质和理念。这些民族的精华已被我国人民所理解和接受。如果在我国的立法中不能体现这些被广大人民群众认可并已经深入人心的宝贵的精神财富，那么，所立之法就不能被人民所接受，立法只有与中国的伦理、道德、风俗、习惯等国情相融合，才能使人民群众平和地接受，从而达到立法与中国国情的和谐。

另外，当今世界的社会化已经发展到了全球化。中国法又必须与外国普遍认可的法律精神接轨，实现中国法与外国法的和谐，这也是中国法治的追求。人类尽管存在着肤色的不同，但都有着人性的善良、人的本质等许多共同之处。共性是人类的普遍性，个性是人类的特殊性，共性寓于个性之中。因此，世界各国的法律均存在着许多共同之处，中国法是能够把许多外国法律精神融入其中的。社会主义和谐法治的立法就是要达到立法与国情的和谐，本国法与外国法的和谐，使我国法律具有良性和先进性。

我国现行的继承法制定于1985年，近二十年的法律实践证明，它对调整我国的财产继承关系发挥了重要作用。但是，现行继承法是一部建立在公民没有多少遗产的基础上的继承法，是一部穷人的继承法。[①] 时至今日，我国的社会经济条件发生了巨大的变化，“我国已经成功实现从计划经济体制向社会主义市场经济体制的转

① 杨立新：《对修正〈继承法〉十个问题的意见》，载西南政法大学民商法学院和外国家庭法及妇女理论研究中心编印：《中国继承法修改热点难点问题研讨会论文集》2012年6月，第1页。

轨，现代化社会主义市场经济有了相当发展，党中央提出的全面建设小康社会的目标即将实现，广大人民群众拥有的私有财产种类和数量日益增加，同时由于实行计划生育政策，一对夫妇只生一个孩子，家庭关系和亲属关系发生了深刻变化”，[①] 现行继承制度受其产生的历史条件、经济背景的制约，遗产债务的相关内容没有规定或规定得不明确、不具体，而且日益难堪重负。因此，对现行遗产债务法律制度加以完善是当务之急。

（四）遗产债务法律制度的完善，有助于民法典内容的科学化

随着我国法治化进程的加速，同时为适应我国加入 WTO 后社会主义市场经济发展的需要，中国民法典的制定已被提上议事日程。遗产债务法律制度，作为继承法的重要组成部分，其内容的完善与否，关系到继承法及整部民法典的质量。另外，继承法，作为市民社会调整家庭关系的基本法之一，其内容科学与否，关系到法本身的生命力。

二、研究现状

近年来，对遗产债务法律制度的研究方兴未艾，相关的著作和论文也比较多，并在一些基础性问题上取得了较为一致的意见。[②]

---

① 梁慧星：《关于修改〈中华人民共和国继承法〉的建议》，载中国民商法律网，http://www.civillaw.com.cn/article/default.asp? id=48393，访问日期2012年7月30日。

② 具有代表性的著作主要有：张玉敏：《继承法律制度研究》，法律出版社1999年版；刘春茂：《中国民法学·财产继承》，中国人民公安大学出版社1990年版；郭明瑞、房绍坤、关涛：《继承法研究》，中国人民大学出版社2003年版；陈苇、宋豫主编：《中国大陆与港、澳、台继承法比较研究》，群众出版社2007年版；陈苇主编：《当代中国民众继承习惯实证调查研究》，群众出版社2008年版；陈苇主编：《外国继承法比较与中国民法典继承编制定研究》，北京大学出版社2011年版；史尚宽：《继承法论》，中国政法大学出版社2000年版；周枏：《罗马法原论》，商务印书馆2001年版；［意］彼德罗·彭梵德：《罗马法教科书》，黄风译，中国政法大学出版社1992年版；［英］巴里·尼古拉斯：《罗马法概论》，黄风译，法律出版社2000年版。囿于文章整体考虑，对相关论著之观点在此不赘，仅就存在之问题予以阐释。

但从总体来看，主要存在以下三个方面的问题：

（一）重视理论问题的探讨，对公众继承习惯的民情调查尚显不足[①]

继承法是最具民族特色的部门法之一，与一个国家的婚姻家庭制度和民事习惯[②]有着密切的联系。遗产债务问题，并不是一个可以通过移植其他国家的相关制度就能完全解决的问题。一个民族国家的继承法的遗产债务法律制度设计，应该体现这个民族长期以来对解决该问题的认同程度。在这方面的习惯，只要不违背自由、平等这些现代法理念，法律就没有扭曲习惯的必要。因为，现代法是需要体现人性关怀的法，私法自治的另一个含义就是，只有在私法领域内尽可能地排斥强制干涉，才可能营造出一个体现人性关怀的法制环境。因此，作为市民社会调整家庭关系的基本制度之一，继承法的相关设计必须做到"从群众中来，到群众中去"，以期更好地为公民的生活服务，最大限度地发挥其效用。

（二）重视实体问题的研究，对遗产债务特殊程序的设计滞后

在司法实践中，程序制度的设计具有重要的现实意义。首先，程序在某种程度上弥补了实体法的不足，"是法律的内部生命的表现"；[③] 其次，程序能保障稳定和有序，体现客观公正和民主法制

① 此问题已逐渐引起我国学者的重视，如张玉敏教授在1999年出版的《继承法律制度研究》著作的写作过程中，曾进行一定范围内的继承习惯调查；又如，在2005年至2006年期间，陈苇教授组织进行了1949年10月中华人民共和国成立以来的首次"当代中国民众继承习惯调查"，于2008年出版《当代中国民众继承习惯实证调查研究》之国家社科基金项目阶段性研究成果，以此次社会调查收集的当代中国民众继承习惯的第一手国情资料为基础，通过比较研究和总结外国继承法有益的立法经验，从中国实际出发提出完善我国继承法的立法建议，于2011年出版国家社科基金项目的结项成果著作《外国继承法比较与中国民法典继承编制定研究》。

② 民事习惯并不仅仅由惯例组成。除了惯例以外，民事习惯的主要内容包括：1. 民族社会中存在的民事关系。2. 民事纠纷的解决方法。参见俞江：《民事习惯调查与中国民法典编纂》，载中国法律文化网。

③ 《马克思恩格斯全集》（第1卷），人民出版社1956年版，第177页。

的价值取向。

“重实体，轻程序”，是我国法律传统的固有顽疾。综观现行继承法律制度，对继承事务中的一些程序性问题重视不够，特别是遗产债务的清偿无任何特殊程序性规范。当遗产的数额足以清偿债务和支付各项继承费用时，遗产债务清偿程序的作用尚不太明显，但当遗产不足以支付继承费用和债务时，程序的作用就显得特别重要。

（三）重视对国外制度的移植，对本国原有规定价值的挖掘不够

在经济全球化、一体化的发展进程中，法律也会逐步克服其封闭、保守的弱点，而向着既有本土化，又有全球化特色的方向发展。法律规范、法律制度作为上层建筑的一部分，是人类共同的文化，因此，完善、健全我国的财产继承法律制度，要与国际惯例、国际法规接轨；同时，我们也应该看到，继承制度是最具“本土特色”的设计，我们不能一味追求与国际接轨，而简单否定本国原有制度的规定，我们必须立足本国，发扬我国长期形成的在继承领域的符合国情的规定，使得我们可以少走弯路，少犯错误。

三、所要解决的难点问题

（一）关于遗产债务实体制度之难点问题

1. 关于继承的接受和放弃

（1）现行无条件的限定继承原则缺乏可操作性；

（2）忽视概括继承制度存在的价值；

（3）没有对接受和放弃继承规定明确的期限。

2. 关于遗产和遗产债务的界定

（1）遗产范围的定位不能反映现实；

（2）遗产债务的范围没有明确界定。

3. 关于遗产的处理

（1）遗产的分配时间没有规制；

（2）遗产管理制度规定得非常简单。

4. 关于遗产债务清偿体系

（1）未规定遗产债务的清偿时间；

（2）未规定清理遗产债务的公告制度；

（3）未规定遗产债务的清偿方法；

（4）多种遗产转移方式并存时对遗产债务的清偿责任分配不合理。

5. 关于遗产之债的保全

（1）对于被继承人生前行为，造成被继承人遗产的实际价值不足以清偿其债务而损害债权人利益的情况，我国继承法没有相应的规定加以防范与规制；

（2）对于被继承人死后继承人危及遗产债权人利益的行为，我国继承法没有相应的规定加以约束。

（二）关于遗产债务程序制度之难点问题

1. 关于遗产债权人行使诉权的规定

我国现行继承法及诉讼法没有对遗产债权人如何行使诉权作出具体规定。

2. 关于遗产债务清偿的特殊程序性规定

（1）无完善的遗产清算制度；

（2）无遗产破产制度；

（3）无遗产债务的清偿顺序制度。

第一章　遗产债务法律制度基本理论探讨

遗产债务法律制度的基本内容包括：遗产的范围、遗产债务的范围、遗产债务的清偿顺序、遗产债务的清偿责任以及遗产债权人权益的法律保护。基于体例安排之考量，本部分仅就遗产范围之界定、遗产债务范围之界定以及遗产债务的清偿顺序三个问题予以比较研究，[①] 并就遗产债务的清偿责任问题进行制度分析。

第一节　遗产范围之界定

考察继承法的发展史不难发现，各国的继承制度无不经历了一个从身份与财产的混合继承到财产继承的发展过程。作为继承客体的遗产，其范围的演化也经历了身份权日渐式微与财产权日益扩张的过程。[②] 通说认为，遗产，是指被继承人死亡时遗留下的个人财产。具体而言，遗产概念又有狭义和广义之分：狭义的遗产仅指积极财产；广义的遗产概念不仅包括积极财产，而且还包括消极财

① 在比较研究中，笔者从大陆法系和英美法系两个角度考察。基于资料所限，大陆法系选取了德国、法国、瑞士、日本、俄罗斯为代表；英美法系选取了英国和美国为代表。

② 孙有强：《有限责任公司股权继承问题研究》，载方流芳主编：《法大评论》（第3卷），中国政法大学出版社2004年版，第52页。

产。[①] 在民法理论上，财产权利被称为积极财产，财产义务被称为消极财产。

遗产具有以下法律特征：

第一，遗产具有特定的时间性。遗产的范围应当按照继承开始的时候确定。[②] 也就是说，在公民死亡前，其拥有的一切财产属于个人所有财产。只有在公民死亡后，其遗留的个人所有财产才转化为遗产。任何人都无权提出“继承”生存公民的财产要求，否则构成对公民个人财产的侵害。

第二，遗产具有财产性。[③] 依现代继承法理念，继承人仅对被继承人遗留下的财产或财产性权利享有继承权。而所谓的财产性权利，“通常谓以有金钱上之利益为标的的权利”。[④] 简单说来，就是指在正常的情况下可以具体量化以金钱价值出让或转变为金钱的权利。[⑤]

第三，遗产具有内容上的限定性。专属于被继承人人身之权利或基于某种身份关系的存在而存在的财产不能作为遗产。也就是说，遗产仅仅是指依法能够转移给他人的财产。[⑥]

第四，遗产具有范围上的专属性。能够作为遗产转移给他人的财产必须是被继承人的个人财产，即不能将不属于被继承人的财产作为遗产处理，否则构成对他人财产权利的侵害。所以，继承开始

---

① 陈苇主编：《婚姻家庭继承法学》，群众出版社 2005 年版，第 307 页。

② 杨立新、朱呈义：《继承法专论》，高等教育出版社 2006 年版，第 183 页。

③ 有学者认为，现代社会，遗产不仅仅指财产，还应该包括被继承人的人格。（参见孙文桢：《论人格继承和继承法的制度结构》，载《北方法学》2011 年第 1 期。）对此，笔者认为，人格就其内涵和存在而言，具有严格的人身依附性，现代社会遗产的承继必须具有可转移性。故，可作为遗产被承继的是人格利益，而非人格本身。

④ 史尚宽：《民法总论》，中国政法大学出版社 2000 年版，第 23 页。

⑤ 赵万一、王兰：《有限公司股权继承法律问题研究》，载《华东政法学院学报》2006 年第 2 期。

⑥ 有些财产依其性质并非不可转让和继承，但由于经济政策上的原因被法律禁止继承。参见张玉敏：《继承法律制度研究》，法律出版社 1998 年版，第 39 页。

后，应首先将被继承人的财产从共同财产中剥离出来，属于被继承人的部分，才是继承的客体。

一、外国之遗产范围制度

遗产是财产继承法律制度中至关重要、不可或缺的一个因素。综观各国立法例，对于遗产范围的界定有三种方式。其一是列举式，即具体列举出遗产包括的范围，明定可以继承的外延；其二是排除式，即以例外规定的方法将不能继承的财产排除出遗产的范围，未被排除者当然归属于遗产；其三是采用列举式与排除式相结合的方法，即既列举可为遗产的财产范围，又规定不能列入遗产的例外情状。

（一）大陆法系国家之遗产范围制度

1. 德国

《德国民法典》第 857 条：占有可以转让于继承人。

第 1922 条：人死亡时起（继承开始），其财产（遗产）全部转移于另一人或数人。

第 2050 条：（1）作为法定继承人而进入继承顺序的晚辈直系血亲，对其从被继承人处在其生前作为结婚礼所取得之物，若被继承人在赠送时无另外的指令，即有义务在相互之间进行分割时，为用于补偿而返还。（2）为作为收入使用而给予的补助以及为一项职业的预先培训所支出的费用，若超出与被继承人的财产状况相应的范围，应当为用于补偿而返还。（3）其他的生前赠送，若被继承人在赠送时指令补偿，也应当为用于补偿而返还。

第 2051 条：（1）如果一名本应作为继承人而承担补偿义务的晚辈直系血亲的继承资格在继承开始之前或之后消失，则对于向其所作之赠送，由取代其位置的晚辈直系血亲承担补偿义务。（2）如果被继承人对该继承资格消失的晚辈直系血亲设有一名候补继承人，倘有疑义，推定后者之所得，不应当多于该晚辈直系血亲在考虑补偿义务之后本来之可得。

第 2052 条：如果被继承人在将众晚辈直系血亲指定为继承人时，指定他们所应得者同于设若他们是法定继承人所应得者，或者他为他们相互之间所确定的继承份额与法定继承份额的比例相同，倘有疑义，推定众晚辈直系血亲应当依照本法第 2050 条、第 2051 条承担补偿义务。

第 2053 条：（1）一名较远的晚辈直系血亲在将其由继承顺序中排除在外的较近的晚辈直系血亲的继承资格消失之前从被继承人处所得之赠送，或者一名作为候补继承人而取代一名晚辈直系血亲的晚辈直系血亲从被继承人处所得之赠送，不用于补偿，但是如果被继承人在赠送时下令补偿则除外。（2）此规定同样适用于一名晚辈直系血亲在尚未取得晚辈直系血亲的法律地位之前从被继承人处获得赠送的情形。

第 2054 条：（1）从婚姻财产共有制的共有财产中所为之赠送视为婚姻双方各赠送半数。但是，如果赠送赠与仅出自婚姻一方的晚辈直系血亲，或者如果婚姻一方因该赠送而应向共有财产给付赔偿，则该赠送视为系该婚姻一方所为。（2）上述规定相应适用于从延续的婚姻财产共有制的共有财产中所为之赠送。

第 2055 条：（1）在分割时，各共同继承人的应用于补偿的赠送的价值均与其继承份额抵折。倘若遗产由相互间进行补偿的共同继承人享有，则应用于补偿的全部赠送的价值计入遗产。（2）价值按赠送时的价值确定。

第 2056 条：如果一名共同继承人由赠送所得者多余设若进行分割其所可得者，则其无义务偿还余额。在此情形，以赠送的价值和该共同继承人的继承份额均不予估算的方式，在其余的继承人当中分配遗产。

由上述规定可以看出，德国继承法关于遗产范围的表述非常简略，它的遗产指“全部权利”。此外，根据《德国民法典》第 2050 条至第 2056 条的规定，应结算的赠与财产按其价值计入遗产内。主要包括：被继承人生前作为嫁妆而赠与继承人的财物（以赠与时未另作规定者为限)；以应作为收入使用而给予的补助费以及供职业培训之用的费用，超出与被继承人财产状况相应的范围；其他生前赠与，被继承人指示应予结算的等情形。

2. 法国

《法国民法典》第724条：法律所指明的继承人当然占有死者的财产、权利与诉权。全部概括受遗赠人以及全部概括受赠与人，按照本卷第二编规定的条件实行占有。无前两款所指之人时，遗产由国家取得，国家应经法院判决认许对遗产实行占有。

第843条：任何继承人，即使是有限责任继承人，在参与继承时，均应向其他共同继承人返还其因死者生前赠与而直接或间接受领的全部财产，除了在向其赠与时已明确此种财产属于其应继份之外的特别利益或者当时就明确是免予返还的财产外，继承人不得留置死者向其赠与的财产。向某一继承人进行的遗赠，视为在该人的应继份之外以特别利益而为，但如立遗嘱人原已表示相反的意见，不在此限；在此情况下受遗赠人只能通过少取其应继份才能要求保有遗赠物。

第844条：以应继份之外的特殊利益或者以免予返还之方式进行的赠与，以及由参加继承的继承人要求的遗赠，仅在被继承人有权处分的数额限度内，始可不予返还；超过此数额限度的部分，应当缩减。

第845条：但是放弃继承的人可以留下被继承人生前赠与的财产，或者要求取得对其遗赠的财产，但以被继承人可以处分的财产部分为限。

第846条：受赠与人在受赠时并非可以推定的继承人，但在继承开始之日取得继承权时亦应返还其受赠财产，但如赠与人原已免除其返还者不在此限。

第852条：生活、教育、学徒费用以及一般的设备费用、婚礼与习惯上的礼品的费用，不应当返还。

由上述规定可以看出，法国对继承标的采信的是法律地位说，其遗产范围既包括“积极财产”，也包括“消极财产”。此外，法国民法典对应予结算的遗产范围规定得也比较广，除赠与时明示以应继承份以外的特殊权益给予者，或赠与人免除返还者外，均应视为遗产予以结算，但通常的供养、教育、学习技艺的费用、普通服装的费用，婚礼及平常用品所支付的费用不予结算。继承人承诺放弃继承，对被继承人生前有权处分的赠与不予结算。

3. 瑞士

《瑞士民法典》第560条：（1）继承人因被继承人死亡取得全部遗产。（2）除法律有特别规定外，被继承人的债权、所有权、其他物权及占有物，无例外地移交给继承人。被继承人的债务，即为继承人的债务。（3）指定继承人的遗产取得，追溯至继承开始之时。法定继承人应根据占有规定移交遗产。

第626条：（1）各法定继承人，对被继承人生前以继承份先交与其的全部财产，相互负有提供结算的义务。（2）被继承人以嫁妆、结婚费用、财产转让或债务免除的名义，交付与直系卑血亲的全部财产，应提供结算。但被继承人有明确相反处分的，不在此限。

第627条：（1）在继承开始前后，继承人丧失继承资格的，其结算义务转移给取代他的继承人。（2）某继承人的直系卑血亲，对该继承人取得的赠与即使不转移给自己，仍负有提供结算的义务。

第628条：（1）继承人有权选择将原赠与物或作价或为结算。生前赠与超过继承份额数的，亦同。（2）但是前款规定，不妨碍被继承人的相反处分及共同继承人的扣减请求权。

第629条：（1）赠与超过了应继份的数额，但可证明系被继承人有意给予的特别利益，该继承人可不对超出部分提供结算。但共同继承人的扣减请求权，不在此限。（2）直系卑血亲结婚时得到的普通程度的结婚费用，推定为前款的特别利益。

第630条：（1）赠与物按继承开始时的价格或变卖后的价金，提供结算。（2）前款情况中，支出的费用、损坏以及受益的自然果实，均应依占有的规定，提供结算。

第631条：（1）被继承人为子女的教育或职业培训所支出的费用，仅以超过普通程度的部分受结算。但证明被继承人有其他意思表示的，不在此限。（2）在分割时，对未受教育及身体有缺陷的子女，应给予合理的预先扣除。

由此可见，瑞士继承法中的遗产既包括"积极财产"（各种财产及财产权），也包括债务。遗产的结算范围包括嫁资、结婚费用、财产转让或债务免除的名义交付与直系卑血亲的全部财产、被继承人为子女的教育或职业培训所支出的超过普通程度的费用（但证明被继承人有其他意思表示的除外）。

4. 日本

《日本民法典》第896条：继承人自继承开始时起，承受属于被继承人财产的一切权利义务。但是，专属于被继承人本身者，不在此限。

第897条：（1）宗谱、祭具及坟墓的所有权，可以不拘前条规定，由按习惯应主持祖先祭祀者承受。但是，有被继承人指定的主持祖先祭祀者时，则由被指定人承受。（2）于前项正文的情形中习惯不明时，应承继前项权利的人，由家庭法院确定。

第903条：（1）共同继承人中，有自被继承人处接受遗赠，或者因婚姻或收养，或作为生计资本而接受赠与者，则将被继承人于继承开始时所有的财产价额，加上赠与的价额，其相加额视为继承财产；从依前三条规定算定的应继份中扣除遗赠或赠与的价额，以其余额作为上述人的应继份。（2）遗赠或赠与的价额，等于或超过应继份的价额时，该受遗赠人或受赠人不得受其应继份。（3）继承人表示了与前两款规定不同的意见时，其意思表示，于不违反关于特留份规定的范围内，为有效。

第904条：前条所载赠与的价额因受赠人的行为致其标的财产灭失或增减价格时，视为于继承开始当时仍保持原状而予以确定。

由此可见，日本遗产的内涵采广义说，不仅包括积极财产而且还包括消极财产，以及祭祀身份。

5. 俄罗斯

《俄罗斯新民法典·继承权》第1112条：在继承开始之日属于被继承人的物品、其他财产，其中包括财产权利和义务为遗产的组成部分。与被继承人的人身不可分离的权利和义务，包括对赡养费的权利，对致公民生命或健康损害赔偿的权利，以及本法典或其他法律不容许依继承的顺序移转的权利和义务不属于遗产的范围。人身非财产权和其他非物质利益不属于遗产的范围。

从俄罗斯民法典继承编的规定来看，遗产既包括财产权利，也包括财产义务。该法典采取了概括规定和排除式的立法方式，确定了遗产的范围。一方面从正面规定“遗产由继承开始时属于被继承人的物、其他财产构成”，另一方面同时规定“与被继承人紧密联系不可分割的权利义务不构成遗产”。

（二）英美法系国家之遗产范围制度

英美法系国家一般实行间接继承制度，间接继承制度中的“遗产”只能是“积极财产”。①

（三）外国遗产范围制度之评析

关于遗产的范围，大陆法系国家与英美法系国家的法律规定明显不同。大陆法系国家多秉承罗马法上的“总括继承原则”，在继

---

① Arthur Hartkamp etc: *Towards a European Civil code and edition*, Kluwer law international, 1998.

David D. Friedman : *What Economics Has to Do with Law and Why It Matters*, Sanra Clara Press, 2004.

Richard A. Posner : *Economic Aalysis of Law*, Brown and Company, 1992.

Christian Stewart, *Analysis*: *Estate Duty Planning For Partners*, Hong Kong Law Journal 1997.

Andrew Halkyard, *Hong Kong Estate Duty*: *A Blueprint For Reform*, Hong Kong Law Journal 2000.

Mary F. Radford and F. Skip Sugarman, *Georgia's New Probate Code*, Georgia State University Law Review 2000.

John H. Langbein, *The Nonprobate Revolution And The Future Of The Law Of Succession*, Harvard Law Review 1984.

承立法中将被继承人所遗留的各种权利和义务均纳入遗产的范畴，并将其区分为积极财产即财产权利和消极财产即债务两大类。而英美法系国家由于在遗产继承中实行遗产信托制度，① 被继承人生前所负债务不属于遗产，被继承人所遗留的财产首先扣除其债务，其余部分才交付继承人，用于遗嘱继承或法定继承，因而遗产只包括财产权利，而不包括债务。

就遗产中的财产权利而言，大陆法系和英美法系国家的法律规定大体相同，其范围主要包括：

1. 物权

包括被继承人的个人财产所有权、被继承人享有的用益物权等。不论物之所在地如何，均可以由继承人继承。

被继承人的个人财产所有权所包括的范围十分广泛，如《德国民法典》规定的财产所有权的客体包括土地及其附着于土地的定着物如房屋、动产等；②《法国民法典》所确认的财产所有权是指对物完全按个人意愿使用及处分的权利，包括动产、不动产，并得扩张至该物因天然或人为而产生或附加之物。③

被继承人享有的用益物权一般包括地上权、地役权、典权和用益权等。对于地上权、地役权、典权，各国法均将其列入遗产范围，但对于用益权，通常规定不得作为遗产继承，④ 如《法国民法典》第617条明确规定："用益权因下列原因消灭：用益权人自然死

---

① 遗产信托是私人信托的一种，受托人是信托公司或银行的信托部，它遵循审慎管理的原则，对受托资产进行管理，它一般签有合同，并向收益人支付收益和代信托资产交税，一般对资产有法律上的所有权。

② 《德国民法典》第905条规定："土地所有权人的权利扩及于地面上的空间和地面下的地层。"

③ 《法国民法典》第544条规定："所有权是指，以完全绝对的方式，享有与处分物的权利，但法律或条例禁止的使用除外。"该法第551条规定："与一物结合并与之连成一体的一切，按以下所定规则，均属于所有权人。"

④ 靳宝兰、徐武生：《民事法律制度比较研究》，中国人民公安大学出版社2001年版，第736页。

亡及民事上死亡；约定的用益权的期限届满；用益权与所有权人两种资格合并或集中于一人；30 年不行使用益权；作为用益权客体之物全部消灭。”依此规定，用益权人死亡，其享有的用益权便随之消灭，不得由其继承人作为遗产加以继承。《德国民法典》第 1059 条规定：“用益权不得转让。”同时，该法第 1061 条规定：“用益权因用益权人死亡而消灭。”显然，用益权不能作为遗产由继承人继承。

2. 占有

古日耳曼法的占有，不仅仅是单纯事实上的支配，同时含有权原，占有是权利的外衣，从而对于继承财产之占有，不问继承人现实的继承财产与否，当然转移于继承人（“死者予生者以占有”）。[①]《德国民法典》和《瑞士民法典》对占有成为遗产问题均加以明确的规定。在日本民法关于此点未做规定，学说存有争论，但判例原则上承认与《德国民法典》相同之结论［日本大正四年（公元 1915 年 12 月 28 日）大判］。[②]

3. 债权

被继承人生前所产生的债权，包括因之而产生的从权利，如抗辩权、请求权等，除非与被继承人人身密切相关，必须由被继承人亲自享有者外，一般都可以作为遗产由继承人继承。各国继承法规的制度设计也体现了这一立法思想。

4. 知识产权中的财产权利

知识产权既有财产权属性，又有不属于财产权内容的与知识产权权利人的人身不可分离的权利属性。从各国继承法的规定不难看出，被继承人生前取得的知识产权（著作权、专利权、商标权等）中的财产权可以作为遗产加以继承，但与之相关的具有人身性质的人身权利如署名权、修改权等不得纳入遗产的范畴。

---

① 王利明：《中国民法典学者建议稿及立法理由》，法律出版社 2005 年版，第 471 页。

② 史尚宽：《继承法论》，中国政法大学出版社 2000 年版，第 154 页。

5. 有价证券上载有的权利

因有价证券的种类不同，其上所载有的权利的性质也有区别，如债券之上的权利属于债权，当然可以继承；而股票或股东权益证上的权利既不属于债权，也不属于物权，对于此类权利，大多数国家规定被继承人生前作为无限公司股东或两合公司的无限责任股东所享有的股东权不得继承。

大陆法系国家遗产中的“消极财产”，主要指的是被继承人生前负担的债务。这部分债务大体包括两个部分：一是公法上的债务，如被继承人生前所欠的国家税款、罚款、罚金等；二是私法上的债务，即被继承人在生前于民事交往过程中所生的，不具有人身依附性的个人债务。

6. 被继承人生前的特别赠与①

（1）归扣制度的源起。在共同继承中，为达到公平的目的，在一定条件下，继承人依法将从被继承人生前特种赠与价额归入到现存遗产中作为应继财产，并在遗产分割中从该继承人的应继份中

---

① 何为特别赠与，其范围如何。各国规定颇不一致。依《法国民法典》第843条、第851条、第852条规定，属于特种赠与而应予以返还的有：对死者生前赠与时，未明确免于其返还，后参与继承的任何继承人，对因死者生前赠与而受领的全部财产；立遗嘱人原已表示相反意见情况下，某一继承人接受的遗赠（无相反意见时不必返还）；已被用于建立家业或已被用于清偿继承人债务的赠与。而生活、教育、学徒费用以及一般的设备费用、婚礼与习惯上的礼品的费用，不必返还。可见，法国的范围较大，采取了概括规定与例示排除规定相结合的方法。依《德国民法典》第2050条的规定，属于特种赠与而应予以返还的有：晚辈直系血亲作为法定继承人时，对被继承人在赠送时无另外的指令时，其从被继承人生前所取得之结婚赠礼；或在超出与被继承人的财产状况相应的范围，作为收入使用而给予的补助，以及为职业的预先培训所支出的费用；被继承人在赠送时指令补偿而为的其他生前赠送。德国较为注重被继承人的意志。依《日本民法典》第903条的规定，属于特种赠与而应予以返还的有：从被继承人处接受遗赠，或者因婚姻或收养或作为生计资本而接受赠与的价额；但被继承人表示了不同的意思时，在不违反关于特留份规定范围内，受益人不必返还。似乎与德国较为接近，但与德国范围有细微的差别。各国虽有范围上的差别，可以肯定的是，各国对于因结婚、分居、营业都归于特种赠与之列，如无相反表示，当然归扣。

扣除，该制度被称为归扣制度。①

归扣是现代继承法中的重要制度，② 从渊源上看，它是古罗马法官为了公正地调节各个继承人应得遗产份额从而真正体现法律的公平和平衡所做的一项规定：一方面允许脱离家长权的子女等回到生父家继承其父遗产；另一方面又要求他们将脱离家长权限期间的劳动所得或接受的赠与，“加入”到其父的遗产中去与其他继承人共同分配。可见罗马民法中“加入”制度的实质是将所有直系晚辈血亲的财产都计入遗产范围内，让全体继承人在平等条件下分配遗产。显然，这种财产制度的产生是罗马民法对平等、平衡、公平、理想的一种法的观念和价值观念的追求，但恰恰是这种对法学理念的追求，体现出“罗马人在衡平原则和正义上诸方面造诣颇深”。而为后世继受沿用。正如美国法学家艾伦·沃森说的那样：“由于罗马法的一切方面都富有最高的理性与衡平，在欧洲的法庭上往往为正义和衡平的例证，而被正式利用，而且最终也是被当做法律接受的。即使现在，我们中大多数人仍然认为它是载着力量和

① 对于“归扣”制度，有不同的译法和名称。《法国民法典》中称为“返还”；《德国民法典》和《瑞士民法典》称为“结算义务”；而日本则称为“特别受益人的应继份”。虽然各国称谓不同，但本质上却都是殊途同归。（详见金卫东：《我国澳门的法定扣还制度及其借鉴》，载《上海市政法管理干部学院学报》2000 年第 3 期。）

② 在罗马法，归扣起初表现为“脱离父权人的归扣”（Collatio bonorum emancipati）、“嫁资归扣”（Collatio dotis）、“卑亲属归扣”（Collatio descendentis）三种，以此实现未脱离父权者与脱离父权者平等。近现代以来除少数国家（如墨西哥）未规定归扣制度外，大部分都有规定此制度，但与罗马法的立法目的不同，现代归扣制度成为一项法律推定：基于对死者生前意愿的推定，即从法律上推定被继承人不希望给予某继承人以特别的恩惠，正是因此，归扣必须尊重死者的意愿，如其明确表示归扣的范围，以及反对进行归扣，则必须尊重死者的意愿（台湾地区“民法典”第 1173 条、《法国民法典》第 843 条、《瑞士民法典》第 628 条、《日本民法典》第 903 条第 3 项）。有的学者认为，现代法上归扣制度是法律制度对公平以及对死者意愿尊重相结合的产物，也充分体现了继承事务从个人本位向社会本位的转变。

权威的法律规则。"[①] 我国民间长期存在父母生前将重要财产在主要继承人之间分配，父母死亡后已分得财产的继承人就不能或应该少分遗产的习俗，其实质就是归扣制度[②]。

（2）归扣的运行规则。比较前述之立法例，可以看出归扣一般应遵循以下之共同规则：

第一，归扣须以共同继承人的存在为前提且共同继承人中有人受有生前赠与。

我们知道，共同继承是继承中一种极为重要的类型，且为当今各国法定继承的主要形态。在法定继承开始后，单独继承的情况极少，同一法定顺序数个继承人共同继承的情形最为常见。在共同继承法律关系中，除对外具有普通继承关系得对世权利以外，对内还涉及各共同继承人之间的权利义务。这种法律关系内容的体现，要求在程度上确定数个继承人中哪些人可能继承或不能继承，哪些人多继承或少继承；而这整个程序中所需要保障的实体，即共同继承关系的权利义务内容，是继承法理论中最有意义和值得研究的理论，也是司法实践中最常见的遗产继承纠纷。

共同继承权同普通继承权一样，客观意义上是自然人成为实质继承人的一种资格，该资格是法律赋予的，除了法律规定的特殊事由外，任何人不得剥夺这一资格。正如其权利能力一样，它为继承人将来参与遗产继承提供了客观的、现实的可能性，这就是继承所含的期待权的意义。这种期待继承的权利，在客观上继承权的归属发生争议时，其极容易成为确认之诉的标的，比如：共同继承人之中有可能因有接受过被继承人生前的赠与，导致其他共同继承人继承期待权的效力减弱，期待地位下降，以致最终使继承既得权益受

① 转引自金卫东：《我国澳门的法定扣还制度及其借鉴》，载《上海市政法管理干部学院学报》2000 年第 3 期。

② 史尚宽：《继承法论》，中国政法大学出版社 2000 年版，第 233 页；张玉敏：《继承法律制度研究》，法律出版社 1999 年版，第 155 页。

到明显损害，出现与公平相悖的结局。归扣制度的确立，切实保障了继承中这种重要的期待权利，为继承权的实现提供了重要保障。

第二，是否应予以归扣及归扣的具体方法，以被继承人的意思为准。

在不违反法律强行性规定的情况下，被继承人有完全处分自己财产的自由，可要求进行归扣或免除归扣。

第三，归扣义务人及权利人，原则上限于共同继承人之间。放弃继承权的人和遗产债权人及受赠人无请求归扣之权利。

归扣权利人，是指在共同继承民事法律关系中，享有归扣权利的共同继承人。作为民事法律关系的权利当事人，归扣权利主体范围的确定以维持共同继承人之间分割遗产的公平为出发点。因此，只要有继承人受有被继承人生前的特种赠与，其他共同继承人（包括代位继承人），都有权请求归扣。这其中无论其是否受到过赠与或受到过多少赠与，均为归扣权利人，甚至，若全体共同继承人皆为受过特种赠与，则全体共同继承人皆为归扣权利人，亦皆为归扣义务人。

归扣义务人，是指在共同继承民事法律关系中，承担归扣义务的民事当事人。具体而言，指从被继承人处受有特种赠与的继承人。归扣义务人的义务前提表现为已从继承人处受有特种赠与，义务方式则表现为分割遗产时将从其应继分中扣除已受赠数额。

第四，归扣的财产范围多数国家规定为生前特种赠与。

第五，赠与物价额超过受赠人之应继份部分，除损害了其他继承人的特留份以外，无须再返还。

各国关于归扣制度规定的不同之处主要体现在：

第一，应予归扣的财产范围方面，有的国家仅规定为生前赠与，如法、德等，有的国家则将遗赠也列入归扣的对象，如日本。按照当前的立法趋势来看，大多数国家仅规定应将生前赠与加以扣除。同时各国规定的应予归扣和无须归扣的财产种类也有所不同。

第二，在归扣义务人方面，有的国家规定一切继承人都应负归扣义务，如法国、意大利，而有些国家规定只有被继承人之直系血亲卑亲属才为归扣的法定义务人，如德国、瑞士。

第三，在归扣的方式上有两种立法主义：其一，除被继承人明示以先取分和免除返还外，不得保留赠与物。这种做法可以溯源至罗马法，这种需要所有权转移的做法被称做现物归还主义。其二，被继承人生前赠与者应存留于继承人，但应扣除其价额，这被称做价额归还主义或充当计算主义。近现代民法绝大部分采取价额归还主义。[①] 其原因大概在于生前赠与历经数年，财产或许已经几易其主或毁损灭失，如此一来，则或许财产现物返还已不可能，或者返还很困难，如硬要返还将会造成整个社会财产秩序的混乱。

第四，在计算赠与物价值的时间标准上，有的以继承开始时赠与物的价值为准，[②] 有的以赠与时的价值为准。[③]

大陆法系国家遗产中的“消极财产”，主要指的是被继承人生前负担的债务。这部分债务大体包括两个部分：一是公法上的债务，如被继承人生前所欠的国家税款、罚款、罚金等；二是私法上的债务，即被继承人在生前于民事交往过程中所生的，不具有人身性质的个人债务。

二、我国继承法[④]之遗产范围制度[⑤]

（一）我国遗产范围制度之规定

《中华人民共和国继承法》（以下简称《继承法》）第 3 条规

---

① 参见《日本民法典》第 903 条、《德国民法典》第 2050 条。

② 如《瑞士民法典》第 630 条。

③ 如《德国民法典》第 2055 条。

④ 在本书中，我国继承法指的是《中华人民共和国继承法》之相关规定。下文同。

⑤ 我国港、澳、台地区的立法中，对遗产范围也有相关规定。我国台湾地区“民法”第 1148 条：继承人自继承开始时，除“本法”另有规定外，承受被继承人财产上之一切权利、义务。但权利、义务专属于被继承人本身者，不在此限。第 1173 条：

定：遗产是公民死亡时遗留个人的合法财产，包括：

（一）公民的收入；

（接上页注⑤）

继承人中有在继承开始前因结婚、分居或营业，已从被继承人受有财产之赠与者，应将该赠与价额加入继承开始时被继承人所有之财产中，为应继遗产。但被继承人于赠与时有反对之意思表示者，不在此限。前项赠与价额，应于遗产分割时，由该继承人之应继份中扣除。赠与价额，依赠与时之价值计算。

《澳门民法典》第1907条：遗产包括：a）以直接交换方式取代遗产中某些财产之财产；b）转让遗产中之财产所得价金；c）以遗产中之金钱或有价物取得之财产；d）分割遗产前所收到之孳息。第1945条：一、为对遗产进行均等分割，有意继承直系血亲尊亲属遗产之直系血亲卑亲属及有意继承死亡配偶遗产之生存配偶，均应将死者曾赠与之财产或有价物返还予遗产，此返还称为归扣。二、为归扣之目的，第一千九百五十一条所指之开支视为赠与。第1946条：赠与人之直系血亲卑亲属及配偶，只有在受赠时已具有赠与人之推定特留份继承人身份时，方须作归扣。第1947条：归扣之义务由继承赠与人遗产之受赠人承担，如受赠人有代位继承人，则由其代位继承人承担，即使代位继承人并未从该慷慨行为中受益亦然。第1951条：一、死者为其直系血亲卑亲属及生存配偶所作之一切无偿性之开支均须归扣。二、下列开支在符合习俗及死者之社会及经济状况之限度内，无须归扣：a）低经济价值之赠与；b）为扶养直系血亲卑亲属及配偶而作之开支，以及为负担家庭生活而作之开支；c）为直系血亲卑亲属之结婚及安家立业而作之开支。三、然而，如夫妻采用共同财产制，且曾以死亡一方之个人财产做出惠及共同财产之慷慨行为，或曾以共同财产做出惠及死亡一方之个人财产之慷慨行为，则仅归扣有关慷慨行为之价值之一半。四、如夫妻采用取得财产分享制，且曾以不属供分享范围之财产做出惠及供分享财产之慷慨行为，或曾以供分享财产做出惠及不属供分享范围财产之慷慨行为，则亦仅归扣有关慷慨行为之价值之一半。五、做出处分行为之一方以其供分享财产做出惠及生存配偶之供分享财产之慷慨行为，无须归扣。六、为着第三款至第五款规定之效力，须以慷慨行为做出时所采用之财产制为准。

香港《无遗嘱者遗产条例》第2条："遗产"指个人动产及不动产；"个人动产"指汽车与附件、花园所有物、马匹、家畜、金银餐具、镀金或镀银物品、亚麻织物、瓷器、玻璃制品、书籍、书画、印刷品或图片、家具、珠宝饰物、古董、家庭或个人用品或装饰物品、音乐与科学器具及仪器、酒类、各类消费储存品等，不包括无遗嘱者逝世时专用于或主要用于业务上或专业方面的动产，及不包括金钱或为金钱贷款而存有效的抵押物；"剩称遗产"指一名无遗嘱死亡人士的遗产在扣除殡葬费、遗产管理费、各项债务等方面适当开支后的每一项受益人权益；该项权益也指该名人士倘已成年并具有完全行为能力者，则可随意处分的权益。

（二）公民的房屋、储蓄和生活用品；

（三）公民的树木、牲畜和家禽；

（四）公民的文物、图书资料；

（五）法律允许公民所有的生产资料；

（六）公民的著作权、专利权中的财产权利；

（七）公民的其他合法财产。

第4条规定：个人承包应得的个人收益，依照本法规定继承。个人承包，依照法律允许由继承人继续承包的，按照承包合同办理。

《最高人民法院关于贯彻执行〈中华人民共和国继承法〉若干问题的意见》（以下简称《继承法意见》）第3条规定：公民可继承的其他合法财产包括有价证券和履行标的为财物的债权等。

第4条规定：承包人死亡时尚未取得承包收益的，可把死者生前对承包所投入的资金和所付出的劳动及其增值和孳息，由发包单位或者按接承包合同的人合理折价、补偿，其价额作为遗产。

《中华人民共和国公司法》（以下简称《公司法》）第76条规定：自然人股东死亡后，其合法继承人可以继承股东资格；但是，公司章程另有规定的除外。

（二）我国遗产范围制度之评析

我国现行《继承法》以列举的方式明确了属于遗产的个人财产的范围，包括法律允许公民所有的生产资料和其他合法财产都属于遗产，而将消极财产排斥在外。值得注意的是，2005年修订的《公司法》新增了关于死亡股东的继承人继承股东资格的规定，确立了股权的遗产地位。这一立法，反映了社会现实的需要，破除了区分股权中的人身权和财产权的“两分法”的错误观点。①

① 朱凌琳：《股东权可以继承吗？》，载《人民法院报》2003年4月9日。

三、与遗产制度相关的问题探讨

（一）关于遗体的性质

自然人由于死亡而丧失了作为法律上主体的资格。随之而来的问题就是：遗体的法律地位如何？

1. 遗体为民法上的“物”

“人和世界，就其关系而言基本上包含两种。一是自然关系。这是由于人本属自然的产物，人产生以后作为存在仍然是自然的一部分，因此人的活动便不能不始终受到自然的制约，甚至受到自然某些法则的支配。另一种是人的关系，或者叫做属人关系。这是由人的实践活动所形成，人通过运用自然规律而对自然力量具有支配关系。在这种关系里，人是作用的主体，自然变成受动的客体，并成为从属于人的一个组成部分。”[①][②] 因此，“在最一般的意义上，人们可以说，人是认识活动和实践活动的主体，而被人认识和被人改造的对象就是客体”。[③] 于此，通说认为，遗体为民法上的物。[④] 传统民法上的物，是指存在于人身之外的、能够满足权利主体的利益需要的，并能为权利主体所支配控制的物质实体，[⑤] 具备客观物质性、可支配性、有益性等民法客体的基本特征。显然，遗体符合民法上物的基本法律特征。

（1）遗体不具有人格。作为曾经承载生命的物质实体，遗体无疑具有客观物质性。因为人既已死亡，生命已不复存在，自然其也就不属有生命的人类，它只能是人身概念以外的客观实物，具有

---

① 高清海：《哲学的憧憬——〈形而上学〉的沉思》，吉林大学出版社 1995 年版，第 10 ~ 11 页。

② 孙正聿：《哲学通论》，辽宁人民出版社 1998 年版，第 283 页。

③ 孙正聿：《哲学通论》，辽宁人民出版社 1998 年版，第 101 页。

④ 郭明瑞、房绍坤、关涛：《继承法研究》，中国人民大学出版社 2003 年版，第 14 页。

⑤ 李开国、张玉敏：《中国民法学》，法律出版社 2002 年版，第 79 页。

客观物质性。

（2）遗体具有可支配性。遗体作为有形的物质实体，既无独立的人格，也无自由意志决定自己（包括身体）的能力，既在事实上为人力所能及，又可被其他人所能控制。

然而，人的价值与尊严也是一个确定不移的原则，所谓的“支配”，法律必须确保对人体的客体化利用能够有尊严地进行，避免人类将自身沦落为一般商品。为此，法律可以在人体客体化利用的目的、内容和履行三个层次上采取必要的制度措施：其一，支配的目的具有正当性，不得违背公序良俗；其二，法律要降低人体客体化利用关系的商业色彩，禁止将遗体等作为商品进行自由交易；其三，在对人体客体化利用的施行方面，不得采取法律上的强制执行措施。

（3）遗体具有实用效益性。在现代社会里，由于医学技术的发展，遗体及其器官被广泛运用于医学研究和器官移植等医疗活动中，这不仅能满足权利主体的客观需要，通过遗体器官移植而治病救人，满足患者恢复器官机能的需要，而且能促进科学技术的发展并带来巨大的利用效益。因此，遗体为客体物是不容置疑的。

2. 遗体不属于“遗产”

但遗体是否属于遗产，学术界则争议颇大，笔者认为，遗体虽然属于民法上的物，但遗体不属于遗产。

（1）从属性来看，遗体不具有遗产的财产性特征。人只是权利的主体而不是权利的客体，这是人类进步的表现。遗产的财产性特征是可以流通的、可以执行的，而人的身体在生前是不可以流转也不能够强制执行的，财产是有对价的，而人身是无法用价值衡量的。从伦理道德来讲，如果承认遗体的财产性，也就意味着承认遗体可以作为交易的标的物。死者生前的债权人就可以对遗体进行分割变卖，以抵偿其生前所欠的债务。如果是这样，那人的遗体同动物的尸体将无所区别。从法的基本理念来讲，人身权是自然人最基本的权利，是其他一切权利的基础。因此，现代法律对自然人人身权的保护必须延伸到对遗体的保护。如果承认遗体的财产性质，人身权中的肖像权、名誉权等权利将失去存在的必要。因为任何对遗体的侮辱将不构成对生前自然人及其近亲属名誉权的侵害。从社会价值取向和法律规定来讲，社会公众将遗体器官称之为“捐献”而不是“变卖”，肯定了遗体器官的人身权保护和非财产性。我国法律对人体器官买卖的禁止，以及我国刑法关于侮辱尸体罪的设定都说明我国法律对遗体是进行人身权保护的。[①] 所以，作为自然人死后留下来的身体，不具有财产性，不是遗产。

（2）从现实生活来看，“尸体之所有在于祭祀”，[②] 火化、埋葬，不成立所有权，不应当属于遗产。[③]

（3）从各国的立法实践来看，死者生前关于其遗骸处分的合同或遗嘱以及死者的亲属（继承人）对遗体的处分都受到严格限制，实际上否定了遗体的遗产性质。

（二）关于捐献遗体所得补偿金的性质

随着社会的发展和人们观念的转变，不少公民通过遗嘱指定其死后将遗体或某一器官用于科研或医疗，因此而获得的补偿金，其性质是否属于遗产，人们对此认识不一。在笔者看来，死者生前通过遗嘱捐献遗体所得补偿金如果指定了受益人的，则不宜纳入遗产的范畴；反之，可视为遗产。

第一，从捐赠所得的性质来看，该利益为相关机构对死者行使符合正当目的且不违反善良风俗、合乎伦理道德的善意捐献行为，从经济上给予的慰藉或补偿，包含有赞许或激励性质的精神利益，而非将死者家属当做买方来支付相应的对价。因此，该所得之支配使用应仅限于捐献者本人或其本人指定的受益人，不宜一律作为遗

① 编者按：《耐人寻味“遗产案”——疑案讨论读者意见之一》，载《人民法院报》2004 年 5 月 30 日。

② 史尚宽：《继承法论》，中国政法大学出版社 2000 年版，第 251 页注①。

③ 刘春茂：《中国民法学·财产继承》，中国人民公安大学出版社 1990 年版，第 107 页。

产来继承分配甚至流转。[①]

第二，从类推适用的角度来看，在民事领域，当法律对某一问题没有明确规定时，可类推适用与其最相类似的法律设计。就捐赠所得而言，我们可类推适用保险法“指定受益人的保险合同的受益权不能作为遗产对待”的规定。因为两者都是因行为发生的民事法律关系；价值都是在死后体现；生前指定死后利益的受益人；其受益人的范围一般都是具有近亲属性、血缘性；死后利益一般都有死者生前人格的延续。

第三，从法律的导向功能来看，法律具有预测功能，人们可以据此来安排自己的行为，最大限度地趋利避害。从捐献者的角度分析，如果捐献遗体所得可以按其意愿留给其指定的人，可能会有更多的人捐献遗体器官，否则会适得其反。

（三）关于承包人死亡后继承人继续承包问题

1. 相关制度规定及观点

我国的土地所有权是由国家所有和集体所有构成的。为了激发农民的劳动积极性，20 世纪 70 年代以来，随着农村土地承包经营制的推行，集体土地的使用权逐渐与所有权剥离，农民在承包合同期限内对承包地土地享有占有、使用、收益的权利。我国《继承法》第 4 条明确规定：“个人承包应得的个人收益，依照本法规定继承……”但是，对于农村土地承包权是否能够继承，学者们是仁者见仁，智者见智。

有学者认为：“承包经营权是基于承包合同所产生的经营管理权，此种权利不能继承，不属于财产继承的范围。”[②] 对于我国《继承法》第 4 条所规定的“……个人承包，依照法律允许由继承人继续承包的，按照承包合同办理。”其解释为：“承包合同于承

① 于大海：《遗产之争》，载《人民法院报》2004 年 4 月 18 日。

② 梁文书、黄赤东：《继承法及其配套规定新释新解》，人民法院出版社 2001 年版，第 284 页。

包人死亡时终止，依据法律允许继承人承包的，在承包人死亡后，如果承包合同中规定了由继承人继续承包的，该继承人得依合同的规定继续承包。但是，这里的继续承包，实际上是由继承人依照原来承包合同约定的条件承包，实质上已经属于另外一个承包关系，是继承人与发包单位订立的另外一个合同。如果承包合同中没有承包人死亡后，由继承人承包的约定，则继承人不能当然地取得继承承包的权利。”但是，继承权是财产权的延伸，欠缺继承性的财产权从某种意义上说，属于不完整的财产权。承包经营权是农村经济生活中一项十分重要的财产权利，既然允许土地承包经营权可以通过转包、出租、互换、转让、入股等方式进行流转，为什么就不能继承呢？土地承包经营权如果不能继承，那么，该种不完整的财产权如何能够顺利地进行财产流转？如何给交易主体带来动态的安全性？可以肯定的是，由此导致的恶果是承包人的短期行为，并且由于土地承包经营权不能继承而在承包人死后需要重新发包导致了管理成本的增加。[①] 因此，笔者认为，在我国物权法的制定中，应把农村土地承包经营权的性质定为用益物权，[②] 在农地使用权人死亡后，该农地使用权作为用益物权应允许其继承人继承。[③]

2. 处理继承人继续承包时应注意的几个问题。

在处理继承人继续承包问题时，应注意解决好如下几个问题。

第一，分清两种不同的法律关系。在个人承包期间，如果承包人死亡，会同时发生遗产继承和承包权转移两种不同的法律关系。具体而言，遗产继承由继承法规范调整，而承包权转移是由合同法调整的。承包人死亡后由其继承人继续承包，而是在原合同条件不

---

① 郭明瑞、房绍坤、关涛：《继承法研究》，中国人民大学出版社2003年版，第11页。

② 陈苇、杜江涌：《中国农村妇女土地使用权与物权法保障研究》，载陈苇主编：《家事法研究》（2005年卷），群众出版社2006年版，第26页。

③ 梁慧星：《中国物权法草案建议稿》，中国社会科学文献出版社2000年版，第511、535页。

变的情况下，继承人有承接被继承人（原承包人）生前享有的承包权利义务的优先权。所以，继续承包人的确定，只与继承人的身份有关，而与遗产的实际取得无关。

第二，继续承包人选的确定。一般地说，如果承包合同中已明确地规定了继续承包的具体人，那么无疑应当严格按合同规定办理。但是，如果合同中没有规定具体人选，或者合同中原定的具体人选不愿继续承包，应按照确定继承人的规定确定继续承包人。原承包人在遗嘱中指定了继续承包人的，只要遗嘱合法，就应由遗嘱所指定的人继续承包，原承包人没有在遗嘱中指定继续承包人的，或者指定的人不符合法律规定，或不愿继续承包的，应当从法定继承人中按法定顺序确定继续承包人，但确定的继续承包人应当具备一般的劳动经验或能力；如果同一顺序中符合条件的几个法定继承人都要求承包而又协商不成时，应当由发包人从中选定最合适的人继续承包。

第三，维护原承包合同的条件。继承人要继续承包，必须按原合同条件承包，同样，发包人也不得拒绝继承人继续承包的要求和提出新的附加条件，双方必须维护原来的承包合同，可以说是“无条件的继续承包”。

当然，由于客观情况是在不断地变化，承包人死亡时原合同的条件可能会发生变化，继承人可能不愿以原合同条件承包，而要求修改合同。在这种情况下，发包方则有选择权。他可以接受修改合同的提议，也可以拒绝该提议。

如果原承包人的继承人都不愿继续承包，那么原承包合同应该终止，原合同终止后，发包人可重行招标，另订合同。这时即使原承包人的继承人中标，也不能视为“继续承包”，因为双方执行的并非原来的承包合同。

第四，妥善地处理遗产的继承。在个人承包关系存续期间，承包人死亡时，由于被继承人的遗产不仅包括现实存在的财产，而且还包括承包中应该得到的个人收益，既包括承包人所有的生活资料，也包括承包人承包后所建的一些生产性设施（如打的井）和其他生产资料。对这些设施的分割方式会直接影响到承包合同的继续。同时由于遗产的分配和维护承包合同又各自遵循不同的原则，如按照继承法规定，对生活有特殊困难缺乏劳动能力的继承人，分配遗产时，应当予以照顾。而这些人往往并不能是继续承包人。这样，继续承包的继承人和继承较多遗产的继承人就出现了不一致的情况。因此，在处理继续承包时，要同时处理好遗产继承的问题，既要保证继续承包人继续承包的生产条件和所得，又要保护非继续承包人的继承人的利益。

对于涉及与承包有关的遗产继承，笔者认为在分割遗产时继承人可相互协商，可采取等值互换，分期给付，按份共有，适当补偿等方法处理。

在确定继承人各自应继承的遗产份额后，首先可用等值互换的方法，为继续承包的继承人保留必要的生产设施。如果互换有困难，则可以由继续承包人一次或分期向其他继承人偿付该生产设施的价值款；对于在继续承包期间不宜分割的遗产，如分割后会使基本生产条件发生变化的，则可延迟分割，由各继承人按份共有，只明确由继续承包的继承人管理和使用，并由他给其他继承人以适当的补偿。

应当指出，承包人生前应交纳的税款和因承包人欠下的债务（如为生产经营活动借的款，应向集体组织提交的各种款项或实物等），应当由各个继承人按照各自继承的遗产份额来负担，这些债务不能只由继续承包的继承人负担。而对于继续承包之前的收益，也应由各继承人共有。

（四）关于农村宅基地使用权能否作为遗产继承的问题

农村宅基地使用权，是指集体组织成员在依法取得的农业集体组织所有的宅基地上建筑房屋并居住使用的权利。[①] 相比较于一般

① 江平：《民法学》，中国政法大学出版社1999年版，第404页。

的用益物权而言，宅基地使用权是特殊的用益物权，其特殊性表现为：（1）宅基地使用权的取得具有无偿性。从我国现有的法律规定来看，农民取得宅基地使用权除交纳数量极少的税费外，无须交纳其他费用，原则上是无偿取得。（2）宅基地使用权具有人身依附性。根据土地管理法的规定，宅基地使用权与集体经济组织的成员资格密切相关，一经设定即具有极强的人身依附性，禁止流转。（3）宅基地使用权在功能上具有福利性。宅基地使用权为保障农民“居者有其房”而设立，具有社会保障职能。①

一般而言，用益物权具有财产的性质，应允许流转、继承。但宅基地使用权的特性决定了它是一项不适于继承的“特殊财产”。②

第一，从宅基地使用权的外部关系来看，基于取得上的无偿性，如允许其继承，将使继承人无端受益，有违公平理念；人身依附性决定了它必须因具有集体经济组织成员资格而取得，因集体经济组织成员资格的消灭而消灭，不产生在不同主体之间的流转（继承）问题；而福利性质决定了如果允许继承，将导致宅基地无限扩大。因此，土地管理法规定村民一户只能拥有一处宅基地。

第二，从宅基地使用权的内部关系来看，属于家庭共同共有，不是被继承人的个人财产，不能作为遗产继承。共同共有以共同关系的存在为前提，因共同关系的产生而产生，因共同关系的消灭而消灭。在共同关系存续期间，各共有人之间不产生份额问题，对共有财产的全部享有平等的权利，承担平等的义务，不得请求分割共有物。根据学者通说，我国目前主要在以下场合成立共同共有：一是因夫妻关系的存在而产生的夫妻之间的共同共有；二是因家庭关

---

① 陈建伟、王燕华：《农村宅基地使用权不能作为遗产继承》，载《人民法院报》2005年1月4日。

② 本书所论证的“农村宅基地使用权不能作为遗产继承”是仅就一般情况而言。在特殊的情况下，如由于“地随房走”的原则，继承人对宅基地上所建造房屋的继承将导致对宅基地的继承。此外，着眼于现实情况和农村土地政策的长远发展，应当准许农村宅基地使用权继承。

系的存在而产生的家庭共有；三是因遗产未分割而产生的继承人之间的共同共有。[①] 宅基地使用权是家庭共同共有财产，与家庭关系密切相连。按照共同共有的法理，家庭成员对宅基地使用权享有平等的权利、承担平等的义务，家庭成员之间不产生份额的问题。在家庭关系存续期间，家庭成员不得请求分割，只要家庭关系存在，宅基地使用权的共同共有关系就存在。家庭个别成员的死亡，并没有导致家庭关系的消亡，也就不会产生宅基地使用权的分割问题，无法形成死亡人对宅基地使用权的个人份额。也就是说，“被继承人”死亡前，宅基地使用权并非其个人财产；“被继承人”死亡后，家庭关系仍然存在，宅基地使用权没有分割，仍然是家庭共同共有财产而非“被继承人”的个人财产。既然宅基地使用权并非个人财产，自然不能作为遗产继承。

第二节　遗产债务范围之界定

关于遗产债务[②]，学者仁智各见。广义说认为，遗产债务指被继承人生前所欠的债务以及继承开始后所发生的债务，包括继承费用、酌给遗产和遗赠。[③] 狭义说认为，遗产债务指被继承人生前所负的债务，包括“个人为满足自己需要所欠的债务”[④] 以及税款、罚款。[⑤] 折中说认为，遗产债务是指被继承人生前所欠的债务以及继承开始后所发生的遗赠债务、酌给遗产债务，等等。[⑥]

---

① 彭万林：《民法学》，中国政法大学出版社 1996 年版，第 251 页。

② 遗产债务是大陆法系国家继承法律规定的通例，但在各国和地区的称谓有所不同，如德国法、瑞士法称为遗产债务，我国澳门地区法则称为遗产负担。

③ 刘春茂：《中国民法学·财产继承》，中国人民公安大学出版社 1990 年版，第 107 页。

④ “个人为满足自己需要所欠的债务”是指与家庭共同生活需要或增加家庭共有财产、偿还家庭共同债务无关的只是用来满足被继承人某种特殊需要而欠下的债务。

⑤ 刘素萍：《继承法》，中国人民大学出版社 1988 年版，第 354 页。

⑥ 张玉敏：《继承法律制度研究》，法律出版社 1999 年版，第 47 页。

一、外国之遗产债务范围制度

（一）大陆法系国家之遗产债务范围制度

1. 德国

《德国民法典》第1967条第2款规定：遗产债务除被继承人遗留的欠债之外，还包括继承人因其继承人身份而应予承担的债务，尤其是因特留份额权利、遗赠和负担产生的债务。

该法典第1969条规定：（1）对于在被继承人死亡时在其家庭户籍之内并由其提供生活费的被继承人的家庭成员，继承人有义务在继承开始后的最初30日内，按照被继承人所提供的相同数额提供生活费并允许其使用住房和家庭用品。被继承人可以通过终意处分作出变通指令。（2）关于遗赠的规定相应适用。

由此可见，德国的遗产债务可分为：

（1）被继承人生前所欠的债务，是在继承开始前就已经成立的。

（2）继承开始债务，与继承开始同时成立。例如，因特留份、遗赠（包括遗嘱和法定遗赠）或负担请求权所生之债务，还有其他如死亡宣告费用、死者生前扶养的人一个月内的扶养费以及遗产税等，此类债权人在第（1）类债权人之后受偿。

（3）遗产费用及遗产管理债务，于继承开始后才成立。例如，遗嘱开拆费、遗产管理费、债权人催告费、财产目录制作费、遗产破产费，等等。

2. 法国

《法国民法典》第810条规定：制作遗产清册与账目的费用，如加有封印，以及封印的费用，由遗产继承人负担。

该法典第802条规定：遗产清册利益（限定承认）效果，给予继承人如下利益：（1）仅以其受领的财产价值为限，对遗产上的负担负清偿责任，甚至可以将全部遗产放弃给债权人与受遗赠人，从而免除清偿遗产之负债的义务。（2）不以其个人财产与遗产相混合，并且保留对遗产请求清偿其本人之债权的权利。

由上述规定可以看出，法国的遗产债务主要是指被继承人生前所欠的债务。制作遗产清册的费用、封印的费用等，则不属于遗产债务。

3. 瑞士

《瑞士民法典》第474条规定：(1) 被继承人可处分的部分，按其死亡时的财产状况计算。(2) 按前款计算时，应将被继承人的债务、丧葬费、封印及财产清单的制作费，以及家庭成员一个月的生活费，一并扣除。

由此可见，瑞士的遗产债务的范围与德国大致相同，也是分为被继承人生前债务、继承费用（如丧葬费、遗产管理费用、制作财产清单的费用等）以及与继承开始同时产生的债务（如受被继承人扶养的家庭成员的生活费、特留份、遗赠等）。

4. 日本

《日本民法典》第885条规定：(1) 有关继承财产的费用，从该财产中支付。但是，因继承人过失而消费的费用，不在此限。(2) 前款费用，无须以特留份权利人因扣减赠与而得的财产支付。

由此可见，日本的遗产债务除了被继承人生前所欠的债务外，还有“有关继承财产的费用”。

5. 俄罗斯

根据《俄罗斯新民法典·继承权》第1138条、第1174条的规定，遗产债务的范围包括：“因被继承人死前疾病所花的必要费用，他的必要的丧葬费，包括被继承人墓地费用的必要支出，遗产的保护和管理费，以及与执行遗嘱相关的费用”；被继承人所欠的债务；遗赠等。

(二) 英美法系国家之遗产债务范围制度

英美法系采用间接继承制度，即继承开始后，遗产不直接归属于继承人，而由遗嘱执行人、遗产管理人或其他法定机关先清偿被继承人的生前债务和继承开始后的有关遗产债务，剩余的遗产分配给继承人。因此，继承人不承担清偿遗产债务的责任。英美法系中，遗产债务是指直至被继承人死亡时应该清偿的所有账单，包括被继承人临终前看病的医疗费用以及死后埋葬的所有债务，丧葬费用甚至包括通知远方亲友的长途电话费用，也包括为买花和葬礼午宴或者特殊的丧葬传统所支出的费用。

1. 英国

根据英国1975年《继承法》[Inheritance Provision for Family and Dependence Act (IPFDA) 1975]、1995年《继承法改革法》[Law Reform Succession Act (LRSA) 1995]、1925年《遗嘱检验法》[Administration of Estates Act (AEA) 1925] 的规定和相关的判例，英国的遗产债务主要有：

(1) 遗产税。

(2) 合理的丧葬费用。遗产代理人负责安排死者的丧葬事宜并支付相关丧葬费用，遗产代理人可以要求用死者遗产来补偿这部分花费，只要根据死者的身份、生活条件、宗教信仰和死者的愿望来看，该丧葬费用是合理的。①

(3) 遗嘱和管理费用。其具体包括：①获得遗嘱检验或者遗嘱管理授权的费用；② ②寻求遗产管理的法律咨询所产生的费用；③ ③对遗产代理人不清楚的事务寻求指导所产生的行政诉讼费用；④ ④收集和保存死者遗产所产生的费用。⑤

(4) 死者生前所欠债务。

(5) 对死者近亲属或者依靠死者扶养的人的合理救济条款。

英国1975年《继承法》之家庭及被扶养人条款授权死者的近

---

① See Corner v Shaw (1838); Goldstein v Salvation Army Assurance Society (1917); Gammell v Wilson (1982); Re Grandison (1989).

② See Re Clemmow (1990).

③ See Sharp v Lush (1879).

④ See Miles v Harrison (1874); Re Hall - Dare (1916).

⑤ See Peter v Stirling, Re Goetze (1953); Re Sebba (1959).

亲属和依靠死者扶养的人向法院申请从死者遗产中提供合理救济条款［reasonable financial provision（rpf）］的权利，而不管死者是否留下遗嘱还是完全的或者部分的无遗嘱继承。① 可以申请合理救济条款的人包括死者的生存配偶、前配偶、子女、其他被死者当子女对待的人、其他完全或部分依靠死者扶养的人以及和死者同居的人。根据申请人各自的身份和生活情况，各申请人可以得到的救济数额不同。② 法院在收到合理救济条款申请以后，要根据死者的遗嘱或者无遗嘱继承法律，或者二者共同的影响，判定死者对于遗产的处理是否提供了合理的救济，如果法院认为没有提供合理的救济，法院将作出命令，命令从死者的纯遗产③中向申请人定期或一次性支付一定数额的款项或者转移财产给申请人。

2. 美国

根据2006年修订后的《统一遗嘱检验法典》④ 的规定，美国的遗产债务主要有：

（1）遗产税。该法典第9A章专门对遗产税的分摊进行了规定。该法典第3－9A－102条规定："遗产税是指由于个人的死亡而被联邦、州或者外国征收的税，以及与该税相关的利息和罚金。该条不包括继承税、所得税以及转继承税。"

---

① 尽管通过遗嘱按照自己意愿处理遗产是遗嘱人的特权，但是，绝对的遗嘱自由是不能被法律保证的。自从英国1837年《遗嘱法》（Wills Act）颁布以来，限制遗嘱自由的最重要的第一步从1938年《继承法》（家庭条款）［Inheritance（Family Provision）Act（IFPA）1938］的颁布开始，该法后来被1975年《继承法》（家庭及被抚养人条款）［Inheritance（Provision for Family and Dependence）Act（IPFDA）1975］所代替，又在1995年《继承法改革法》［Law Reform Succession Act（LRSA）1995］中被修订。

② AndrewIwobi：Essential Succession，武汉大学出版社2004年版，第163～175页。

③ 英国1975年《继承法》（家庭及被抚养人条款）第25条界定了"纯遗产"的概念，是指死者可以通过遗嘱处分的所有财产，减去他的丧葬费、遗嘱和管理费用、死者生前债务以及继承税后所剩的遗产。

④ UNIFORM PROBATE CODE（Last Amended or Revised in 2006），http：//www. law. upenn. edu/bll/archives/ulc/upc/final2005. htm，访问日期2007年8月16日。

（2）宅地津贴（Homestead Allowance）[①]。该法典第2－402条规定："死者的生存配偶有权享有15,000美元的宅地津贴。如果没有生存配偶，每一个未成年子女和每一个依靠死者抚养的子女被授予宅地津贴的数额是15,000美元除以未成年子女和依靠死者抚养的子女的总和所得的数额。宅地津贴从遗产中扣除，并优先于所有针对遗产的请求。宅地津贴是死者遗嘱中转移给生存配偶和未成年子女或者依靠死者抚养的子女的财产之外的津贴，除非无遗嘱继承或者选择性份额有其他规定。"

（3）免除财产（Exempt Property）。该法典第2－403条规定："除了宅地津贴以外，死者的生存配偶有权从遗产中获得价值不超过10,000美元的大于担保财产价值以外的财产，包括家庭设备、汽车、家具、器具和私人物品。如果没有生存配偶，死者的子女有权共同所有同样价值的财产。如果负有债务的动产被挑选了，如果该动产大于担保物权的那部分价值加上其他被免除财产的价值不足10,000美元，或者如果遗产中没有价值10,000美元的被免除的财产，那么配偶或者子女有权享有遗产中的其他财产，以补足到10,000美元。对免除财产和弥补免除财产不足部分的财产的权利优先于所有针对遗产的请求，但是弥补免除财产不足部分的财产的权利不优先于宅地津贴和家庭津贴支付。本条规定的权利是死者遗嘱中转移给生存配偶和未成年子女或者依靠死者抚养的子女的利益和份额之外的权利，除非无遗嘱继承或者选择性份额有其他规定。"

（4）家庭津贴（Family Allowance）。该法典第2－404条规定："（a）除了宅地津贴和免除财产的权利以外，死者的生存配偶、死者有义务抚养的未成年子女以及事实上依靠死者抚养的子女在遗产管理期间有权从死者的遗产中得到一笔合理的金钱津贴以维持生

① Homestead的含义为宅地，指由房产主指定作为其住房并受法律保护免于强制出售抵偿债务的财产，见Bighth A. Garner: *Black's Law Dictionary*, THOMSON WEST, 2004, at 751。

活，如果遗产不足以支付被批准的请求，那么，该津贴的持续时间不能超过一年。该津贴可以一次性支付也可以分期支付。如果有生存配偶，该津贴应该支付给生存配偶，用来供生存配偶和未成年子女和依靠死者抚养的子女使用。如果没有生存配偶，则支付给子女或者对子女进行监护和照顾的人。如果未成年子女和依靠死者抚养的子女不与生存配偶住在一起，那么根据他们的需要，该津贴部分支付给子女或者子女的监护人或者其他对子女进行照顾和监护的人，部分支付给配偶。该家庭津贴优先于除宅地津贴以外的所有请求。（b）家庭津贴是死者遗嘱中转移给生存配偶和未成年子女或者依靠死者抚养的子女的财产之外的津贴，除非无遗嘱继承或者选择性份额有其他规定。家庭津贴享有者死亡后，没有支付的那部分津贴的权利即行终止。”

（5）死者死亡时或者死亡后产生的债务。包括合理的丧葬费用、遗嘱和遗产管理费用。

（6）死者生前所欠的债务。①

（三）外国遗产债务范围制度之评析

从上述国家的立法来看，遗产债务可以分为以下三类：

1. 继承开始前产生的债务

继承开始前产生的债务为被继承人生前所欠的个人债务。除专属于被继承人的义务外，不论是私法上的债务，还是公法上的债务，不论是合同之债、侵权之债，还是不当得利、无因管理之债，不论是一般保证之债还是连带之债，均应归属为遗产债务。

被继承人生前所欠的个人债务主要有以下几个方面：

（1）被继承人依照各国税收法规应当缴纳的税款。

（2）被继承人因合同之债而欠下的债务。值得注意的是，出于保护继承人或遗产债权人的不同考量，各国民法典对附条件、附

① 需要特别说明的是，英国、美国关于遗产债务的范围，遗产债务的清偿顺序的资料由山东大学法学院康娜博士翻译并提供，在此表示衷心的感谢。

期限的债权的清偿做出了截然相反的规定。例如，《日本民法典》第930条第2款规定，附有条件的债权或未确定存续期间的债权，根据家庭裁判所选任的鉴定人的评价，必须偿还。《德国民法典》第1986条第2款规定，如清偿债务为当时不能实行或者债务有争议者，仅在向债权人提供担保时，始得交付遗产；附条件的债权，如其条件的成就尚为期甚远，致该债权并无当前的财产价值时，无须对此债权提供担保。法国法认为未到清偿期的遗产债务，其债权人不得因被继承人死亡而请求清偿，其债权也不停止生息。此种做法在实践中难以操作，使遗产的处理和分割难以进行，不利于保护继承人和其他遗产债权人的利益。日本法则认为，未到期的被继承人的债务，应当在遗产债务清理时一并清偿。此种做法的好处是便于及时清偿债务、分割和处理遗产。①

在笔者看来，对于附条件、附期限的债权的清偿应符合公平原则，尽量在继承人和遗产债权人的利益之间寻求到一个平衡点，即对尚未到清偿期的债务，应与其他债务一并清偿，但应当扣除自实际清偿之日到清偿期到来之日这段期间的利息。对于条件尚未成就的债务，可以由债权人与继承人协商解决；协商不成，可以诉请法院根据条件成就的程度、一般人的认知标准以及交易习惯等相关因素酌情估价清偿或由人民法院选定鉴定人评估其数额。

（3）被继承人因侵权行为而承担的损害赔偿的债务。

（4）被继承人因不当得利而承担的返还不当得利的债务。

（5）被继承人因无因管理而承担的补偿管理人必要费用的债务。

（6）其他属于被继承人个人的债务。

合伙债务中属于被继承人应当承担的债务，被继承人承担的保证债务。但是，与被继承人特定人身相联系的债务，继承人无须也不可能承担清偿责任。例如，出版、演出合同中，作者、表演者完

---

① 刘春茂：《中国民法学·财产继承》，中国人民公安大学出版社1990年版，第565~566页。

成创作和表演的义务不能继承。因为作者完成创作作品的义务或者表演人的表演义务都具有人身性质，不可让与，他们死亡后，创作义务和表演义务自动消灭，但是被继承人生前依照合同收取的定金、保证金等属于遗产债务；加工承揽合同中承揽人以自己的工作亲自完成承揽标的的义务不可继承，因为承揽合同主要是定做人基于对承揽人完成特定工作的某种技能的信任而订立的，因而要求承揽人必须以自己的技术、劳动力和设备亲自完成加工、定做或修缮工作。如果承揽人死亡，则其义务自动消灭，定做人无权要求其继承人继续完成所余工作。

需要注意的是，被继承人生前所欠债务须为满足个人需要或目的所欠的合法债务。若以被继承人名义所借、实际为满足家庭共同生活需要而欠的债务不应该全部由被继承人的遗产清偿，因此，要注意划清家庭共同债务与被继承人个人债务的界限，对于不应由死者承担的部分，不能用遗产偿还。①

2. 继承开始时产生的债务

继承开始时产生的债务包括因遗赠、遗产酌给请求权和特留份产生的债务。

（1）遗赠债务

遗赠自被继承人死亡时生效，因此遗赠债务属于继承开始时产生的债务。遗赠包括被继承人以遗嘱指定给予某人某项积极财产，或免除某些债务。遗赠具有无偿的性质，是被继承人对受遗赠人无偿的财产给予，因而与被继承人生前所欠债务不同，无论是在概括继承还是限定继承中给付遗赠都仅以遗产为限，也就是说，遗赠是遗产所负的债务，继承人不以自己的固有财产进行清偿。

各国立法关于遗赠的效力有以下两种立法例：

一为遗赠发生物权效力。《法国民法典》第1006条规定：“遗嘱人死亡时，如没有依据法律规定可以专门保留部分遗产的继承

① 尹田：《被继承人生前债务清偿问题探讨》，载《政治与法律》1987年第3期。

人，全部概括遗赠的受遗赠人得因遗嘱人死亡而当然占有遗产，并无请求移交财产之必要。”《日本民法典》第990条规定：“概括受赠人，有与继承人同样的权利、义务”。

二为遗赠发生债权效力。《德国民法典》第2174条规定：“受遗赠人因遗赠而有向承担遗赠义务的人请求给付遗赠标的物的权利的根据。”《瑞士民法典》第562条规定：“受遗赠人，对执行遗赠义务人，如未特别指定执行遗赠义务人时，则对法定的或指定的继承人，享有请求权。”

对这两种不同的立场，史尚宽先生指出：“遗赠发生物权的效力抑或发生债权效力，系于民法之规定及物权变动之基本的立场。采意思主义之法、日民法，无权因意思表示而变动，遗嘱应与生前行为同样，使物权意思表示而生移转之效力，故以采物权效力说为妥。而在采形式主义之德、瑞士法，动产所有权转移，须依交付，不动产所有权之移转须经登记，故除为继承人之指定或视为继承人之指定外，无论包括遗赠或指定遗赠，均仅有债权效力。”①

（2）遗产酌给债务

遗产酌给制度，是指对继承人以外的受被继承人扶养的人或对被继承人扶养较多的人，在继承开始后，按照一定的原则分给适当遗产的制度。受扶养人或者扶养人有要求酌给遗产的权利，即遗产酌给请求权。因为继承的重要功能之一就是扶养，换言之，被继承人生前持续扶养之人，被继承人死后应由其遗产继续扶养。② 一般认为，遗产酌给请求权是债权。因为它是基于法律规定和扶养事实而发生，属于法定的遗产债务。③

（3）特留份债务

特留份制度，是指在遗嘱继承中必须为一定范围的法定继承人

① 史尚宽：《继承法论》，中国政法大学出版社2000年版，第516页。

② 史尚宽：《继承法论》，中国政法大学出版社2000年版，第150~152页。

③ 张玉敏：《继承法律制度研究》，法律出版社1999年版，第163~164页。

保留一定遗产份额的制度。特留份制度的设立体现了社会本位的选择，其宗旨在于发挥继承的扶养功能，因为享有特留份的法定继承人一般来说都是需要被继承人扶养的人或者扶养过被继承人的法定继承人，如未出生的胎儿、被继承人的配偶、子女等。

被继承人享有制定遗嘱的自由与权利。孟德斯鸠认为自由应包含两方面的含义，一是“做法律所许可的一切事情的权利”，二是“一个人能够做他应该做的事情，而不被强迫去做他不应该做的事情”。具体而言，遗嘱自由的内容主要包括：遗嘱人可以通过订立遗嘱变更继承人的继承顺序和应继份额，甚至可以取消法定继承人的继承权；可以将财产赠与法定继承人以外的其他公民或赠与给国家、集体组织、用于社会公共福利事业等。

正像历史上存在过的任何一种制度都有其存在的客观必然性一样，遗嘱继承制度也既有其积极的一面，同时也有其弊端。在强调私权自治、私权神圣的时代，赋予遗嘱人遗嘱自由的权利无疑是充分的尊重了遗嘱人的自由意志，但是如果对遗嘱人的遗嘱自由丝毫不加限制，遗嘱人往往根据自己的好恶、偏爱或由于一时的感情冲动而滥用遗嘱自由的权利。因此，法律必须对遗嘱继承设定一定的限制，使遗嘱人在法律允许的范围内更好地行使遗嘱自由的权利。

在古罗马，当被继承人没有正当理由而剥夺了正统的当然的继承人的继承权时，被取消继承权人可以提起“遗嘱不伦之诉”。如其主张得到法官的支持，则该份遗嘱将被宣告为无效。此即义务分制度（又称特留份制度）。此乃基于“近亲之慈爱义务及确保其经济的扶养”之观点。

大陆法系国家的特留份制度所规定的应受保护的特留份权利人，是由身份决定的。《德国民法典》第 2303 条第 2 款规定：“被继承人的父母或配偶因死因处分而被排除在继承之外的，他们享有同一权利，第 1371 条的规定不受影响。”凡被继承人在处理自己的财产时，必须为一定范围的近亲属保留法定的遗产份额，如果被继承人在遗嘱中没有为特留份权利人保留应留份额，或未足额保留，则特留份权利人有权向法院提出诉讼，主张该遗嘱无效或部分无效，甚至有权请求继承人补足其特留份。由于特留份仅以身份为基础，而不以“扶养需要”为条件，因而，各国对其本质认为是“法定继承权”，所以其计算基础为“被继承人死亡时所有的遗产扣除债务后所余之财产”。例如，《德国民法典》第 2303 条规定：“义务分（特留份）权利，为优先于遗嘱，而后于继承债权之金钱债权。”《日本民法典》第 1029 条规定：“特留份以被继承人于继承开始时所有的财产的价额加上其赠与财产的价额，减去债务全额之余额计算，应计入的赠与。”

英、美、加等英美法系国家素来尊重当事人的自由，绝对承认遗嘱自由，但亦通过寡妇产、鳏夫产制度，对被继承人的遗嘱处分自由加以限制。所谓寡妇产，即指生存之妻子对已死亡之丈夫的不动产的三分之一享有终身用益权；所谓鳏夫产，指生存之丈夫对已亡之妻子的全部不动产享有终身用益权。不过，寡妇产、鳏夫产仅限于财产的用益权，并不调整该财产的所有权归属，俟该寡妇、鳏夫死后，该份财产不能作为其遗产。例如，英国 1952 年《无遗嘱继承条例》规定：“法院可以违反遗嘱人的意愿，判决从遗产的收益甚至本金中支付一定数量的扶养费给生存配偶、未成年的儿子、未婚女儿。”英美法系国家对遗嘱自由的限制除以身份关系为要求外，还以“所应保护的人需要被继承人的扶养”为必要。另外，英美法系国家对遗嘱自由的限制更多的是依赖于衡平法，由法官自由裁量而确定。

3. 继承开始后产生的债务

继承开始后产生的债务主要指继承费用。继承费用，是指在被继承人死亡后，因料理其后事、处理继承的相关事务而产生的费用，包括丧葬费用、遗产管理费用、死亡宣告费用、公示催告费用、遗产清算费用、遗嘱执行费用、诉讼费用，等等。继承费用是继承所必需的花费，因此各国立法都规定应从遗产中支付，但是因继承人过失而支付的不在此限。

在英美法系国家，遗产税是其遗产债务的一个特殊内容。由于认为巨额财富的传承使得财富分配上的巨大不均永久存在，将继承的权利集中于少数人手中，否定了穷人的机会平等。同时，它不是倾向于鼓励接受继承人的功过和劳动生产力，而是对出生于富裕家庭的幸运儿的奖赏。① 因此，英国和美国都对规定了遗产税和赠与税。但不是所有的遗产都要征遗产税，在2006年，美国免于征税数额是100万美元，税率开始是37%，在财产超过300万美元时增长至55%。② 笔者认为，英美国家遗产税的做法值得借鉴。

二、我国继承法之遗产债务范围制度③

（一）我国遗产债务范围制度之规定

一般认为，遗产债务的范围包括：（1）被继承人遗留的债务；（2）遗赠债务；（3）必要的遗产份额；（4）酌给遗产债务；

---

① See Ronald Chester, Inheritance, Wealth and Society (1982); Remi Clignet, Death, Deeds and Descendants: Inheritance in Modern America (1992); Inheritance and Wealth in America (Robert K. Miller, Jr. & Stephen J. McNamee eds. 1998).

② ［美］杰西·杜克米尼尔、斯坦利·M. 约翰逊：《遗嘱、信托、遗产》，陈苇编译，西南政法大学外国家庭法及妇女理论研究中心内部资料2006年，第17页。

③ 我国港、澳、台地区的立法中，对遗产债务范围也有相关规定。

我国台湾地区“民法”第1149条规定：被继承人生前继续扶养之人，应由亲属会议依其所受扶养之程度及其他关系，酌给遗产。第1150条规定：关于遗产管理、分割及执行遗嘱之费用，由遗产中支付之。但因继承人之过失而支付者，不在此限。第1223条规定：“直系血亲卑亲属、父母及配偶之特留份为其应继份的二分之一，兄弟姐妹、祖父母之特留份为其应继份的三分之一。”由此可见，台湾地区的遗产债务包括：（1）被继承人之债务；（2）继承费用，此项债务为继承开始后所生之费用，如遗产管理、分割及执行遗嘱之费用，其他如被继承人之死亡宣告费用、埋葬费用也属于此类；（3）继承开始债务，如因遗赠或酌给遗产所生之债务，为遗产之物的责任，由遗产负担，继承人不就其固有财产负此义务。

《澳门民法典》第1906条规定：遗产之负担包括：用于被继承人之丧葬开支及附随之宗教仪式之开支、因执行遗嘱而生之负担、因管理及清算遗产而生之负担、死者债务之清偿，以及遗赠之履行。从澳门民法典的规定来看，遗产债务的范围与其他大陆法系国家相似，也是分为继承费用、被继承人债务和因继承所生之债务（如遗赠）。

我国香港地区，根据《无遗嘱者遗产条例》第2条之规定：遗产债务主要包括殡葬费、遗产管理费、遗属供养债务以及被继承人应清偿的其他债务。

（5）继承费用。

（二）我国遗产债务范围制度之评析

从遗产债务范围的外延来看，主要包括被继承人生前所欠债务，以及继承开始时和继承开始后产生的费用。

被继承人生前所欠债务往往由两部分构成：一是以被继承人名义发生的，并应由其个人承担的债务；二是在共同债务中，应由被继承人个人承担的债务份额。判断债务的性质是否为被继承人的个人债务，关键应看其负债的原因或该债款的用途，而不能只看以谁的名义负债。当被继承人为共同债务人之一时，不论该债务是否以被继承人个人的名义所欠，共同债务中应由被继承人承担的债务份额，都属于被继承人个人债务的组成部分。

至于继承开始后处理继承事务所发生的债务，如遗产管理费用、遗产分割费用等，属于在遗产分割前遗产本身的消耗花费，可直接从遗产中扣除。

对于殡葬费用，有学者认为，殡葬被继承人是继承人应尽的义务，由此而负的债务，应由继承人用其个人财产负责清偿，而不能作为被继承人的债务用其遗产清偿。①

第三节 遗产债务的清偿顺序

在遗产不足清偿全部债务时，有可能出现遗产债务的清偿顺序的问题。遗产债务的清偿顺序对继承关系的各方当事人的利益有重要的影响，因此要综合考虑遗产债务的性质，以及法律确认该债务的目的等因素来确定清偿顺序的先后。

遗产债务的清偿顺序始于古罗马法。古罗马法认为，在不损害优先权人的利益的限度内，应当按照一定的顺序清偿债务。此原则后来为法国、德国、瑞士、日本等国民法所采用。有的国家的继承

---

① 陈苇主编：《婚姻家庭继承法学》，法律出版社2002年版，第494页。

法，对于遗产债务的清偿，按照各项具体债务的种类排列出明确的顺序，如《越南民法典》；而有的国家的继承法对遗产债务的清偿和遗赠交付的顺序则没有明文规定，在实践中，往往是按照债权的性质来确定清偿债务的先后顺序，如我国。

一、外国之遗产债务清偿顺序制度

（一）大陆法系国家之遗产债务清偿顺序制度

1. 德国

《德国破产法》第 224 条规定：继承费用准用破产费用之规定，成为财团债权而优于其他债权。

2. 日本

《日本民法典》第 306 条规定：有因下列各项原因产生的债权者，于债务人的总财产上有先取特权：（1）共益费用；（2）受雇人的报酬；（3）殡葬费用；（4）日用品的供给。

第 309 条规定：（1）殡葬费用的先取特权，就按债务人身份而举行的殡葬仪式的费用而存在。（2）前款的先取特权，就债务人按其应扶养的亲属的身份而举行的殡葬仪式的费用亦存在。

第 929 条规定：第 927 条第 1 项的期间届满后，限定承认人，应以继承财产向在催告期间内声明的债权人及其他已知的债权人，按其各债权额的比例进行清偿。但不得侵害有优先权的债权人的权利。

3. 俄罗斯

《俄罗斯新民法典 · 继承权》第 1174 条规定：第一顺序补偿被继承人的疾病和丧葬所支出的费用；第二顺序补偿保护遗产和管理遗产所指出的费用，而第三顺序补偿与执行遗嘱有关的费用。

第 1138 条规定：被遗嘱人责成负有遗赠义务的继承人，应在转移给他的遗产价值范围内扣除他应支付的遗嘱人的债务后执行遗赠。

(二) 英美法系国家之遗产债务清偿顺序制度

1. 英国

在英国，遗产债务的清偿顺序因遗产是否能够足额清偿而有所不同：

(1) 遗产足以清偿债务时的顺序。如果死者的遗产足以支付所有的丧葬费用、遗产管理费用和各种债务，那么这些费用和债务应该足额清偿，剩下的遗产将在遗产受益人之间进行分配。至于哪些财产应该用来承担清偿上述费用和债务，1925 年《遗嘱检验法》第 34 (3) 条做出规定：在死者没有相反意图的情况下，按照该法第二章“扣减的顺序”的规定处理。但债权人不受这些顺序的约束，可以要求用死者的任何财产进行清偿。但是，如果债权人从无义务承担债务的资产中获偿，受损的遗产受益人可以向应该承担债务的资产受益人追偿。

根据 1925 年《遗嘱检验法》第 34 条规定的法定顺序，债务按照下列顺序从遗产中清偿：[1]

第一顺位：继承费用；第二顺位：死者债务；第三顺位：继承税；第四顺位：扶养费；第五顺位：遗赠。

(2) 遗产不足清偿债务时的顺序。如果遗产不足以清偿死者的丧葬费、遗嘱和管理费和其他债务，该遗产可以被推定为破产。[2]

当遗产破产时，可采取以下三个方法之一来管理，一是启动行政诉讼，遗产代理人在法院的指导下管理；二是遗产代理人向法院申请破产；三是债权人向法院申请破产。在这些命令作出以后，死者遗产的破产信托人将被任命，在任命之前，官方接受机构将负责管理遗产。即使死者的遗产没有被破产管理，1986 年《死者遗产破

① Section 34, Administration of Estates Act (AEA) 1925.

② 如果对死者遗产的破产存在疑问，遗产代理人应该管理遗产，直到弄清楚遗产没有破产时才能将其分配给受益人。

产管理法令》规定，破产法的特殊规定可以适用于遗产，以达到规范债权人之间对于优先权的竞争。相关债务清偿的顺序如下：①

第一，担保债务。在死者的债务设有担保时，债权人享有从担保财产中优先受偿的权利，如果该担保不足清偿债务，不足部分将按未担保债权的保护方式进行清偿。担保债权人的债权不仅优先于其他债权人，还优先于死者的丧葬费、遗赠和遗产管理费。

第二，死者的合理丧葬费、遗赠和管理费。只要死者的丧葬费、遗赠和管理费是合理的，其优先于其他未担保的债权。

第三，专门被设定的债务。例如，死者作为某一互助会的工作人员而占有的该社团的财产或金钱，即使死者死亡时不再是该社团的工作人员。

第四，优先债务。包括如下种类：死者应缴纳的国内所得税；增值税、汽车税、打赌和赌博的债务；死者死亡时的社会保障捐助费；死者职业退休金计划和与退休计划相关的政府收入的分担额；死者应该向其雇员支付的报酬和假日工资。

第五，普通债务。②

第六，延期的债务。

第七，合理救济条款。根据英国1975年《继承法》（家庭及被扶养人条款）第25条的规定，合理救济条款是从扣除死者丧葬费、遗嘱和管理费用、生前所欠债务和继承税后的纯遗产中支付的，由此可见，其顺序后于上述遗产债务。

第八，遗赠。

2. 美国

根据美国《统一遗嘱检验法典》第3－805条规定："（a）如

---

① 以下规定见AndrewIwobi：Essential Succession，武汉大学出版社2004年版，第222～223页。

② 普通债权人之间地位平等，普通债权人不能通过法院就其债务获得优先于其他债权人受偿。

果可适用的遗产足以支付所有请求，遗产代理人将按照下列顺序支付：(1) 遗产管理的花费和开支；(2) 合理的丧葬费用；(3) 根据联邦法享有优先权的债务和税款；(4) 死者最后患病花费的合理和必需的医药费，包括他的主治医生的报酬；(5) 根据其他州法律享有优先权的债务和税款；(6) 其他所有的请求。(b) 同一顺序的请求中的各项请求不享有对其他请求的优先权，到期的请求无权优先于未到期的请求。”该法第二章第四部分“免除财产和津贴”的一般注释中规定“定居于本州的人死亡后，该部分授予死者生存配偶和固定的子女各种各样的津贴。这些津贴优先于遗产的无担保债权人的债权和受遗赠人的遗赠”。第2－402条规定：“宅地津贴从遗产中扣除，并优先于所有针对遗产的请求。”第2－403条规定：“对免除财产和弥补免除财产不足部分的财产的权利优先于所有针对遗产的请求，但是弥补免除财产不足部分的财产的权利不优先于宅地津贴和家庭津贴支付。”第2－404条规定：“该家庭津贴优先于除宅地津贴以外的所有请求。”第1－201条一般定义第(6) 款规定：“‘请求’，与死者的遗产和受保护人有关，包括死者或者受保护人的债务，无论该债务是起因于合同、侵权还是其他，以及死者死亡之时或者死亡之后或者管理人被指定之后产生的债务，包括丧葬费用和遗产管理费用。该条不包括遗产税或者继承税、不包括死者或者受保护人对于遗产中的存在争议的特定财产的权利。”

根据上述规定，可见美国遗产债务应按以下顺序清偿：①遗产管理的费用；②合理的丧葬费用；③担保债务；④宅地津贴；⑤家庭津贴；⑥免除财产；⑦根据联邦法享有优先权的债务和税款；⑧死者最后患病的合理的和必需的医药费，包括其主治医生的报酬；⑨根据其他州法律享有优先权的债务和税款；⑩其他所有的请求：同一顺序债务应按比例清偿，到期债务与未到期债务平等受偿，特殊遗赠优先于一般遗赠受偿，依此类推。

（三）外国遗产债务清偿顺序制度之评析

1. 大陆法系国家遗产债务清偿顺序的立法要点

（1）贯彻保护弱者的人权原则。在西方，“人权是指一个人作为人所享有或应享有的基本权利”，是人类社会最高形式和最普遍性的权利。[①] 它是不可让渡和不可剥夺的，否则，“人”就不成其为人。“以人为本”就要尊重和保障人的一切权利，就要关注那些底层、弱势的人，即“国家要对国民最低限度的像人那样的生活实施保障”。[②] 因此，在债务清偿顺序的设定过程中，当权利发生冲突时，应当遵循人权的理念予以协调。

（2）兼顾公平与效率。遗产债务的清偿顺序，就其价值角度而言，存在公平与效率的冲突问题。法律赋予某些特殊债权以优先权，是因为这些特殊债权的债权人与债务人之间原本存在着某些特殊的社会关系，法律认为，对这类特殊的社会关系加以特别保护，是实现实质性的公平与平等的需要。但优先权的实现往往是以牺牲其他债权为代价的，因此，遗产债务清偿顺序的确定，应兼顾效率与公平的统一，优先权的种类应当法定，且权利的行使方式还应受到法定的限制。

（3）遗产债务的种类条块分割，顺序安排统一。遗产债务的顺序安排一般是直接依据遗产债务中的传统分类而展开，而这一分类下的债务类型的跨度是否适合编排顺序则在所不问。

2. 大陆法系国家遗产债务清偿顺序之特色

通过各国相关立法的比较可以看出，遗产债务一般按以下顺序清偿：

（1）继承开始后产生的债务。如前所述，继承开始后产生的债务通常为继承费用，继承费用是继承所必需的费用，它的支付不仅是为了继承人的利益，而且也是为了遗产债权人的利益，所以应

① 张文显：《法理学》，高等教育出版社1999年版，第103页。

② ［日］大须贺明：《生存权论》，林浩译，法律出版社2001年版，第8页。

当优先支付。

（2）继承开始前产生的债务，即被继承人生前所欠的债务。被继承人生前所欠的债务可以分为私法上的债务和公法上的债务。前者是平等主体之间的债权债务关系，如合同之债、侵权之债、无因管理之债和不当得利之债等，后者是涉及公共利益的债务，如被继承人所欠的税款、罚款等。一般来说，公法上的债务要优先于私法上的债务受偿（如前述美国佐治亚州新遗嘱检验法典中关于清偿顺序的规定），之所以这样规定，是因为公法上的债务涉及社会公共利益，属于强行性的规定，先于私法上的权利义务行使。

（3）继承开始时产生的债务。继承开始时产生的债务，包括遗产酌给债务、特留份债务和遗赠债务。其中这三者的顺序是遗产酌给债务先于特留份债务，特留份债务又优先于遗赠债务。因为继承开始时产生的债务与继承开始前产生的债务相比成立在后，而且继承开始前产生的债务一般都是有对价的或者涉及公共利益的，对于那些被继承人与继承人之间无对价的债权债务关系也可以通过"归扣"制度进行平衡。而且将遗赠债务放在最后进行清偿，是因为各国一致规定无论有限责任继承还是无限责任继承，继承人都只以遗产为限执行遗赠义务。①

3. 英美法系遗产债务清偿顺序之评析

由于英美法系国家主要实行遗产间接继承制度，由遗产代理人负责清偿债务，因此，其遗产债务责任通常都由遗产代理人承担。为了避免遗产代理人承担过重的责任，美国、英国规定了公告和债权申报程序，被继承人死亡后，由法院或遗产代理人进行公告，要求债权人在规定的期限内申报债权，遗产代理人仅对规定期限内提出请求的债权人承担责任。就公告程序或公示方式而言，如前所述，各国略有不同，但功能是一致的。

---

① 杜江涌：《解读与重构：继承中的财产移转机制研究——以"和谐社会"理念为视角》，载《云南行政学院学报》2006 年第 3 期。

二、我国继承法之遗产债务清偿顺序制度①

（一）我国遗产债务清偿顺序制度之规定

我国现行《继承法》第33条规定：继承遗产应当清偿被继承人依法应当缴纳的税款和债务，缴纳税款和清偿债务以他的遗产实际价值为限。超过遗产实际价值部分，继承人自愿偿还的不在此

---

① 我国港、澳、台地区的立法中，对遗产债务清偿顺序也有相关规定。

我国台湾地区遗产债务的清偿顺序如下：首先清偿被继承人生前所欠债务以及继承费用（包括继承开始费用、埋葬费及宣告死亡费用），其次清偿因酌给遗产请求权所生之债务，最后为因遗赠所生之债务。（参见史尚宽：《继承法论》，中国政法大学出版社2000年版，第203～205页。）

我国《澳门民法典》第1908条规定：一、遗产之债权人及受遗赠人较继承人之个人债权优先，而遗产债权人之优先权则较受遗赠人优先。二、遗产之负担须按第1906条所指之顺序支付。三、优先权自继承开始起维持五年；如属继承开始后方设定之债务，则自设定债务时起维持五年，即使遗产已分割亦然；即使顺序较后之债权人已在遗产所包括之财产上取得担保物权，上述之优先权仍予维持。

我国香港地区实行的是"间接继承"制度，即继承开始后，遗产并不直接归属于继承人，而是由遗产管理人在清理遗产债务、扣除遗产税、交付遗赠以后，再将剩余财产授予继承人，如果遗产中的消极财产超过积极财产，则应按照破产程序处理。

根据香港《遗嘱认证及遗产管理条例》附表第63条之规定，遗产无力偿债时的偿债规则为："1. 除第14条条文另有规定外，殡殓、遗嘱管理及遗产管理的开支具有优先权获得偿付。2. 除以上另有规定外，根据破产法律中当其时对被判定破产的人的资产有效的规则，对有抵押债权人与无抵押债权人各自享有的权利、可证债项与债务、年金的估值以及未来法律责任与或有法律责任的估值以及债项与债务的优先权须予遵守。"遗产有力偿债时资产的运用次序为："1. 遗嘱未予处置的死者财产，但须从中预留一笔足以支付金钱遗赠的款项。2. 并非特别遗赠而（以特别描述或普通描述方式）包括于剩余遗产的馈赠内的死者财产，但须从该项财产中预留一笔足以支付金钱遗赠的款项，而该等金钱遗赠须是未有按上述规定预留款项支付者。3. 特别分派或遗赠（以特别描述或普通描述方式）而用以偿债的死者财产。4. 负有偿付债项责任或属遗赠（以特别描述或普通描述方式）但受偿付债项责任规限的死者财产。5. 预留以支付金钱遗赠的款项（如有的话）。6. 特别遗赠的财产，按价值而依比率运用。7. 根据一般权力藉遗嘱指定受益的财产，按价值而依比率运用。8. 以下条文亦适用——（a）资产的运用次序可由死者的遗嘱予以更改；（b）本附表内本部并不影响为免除其他资产缴纳遗产税而对不动产施加的缴纳遗产税（如有的话）的法律责任。"

限。继承人放弃继承的，对被继承人依法应当缴纳的税款和债务可以不负偿还责任。

第 34 条规定：执行遗赠不得妨碍清偿遗赠人依法应当缴纳的税款和债务。因此，在处理遗产时，应首先清偿被继承人的债务，清偿债务后剩余的遗产，才以执行遗赠。[①]

《继承法意见》第 61 条规定：继承人中有缺乏劳动能力又没有生活来源的人，即使遗产不足清偿债务，也应为其保留适当遗产，然后再按《继承法》第 33 条和《民事诉讼法》第 180 条的规定清偿债务。

司法实务中，根据《继承法》第 33 条和《破产法》第 82 条、109 条、110 条的规定来看，对遗产债务的清偿顺序为：第一顺序是被继承人生前所欠他人的工资和劳保费用；第二顺序是被继承人生前所欠的国家税款；第三顺序是普通债权；最后为遗赠之债。

（二）我国遗产债务清偿顺序制度之评析

从上述规定不难看出，我国遗产债务清偿顺序的确定遵循以下原则：遗产债务的清偿首先应当满足优先债权人的利益；在遗产尚有剩余时才能开始遗赠的交付。

所谓优先债权，是指债权人的债权负有抵押权、质权、留置权等担保或者法律有特别规定应当优先偿还的债权。有这种债权的人为优先债权人。优先债权人的此种优先债权的效力不受遗产继承的影响，它应当先于普通债权得到清偿。但是，享有特别担保的优先债权人也不是对全部遗产均享有优先债权，倘若所担保之物或权利不足以清偿其债务，则其不足部分，仍然应当与普通债权处于同一清偿顺序而受到清偿。

在优先债权和普通债权清偿完毕以后，遗产尚有剩余的才能开始遗赠的交付。这是保护被继承人的债权人的利益所必需的。因为

① 必须指出的是。清偿被继承人债务优先于执行遗赠的原则，应只适用于遗嘱中的遗赠，而不应用于遗赠扶养协议中的“遗赠”。

债权人与受遗赠人的地位不同。其一，债权人的债权一般都是有偿取得的，债权人付出了义务，才取得了此项权利；而受遗赠人接受遗赠是无偿的，是基于被继承人的恩惠而取得的。其二，债权人的债权早在被继承人死亡之前，即继承开始之前，就已经确定；而遗赠是基于被继承人死亡这个法律事实的出现而发生的，在被继承人死亡之前，根本不发生遗赠的问题。因此，对债权人利益的保护应优先于受遗赠人。① 交付遗产在后的做法，既有利于保护国家的利益，又有利于保护债权人的利益，维护正常的社会秩序。

第四节　遗产债务的清偿责任

一、遗产债务清偿责任的确立

在民法中，债务是债务人应为的特定给付义务，责任则是债务人违反此项义务所应承担的制裁性法律后果。民事法律关系具有平等性和等价有偿性的特点，这一特点决定了民事责任的一个重要特征——依法回复被侵害权利的圆满状态。也就是说，民事责任最主要的功能，首先在于使受到侵害的民事权利回复到被侵害以前的原有状态，以全面切实地保护债权人的利益。故而，债务人对其未履行法定义务或者约定义务而给债权人造成的损害，应尽其所能给债权人以赔偿，即应以其全部财产担保债务的清偿。因此，就债务人对其债务所应承担的法律后果来说，除不能查封、扣押的财产（如生活必需品），或者不能强制执行的权利（如人身损害赔偿请求权）之外，债务人原则上应以其全部财产对其债务负清偿责任，也就是无限责任。所以，民事责任的承担，以无限责任为基本原则，即无限责任为民事责任的基本形态。正如王泽鉴先生所指出的："在现行法上，债务与责任互相结合，原则上并属无限财产责

① 刘文：《继承法比较研究》，中国人民公安大学出版社2004年版，第391页。

任。换言之，负有债务者，于不履行时，即应以其全部财产负其责任，有债务即有责任。”①

具体到继承中，死者遗留的财产包括积极财产（财物和债权）和消极财产（债务）。被继承人生前，作为享有权利能力和行为能力的独立的民事主体，以其所有的财物或财产权利对债务人履行义务。债权人的利益因债务人（被继承人）主体资格和个人财产的存在而得以保障。古今中外，无论是从交易习惯还是交易心理上，债权人均由于债务人主体资格——“活人”这一事实的存在而享有对债权的“安全感”，我们经常所说的“人不死，债不烂”也从一个侧面反映了这一问题。随着债务人（被继承人）的死亡，其民事主体资格也随之消灭，债权人失去了所依赖的“主体资格存在”这一安全保障。一个具有以信用为基础的经济制度的社会，不能依靠曾被接受的债务同死者一起消亡的原则运行。同时这对债权人而言也极为不公平。此时债务人（被继承人）所遗留下来的积极财产（财物和债权）成为债权人利益得以实现的保证。也就是说，在债务人死亡后，所遗留的积极财产在性质上发生了转化，执行起保证债权人实现其利益的功能。所以，继承开始后，继承人在取得被继承人遗留的财产权利的同时，必须承担被继承人所负担的财产义务。

二、遗产债务清偿责任之立法例

根据用以承担责任的财产范围不同来划分，遗产债务的清偿责任可分为有限责任与无限责任。责任人以其全部财产负担债务清偿担保的，谓之无限责任；责任人仅以其一定限额的财产作为清偿债务担保的，为有限责任。

（一）遗产债务清偿的无限责任

在遗产债务清偿问题上，罗马法起初实行继承人的无限责任原

---

① 王泽鉴：《债法原理》，中国政法大学出版社2001年版，第29页。

则，继承人继承的利益不足清偿所继承的债务时，该继承人也须由本身的财产予以补足，这与我国古代“父债子还”的习俗相呼应。

古罗马，与概括继承相适应，继承人对遗产债务承担无限责任。这种“损益遗产”的处理损害了继承人的利益。按照概括继承的原则，继承人应无限地承担损益遗产的偿还责任，这对继承人而言，显然是极不公平的。在中国古代，无限责任的承担形式表现为“父债子还”。“父债子还”不是因为债权人地位的强大，或者说债权人身性意义还未完全摆脱，事实上，这完全是因为家族自身延续的社会核心理念影响所致。家子对于家父家内家外社会身份关系的替代继承，使得“无限清偿责任”成为债权人必然获得的债权保障。可以说，正是由于家父权力体系维持的理念，使得债权人在继承领域得到了不应有的权力扩张，而这与已经发展起来的债权理念是极不协调的，以至于遗产继承领域与其他法律领域的债权适用，长期处于对峙的状态。

在当代，遗产债务无限责任的承担有其严格的适用前提。例如，按照《法国民法典》的规定，继承人须按法定程序在规定期限内向法院提交忠实而确切的遗产清册，然后声明限定继承或放弃继承。如果继承人未在法定期限内声明放弃继承或声明限定继承并提交遗产清册，或编制遗产清册不忠实，则须对遗产债务负无限责任。①《瑞士民法典》规定，继承人应对被继承人的全部债务负责，但可以在一定期限内表示放弃继承或申请由主管官署制作公示财产清单。财产清单出来以后，继承人可以选择放弃继承或无条件继承或请求主管官署清算。在法定期限内未作任何表示者视为同意财产清单而无条件继承；继承人以行动插手遗产处理或者由藏匿遗产的不法行为，则丧失放弃继承和限定继承的权利，须对遗产债务负无限责任。②

① 参见《法国民法典》第793~803条之规定。
② 参见《瑞士民法典》第551~601条之规定。

（二）遗产债务清偿的有限责任

遗产债务清偿的有限责任始自罗马法。查士丁尼时代，准许继承人在一定期间内，采取编制遗产清册的办法，将继承人清偿死者债务的责任限制在他所继承的遗产范围之内。目前，清偿遗产债务的有限责任原则已为世界上许多国家的继承立法所采用，日益发展成为一个普遍适用的原则。

1. 遗产债务清偿有限责任的确立

早期古罗马法中的世袭继承规定，继承人对死者的全部财产权利和债务进行整体性的继承。其特点是，死者的遗产与继承人的财产合为一体，死者的债权人和继承人的债权人同样都可以从这些财产中得到清偿。这样就可能出现以下两种情况：第一种情况是当继承人破产时，继承人的债权人可从死者的遗产中得到清偿，这样就危及死者的债权人的利益；第二种情况是在死者的遗产不足清偿债务时，由于死者的债权人也可以从继承人的固有财产中得到清偿，这样也必然会危及继承人的债权人的利益。因此，将死者的遗产和继承人的固有财产分离就成为必要的了。查士丁尼时代准许继承人在一定期间内，采取编制遗产清册的办法，将继承人清偿死者债务的责任限制在他所继承的遗产的范围内，死者的债权人只能就遗产价值的总额向继承人提出请求。这样，既保护了继承人的债权人的利益，又保证死者的债权人的债务在遗产的范围内得到清偿，更重要的是，也维护了继承人的利益，因为继承人只对死者的债务负有限的清偿责任。

2. 遗产债务清偿有限责任合理性的经济分析

遗产债务清偿有限责任的确立，源于限定继承原则的采用。进一步分析，我们不难发现，遗产债务清偿的有限责任，实际上是赋予了继承人一种“相机”继承权，也就是说，当被继承人的财产大于0时继承人可以继承；相反，当被继承人的财产小于0时，继承人却可以选择不继承。在笔者看来，“责任自负”并不必然导致“有钱可以拿，有债可不要”的合理性；保护继承人的“合法权益”也不能以损害债权人的利益为代价，况且，“欠债还钱”本身也是符合伦理的。[①]

（1）研究思路。经济基础决定上层建筑。一切“合理”的社会存在必然有其深层次的经济原因。在与概括继承制度的竞争中，限定继承制度逐渐占据了上风，并在长期的制度进化中最终保留了下来，其合理性何在？对于这个疑问，从现有的法律文献中更多找到的是伦理方面的解释，笔者试图从经济学的角度为限定继承制度的合理性提供一个解释。

在现代的市场社会中，支配生产和交换的基本法则是个人主义和利己主义的法则。在因需要而相互勾连的领域中，所有的人的所有活动都是为了同样的目标：从相互的交往中获得私人利益的最大化实现。而且，在市场社会的私人关系中，个人主义和利己主义已经不仅仅是一种法则，而且成为一种精神，成为支配人们思想和行为，甚至支配人们情感和世俗意义的“世俗精神”。这是对整个社会生活的极大改变，看不到这种改变，就无法理解市民社会的本质。马克思说，“鲍威尔先生就没发觉，现实的世俗的犹太精神，因而宗教的犹太精神，是由现今的市民生活所不断地产生出来的，并且在货币制度中获得了高度的发展。他之所以不能发觉这一点，是因为他不知道犹太精神是现实世界的一环，而只把它当作是他的世界即神学的世界的一环”。[②]

经济学家假设人都能理性地追求自己的目标。理性行为有两种完全不同的情形，分析这两种中的一种要比分析另一种容易得多。在容易分析的情形下，在决定了要做什么之后，我可以放心地将世界上的其他人都看成是东西而不是人。在较难分析的情形下，我要

① 限定继承制度确立的目的在于消除旧社会“父债子偿”的不合理现象，总体而言，这是合理的。然而笔者认为这种做法在一些时候也不一定符合乡村习俗。对此问题，笔者将在下文中予以进一步阐释。

② 《马克思恩格斯全集》（第2卷），人民出版社1957年版，第140页。

考虑到其他人也在追求着自己的目标，而且他们也知道我在追求的目标并将此考虑到他们的行为中去，而且他们知道我知道……而且我知道他们知道我知道……而且……①

需要进一步说明的是，"人是其自利的理性最大化者"，② 任何一种权利的起始配置都会产生高效率资源配置，也都需要社会交易成本（市场或非市场的）并影响其选择，问题的关键在于如何使法律能选择一种成本较低的权利配置形式和实施程序。这样，社会的法律运行、资源配置的进化过程就是以交易成本为最低原则，不断重新配置权利、调整权利结构和变革实施程序的过程。

本书提出的假说是：继承人能够以比移转被继承人的财产低得多的成本转移自己的固有财产；节约财产转移成本的动机促使社会选择了限定继承制度。

首先，继承人有能力转移自己固有的财产和被继承人的财产。其转移方式的具体形式有：串通交易对象、低价"出售"财产，事后再以适当的方式"赎回"；藏匿；跨地域、跨时间的转移；挥霍、浪费；信息操纵，制造亏损假象；采取高风险经营策略；制造虚假债务；把财产用于其他债务的清偿，等等。世界各国继承法律制度中的一些防止继承人财产转移的具体措施也从反面印证了这个论点。例如，法国、德国、日本《民法典》以及我国台湾地区"民法典"规定，继承人只有在一定的条件限制下才可以选择有限责任继承或放弃继承，这些条件包括要保证遗产的独立性和完整性，不得有侵害、藏匿财产的行为；英美法系国家的间接继承制度中的遗产管理制度也体现了这一点。

其次，继承人能够更容易地转移自己固有的财产。对自己的财

① David D. Friedman：What Economics Has to Do with Law and Why It Matters，Sanra Clara Press，2004.

② Richard A. Posner：Economic Analysis of Law，Little Brown and Company，1992. p. 4.

产拥有更加充分的信息和更加完整的产权使得这句论断变得易于理解。因此，继承人能够透过种种并不严密的法律防火墙而较容易地转移自己的固有财产，法律禁止这种“非法行为”的成本极为高昂。

于是，在各种继承制度下，继承人将采取不同的行为以最大化自己的效用。这具体化为：①在概括继承制度下，当被继承人的财产不足以偿还其债务时，继承人将转移自己的财产，以逃脱自己对被继承人未清偿债务的连带责任——只要转移财产的成本低于要转移的财产的价值；②在限定继承制度下，无论被继承人的财产是否足以抵偿他的债务，继承人都无须转移自己的财产以逃避债务——法律已经明确规定他没有偿还被继承人剩余债务的责任——从而不必付出给他带来负效用的财产转移成本。

当然，在概括继承制度下，被继承人的债权人能够事前预期到继承人的财产转移行为及其给自己带来的损失，从而主动加强对被继承人的信用审查，或要求更多的抵押，或要求更高的利率以补偿他的期望损失。所有这些，或提高了被继承人的借款成本或提高了债权人的审查成本，对于社会来说都是一种福利损失。

因此，只需假定继承人能够比较容易地转移自己的固有财产，我们便可以得到这样的结论：限定继承制度能够节约财产转移成本，具有更高的经济效益。

（2）模型与分析。

财产继承模式 \ 被继承人的财产状态		积极财产多于消极财产	积极财产等于消极财产	积极财产少于消极财产
概括继承	继承人是否从被继承人处获得收益	是	否	否
	继承人是否需要转移自己的固有财产	否	否	是
	继承人是否需要以个人固有财产付出还债成本	否	是	是

续表

被继承人的财产状态 / 财产继承模式		积极财产多于消极财产	积极财产等于消极财产	积极财产少于消极财产
限定继承	继承人是否从被继承人处获得收益	是	否	否
	继承人是否需要转移自己的固有财产	否	否	否
	继承人是否需要以个人固有财产付出还债成本	否	否	否

由上述分析我们不难发现，在各种情形下，限定继承制度均不劣于概括继承制度；而且，在限定继承制度下，更多具有正净现值的机会得到实现。于是，我们利用以上简单的模型得到了我们所需的结论：若继承人能够以较低的成本转移自己的固有财产，节约财产转移成本的动机将促使社会选择限定继承制度。

在古代，人类的经济活动比较单纯，财产的各种存在形式也相对简单而难以藏匿或转移，因此，相对于概括继承制度并没有特殊的优越性。① 但是，随着人类社会的进步和经济的发展，人们所从事的经济活动也日益复杂起来，各种财产的存在形式之间的转化以及人类本身的流动也日益丰富、复杂和容易，转移自己的财产也变得相对简单。因此，限定继承制度逐渐成为现代继承法的基本原则。同时，这一分析也解释了世界各国财产继承制度从概括继承到限定继承的历史发展逻辑。②

3. 遗产债务清偿有限责任的例外

任何原则都不可能是包罗万象的，遗产债务清偿的有限责任原

① 许勤、魏嶷：《概括继承、限定继承及其他》，载《学术月刊》2001 年第 8 期。

② Osborne MJ and A Rubinstein, Bargaining and Markets, San Diego : Academic Press, 1990.

则也不应当囊括一切情况下被继承人所欠的债务。根据一般的继承法理论和审判实践，对于下述债务类型，不应以死者遗产的实际价值为限，继承人应负无限的清偿责任，即应以自己的固有财产进行清偿。

（1）被继承人生前为了继承人上学、结婚、经营个体企业等需要所欠的债务；

（2）由于继承人有扶养能力而未尽扶养义务，致使被继承人因生活困难所欠的债务；

（3）被继承人生前因年老丧失劳动能力或因病需要治疗而欠下的生活费、医疗费等。

上述特定情况下的债务，继承人应负无限责任。这种清偿债务的义务不是来自继承本身，归根到底来自父母子女间的权益义务关系。现行《婚姻法》第21条规定，父母对子女有抚养教育的义务。抚养，是指父母从物质上供养子女和在日常生活中照料子女，保障子女的生活，使子女得以健康成长。父母对未成年的子女的抚养义务是无条件的。父母对成年子女的抚养义务则是有条件的。在一般情况下，父母对子女的抚养至18周岁为止，对成年子女不再负担抚养义务。但是，对于不能独立生活的成年子女，父母又有给付能力的，仍应负担必要的抚育费。所谓“不能独立生活的子女”，依据《最高人民法院关于适用〈中华人民共和国婚姻法〉若干问题的解释（一）》［以下简称《适用婚姻法解释（一）》］第20条之规定，是指尚在校接受高中及其以下学历教育，或者丧失或未完全丧失劳动能力等非因主观原因而无法维持正常生活的成年子女。因此，对于非属于上述情形的，被继承人生前为了继承人上学、结婚、经营个体企业等需要所欠的债务，继承人应负无限责任，不受限定继承的范围限制。《婚姻法》第21条规定，子女对父母有赡养扶助的义务。因而父母因年老体衰、无劳动能力或者因治病所拖欠的生活费、医疗费，理所当然应当由其子女承担。如果有劳动能力的子女不负责偿还其父母生前因生活困难所欠的债务，就等于拒绝承担赡养父母的义务，这样势必损害债权人的利益，同时也会助长那种推卸赡养父母责任的不道德行为。

三、遗产债务清偿中共同继承人间的责任承担

世界各国的继承法在共同继承人所负的清偿死者债务的责任问题上，有三种不同的立法例。[①] 第一种立法例是分割责任主义。该主义认为，各个共同继承人应就被继承人所负的债务，按个人的应继分承担清偿责任。此主义始自罗马法，为法国民法、日本民法所采用。第二种立法例为共同责任主义或连带责任主义。此主义从保护债权人的利益出发，认为各共同继承人应就死者所负的全部债务承担连带赔偿责任。此种立法例为德国、瑞士、奥地利等国民法典所采用。第三种立法例介乎上述两种立法例之间。在遗产分割前，采取共同责任主义或连带责任主义，即死者的债权人可就其债权的金额，对继承遗产请求清偿；但在遗产分割后，采取分割责任主义，即对于各共同继承人，按其应继分请求清偿。荷兰、葡萄牙采此种主义。[②]

在有数个继承人的情况下，各继承人对于被继承人的债务在遗产分割前后负担何种责任，我国继承法无明文规定。但根据一般的民法原理和我国的司法实践，各继承人对被继承人的债务应承担连带责任。所谓连带责任，是指债权人有权请求继承人中的任何一人（无论其所继承财产的数额有多少）偿还被继承人的全部债务，而继承人则不得以自己继承份额的多少拒绝清偿。当然，在一般情况下，债权人也会选择合适的对象，即往往是向遗产保管人或有支付能力的继承人提出清偿全部债务的请求。在满足债权人的请求后，继承人之间又发生一种新的债务清偿关系。各继承人本来应当以其应继份的比例分担被继承人的债务，由于各继承人对于被继承人债

---

① 刘文：《继承法比较研究》，中国人民公安大学出版社 2004 年版，第 374 页。

② 陈棋炎：《民法继承》，三民书局 1985 年版，第 121 页。

务的清偿负有连带责任，继承人中的一人清偿了全部债务后，便可以向其他继承人追偿其多分担的那一部分。

对清偿被继承人债务承担连带责任，主要是为了保护债权人的利益。如果继承人之间对被继承人债务的清偿不负连带责任，当继承人中的一人或数人无力清偿时，债权人便不能向其他继承人请求清偿，这就有可能使债权人蒙受损失。由于被继承人的死亡所发生的债务转移，是债务人发生变动的结果，这不应当使债权人处于不利地位。况且，限定继承原则的采用，使得继承人均在死者遗产总额的范围内清偿债务，不以他固有的财产清偿死者债务，从这个角度来看，采用连带责任原则不会损害继承人原有的利益。因此，继承人对清偿被继承人的债务负有连带责任是公平合理的。

不过，采用连带责任的办法来清偿被继承人的债务比较烦琐，而且容易引起继承人之间的诉讼纠纷。在审判实践中，最简单和最直接的办法是在继承人分割遗产之前，先清偿全部债务。[①] 只有在个别债权人因在外地、国外，或未经公告通知而造成遗漏的情况下，才由各继承人在遗产分割后分别按比例分担，并以此作为一种补救办法。另一种办法是，继承人在清偿被继承人所欠债务时，可以实行协商约定，某项债务由某继承人负责清偿，其他项债务由其他继承人负责清偿。但此种约定只能在继承人内部发生效力，不得借此对抗债权人来免除继承人之间清偿债务的连带责任。[②]

如果被继承人的债权人不知道被继承人已经死亡，或者被继承人的遗产不宜作长期保管等，被继承人的遗产可能尚未用于清偿其所欠债务就已被法定继承人、遗嘱继承人和受遗赠人分割完毕，在这种情况下为保护债权人的利益，对于被继承人的债务，可按下列

① 参见《德国民法典》第2046条、第2047条。

② 刘文：《继承法比较研究》，中国人民公安大学出版社2004年版，第380~381页。

原则清偿：

其一，由法定继承人首先在遗产实际价值范围内清偿被继承人的债务。这是因为，遗嘱继承优先于法定继承。被继承人有权立遗嘱指定遗嘱继承人和遗赠人，有权仅指明遗嘱继承人及其继承份额，而可以不指定由其承担清偿自己债务的责任；遗嘱继承人一旦表示接受继承，就可以依遗嘱取得财产及财产权利，受遗赠人也有权取得遗产中的财产权利而不负担债务。至于遗产债务，则由法定继承人在其所取得的遗产实际价值范围内清偿。如果法定继承人所取得的遗产实际价值不足以清偿被继承人的全部债务，则不足部分再由遗嘱继承人和受遗赠人按所得的遗产比例负责清偿。

其二，如果仅有遗嘱继承人和受遗赠人取得了遗产，应当由遗嘱继承人和受遗赠人按照各自取得遗产份额的比例清偿被继承人的债务。这是因为限定继承原则对遗嘱继承同样适用。在被继承人用遗嘱仅指定遗嘱继承人取得其财产而对其债务未做任何安排的情况下，为保护债权人的合法权益，就必须由表示接受继承的遗嘱继承人承担清偿被继承人债务的责任。受遗赠人之所以也要在遗产分割后以其取得的遗产承担清偿被继承人债务的责任，是由清偿被继承人债务优先于遗赠的法律原则所决定的。

第二章 被继承人之债权人权益的法律保护

债权人利益保护问题从根本上说是一个社会经济秩序问题。维持经济稳定及经济安全是社会得以存在并发展的前提，基于此，世界上大多数国家都通过制度设计来保障遗产债权人的利益。除了上一章笔者予以分析的制度外，还有一系列诸如遗产管理、遗产清册等相关措施。

第一节 直接继承之债权人权益的保护

所谓直接继承制度，即被继承人死亡后，其财产直接转归继承人所有，继承人享有财产权利也承担财产义务。直接继承必须要解决两大问题：一是要保证继承人不因继承遗产债务而受到损害；二是要保证遗产债权人的利益不因继承的发生而受到影响。这就要求被继承人的遗产首先用于清偿被继承人的债务。对此，各国尽管采取的措施有所不同，但都把保护遗产债权人的利益放在十分重要的位置。

一、法定继承之遗产债务清偿制度

（一）概括继承之遗产债务清偿制度

概括继承，又称无限责任继承或者单纯承认继承，是指继承人接受被继承人全部遗产，且不以被继承人的遗产价值为限，对被继承人生前所欠债务负全部清偿责任。

1. 概括继承的类型

就继承人的方式而言，概括继承有自愿选择的，也有因为具有法定选择权丧失的事由而强制承担的，前者可称为自愿的概括继承，后者可称为强制的概括继承。

（1）自愿的概括继承。自愿的概括继承，是指在法定期限内，继承人主动、无条件地、全面地承受被继承人的财产法律地位，但具有人身专属性、因被继承人死亡而消灭的除外。

大陆法系国家的遗产继承，以单纯承认为原则。[①] 目前，国内一些教材和著作认为，西方现代各国立法中只有“限定继承”，而不存在“概括继承”，这种观点是站不住脚的。[②] 例如，在美国，概括继承在一定程度上是可行的。根据加利福尼亚州法律，转移给生存配偶的遗产，无论通过无遗嘱继承或遗嘱继承都不须接受遗产管理，除非生存配偶选择接受遗产管理。如果生存配偶选择不接受遗产管理，则生存配偶取得遗产所有权，并对该死者应当偿付的债务承担个人责任。此外，《统一遗嘱检验法典》规定，概括继承作为遗产管理的可选择的替代程序。根据《统一遗嘱检验法典》第3－312条至第3－322条的规定，继承人或剩余财产受赠人可向法院申请适用概括继承。如果法院确定必要诉讼当事人都已经参加诉讼，并且当前没有人对遗产提出任何争议或疑问时，法院将发出概括继承的书面陈述。从而，概括继承人对遗产就有完整的所有权，他们承担死者对债权人负担的债务，并承担缴纳税款的责任。这些继承人对诉状中遗漏的其他法定继承人所应得的财产份额负个人责任；或者，在有剩余财产受赠人时，这些继承人对这些剩余财产受赠人所应得的财产份额负个人责任。然而，至今没有一个州采用

① 史尚宽：《继承法论》，中国政法大学出版社2000年版，第308页。

② 李双元、温世扬：《比较民法学》，武汉大学出版社1998年版，第970页。

《统一遗嘱检验法典》的这些条款。①

（2）强制的概括继承。强制的概括继承，是指因法定事由的出现而导致继承人丧失选择放弃继承或有限责任继承的权利，法律强制其按无限责任继承的方式继承。具体而言，强制的概括继承表现为以下两种情形：

①在继承开始后，遗产分割前，继承人既未做出限定承认的意思表示，也未做出抛弃继承的意思表示，则法律推定其愿意为概括继承。②在遗产分割前，继承人已对被继承人的遗产实施了不当行为。大陆法系国家规定的导致强制的概括继承的不当行为一般有以下几种：

其一，隐匿财产，包括一切夺取遗产财务的欺诈行为。例如，继承人隐匿被继承人生前获得的特定赠与，隐匿自己对于被继承人的债务，为获得应继份以上的财物伪造遗嘱或者债权证书，等等。隐匿遗产必须以继承人故意为前提，即继承人必须知悉自己有继承权以及该财产属于遗产。若继承人因过失不知自己或他人所占的财物属于遗产而未记入遗产清册，或者误以为该物是被继承人赠与自己，或者确信自己已偿付了被继承人的债务等情况都不是故意的行为。另外，隐匿遗产的行为无论是既遂或未遂，都属于不当行为，都要发生强制概括继承的后果。

其二，在遗产清册中为虚假记载，即明知其行为有害于债权人而故意在遗产清册上为不实记载。例如，将被继承人已偿还的债务或不存在的债务列入遗产清册，或者不将已知债权列入遗产清册，等等。如果是出于错误遗漏或相对较小、无价值的财物未为记载，都不构成虚假记载。在遗产清册中为虚假记载通常是隐匿遗产的方

① See Eugene F. Scoles, *Succession Without Administration: Past and Future*, 48 Mo. L. Rev. 371 (1983).

Mary F. Radford And F. Skip Sugarman, Georgia's New Probate Code, Georgia State University Law Review 1997.

法之一，但隐匿遗产不仅限于此。

其三，以损害被继承人的债权人为目的处分遗产，即以损害被继承人的债权人的利益为前提对遗产的事实上的处分或者法律行为的处分，但遗产管理上必要的处分除外。在法定的考虑期内，继承人只能对遗产进行保管和必要的管理，不得对遗产进行处分，如果继承人擅自处分遗产，就丧失了放弃继承和选择有限责任继承的权利。此项规定的立法宗旨是确保遗产首先用于清偿被继承人的债务，防止继承人利用占有遗产的便利条件，侵吞、挥霍、毁坏遗产，损害被继承人的债权人的合法权益。

2. 概括继承的法律后果

概括继承的效力溯及于继承开始之时，其法律后果主要表现为：

（1）概括继承的意思表示一经做出即具有法律效力。除法定情形外，概括继承的意思表示一经做出，即具有法律效力，当时人不得主张撤销。例如，《法国民法典》第 783 条规定："成年人，对某项遗产已明示或默示表示接受后，仅在其是因为受到欺诈而有此种接受时，始得就此提出攻击；成年人在任何情况下均不得以显失公平、受到损害为借口，对其已表示的接受提出异议；但如果事后发现在其接受遗产时尚未发现的遗嘱，而此时遗产已所剩无几或者已经减少一半以上，此种情形不在此限。"

（2）继承人的财产和被继承人的财产混同。混同的结果就是继承人对于被继承人的权利义务因混同而消灭，即继承人对被继承人享有的债权和承担的债务因主体混同而成为继承人的权利和义务。在权利方面，包括继承人享有被继承人财产上的担保物权等他物权；在义务方面，还包括损害赔偿、担保等债务。如果为共同继承，在共同继承人内部，某个继承人对于被继承人的债权债务关系并不消灭，需要进一步清算。

（3）继承人以遗产和本人的固有财产承担全部遗产债务的清偿责任。若遗产不足以清偿所有债务，继承人必须以自己的固有财产进行清偿，遗产债权人得对于继承人的财产申请强制执行。但对于遗赠债务，仅以遗产为限负责执行，如果遗产清偿了被继承人生前债务后没有剩余，或者遗产不足以清偿被继承人生前所欠的债务，受遗赠人就不能获得遗赠。

从概括继承的法律后果来看，继承人无条件地承担被继承人的所有债务，似乎最有利于保护被继承人的债权人的利益，但是这种保护仍然是被动的。如果被继承人的财产状况良好，遗产价值大于被继承人的债务，继承人通常都会自愿选择概括继承，使被继承人的财产与自己的财产混同，但此时遗产与继承人的财产混同，如果继承人自己负有大量债务且自身的固有财产不足以清偿债务时，继承人的偿付能力显然没有被继承人的偿付能力强，因此被继承人的债权人全部受偿的可能性反而可能比原来要小。再加上如果继承人实施了对遗产管理不善，或者挥霍浪费，或者转移遗产，或者低价出让遗产等行为，被继承人的债权人的利益极有可能受到威胁。所以，在概括继承中，法律赋予被继承人的债权人请求财产分割的权利，以保护自己的合法权益。

日本和法国都有财产分离制度，但二者有不同之处。就日本而言，有两种财产分离制度：[①] 一是由继承债权人和受遗赠人自继承开始3个月内向家庭法院提出，请求由继承人的财产中分离出继承财产，并向其他继承债权人和受遗赠人公告有财产分离的命令以及应于一定期间申报加入分配的意旨。请求分离财产及申报加入分配的人就继承财产先于继承人的债权人受偿。如果请求分离财产及申报加入分配的人不能以遗产全部受偿，可以对继承人的固有财产行使权利，但此时继承人的债权人可以先于请求分离财产及申报加入分配的人受偿。二是继承人的债权人，在继承人可以表示限定承认继承的期间或继承财产与继承人的固有财产尚未混同期间，可以向家庭法院请求分离财产。其做法与前一种财产分离基本相同，只是

① 详见《日本民法典》第941条规定：(1) 继承债权人或受遗赠人，自继承开始时起3个月内，可以向家庭法院请求由继承人的财产中分离继承财产。虽于该期间届满后，继承财产与继承人的固有财产未混合时，亦同。(2) 家庭法院因前款请求命令分离财产时，请求人应于5日以内，对其他继承债权人或受遗赠人公告有财产分离命令以及应于一定期间申报加入分配的意旨。但是，其期间不得少于两个月。第942条规定：请求分离财产者及依前条第2款规定申报加入分配者，就继承财产，先于继承人的债权人受清偿。第943条规定：(1) 有财产分离请求时，家庭法院可以命令就继承财产的管理实行必要处分。(2) 家庭法院选任了管理人时，准用第27条至第29条的规定。第944条规定：(1) 继承人虽表示了单纯承认，在有财产分离的请求后，该继承人亦应以对自己固有财产同样的注意，管理继承财产。但是，家庭法院选任了管理人时，不在此限。(2) 第645条至第647条及第650条第1款、第2款的规定，准用于前款情形。第945条规定：就不动产所实行的财产分离，除非进行登记，不得以之对抗第三人。第946条规定：先取特权的物上代位的规定，准用于财产分离的情形。第947条规定：(1) 继承人，于第941条第1款及第2款规定的期间届满前，可以对继承债权人及受遗赠人拒绝清偿。(2) 有财产分离请求时，继承人于第941条第2款规定的期间届满后，应以继承财产对请求财产分离或申报加入分配的债权人及受遗赠人，按各债权额比例予以清偿。但是，不得侵害有优先权的债权人的权利。第948条规定：请求财产分离者及申报加入分配者，限于不能以继承财产受全部清偿情形，可以对继承人的固有财产行使其权利。于此情形，继承人的债权人可以先于上述人受偿。第949条规定：继承人可以以其固有财产，对继承债权人或受遗赠人进行清偿，或对其提供相当担保，而防止提出财产分离请求，或使其效力归于消灭。但是，继承人的债权人，证明因此将受损害而述异议时，不在此限。第950条规定：继承人可表示限定承认期间，或继承财产与继承人的固有财产未混合期间，继承人的债权人，可以向家庭法院请求分离财产。

公告申报债权及催告由请求财产分离的债权人实行。根据法国民法典第 878 条的规定，遗产债权人可以于任何情形、对任何债权人请求将继承继承人的财产与死者的遗产分离。但与日本的财产分离制度最大的不同在于，《法国民法典》第 881 条规定，“继承人的债权人不得向遗产的债权人请求财产分离”，也就是说，继承人的债权人没有财产分离的请求权。

(二) 限定继承之遗产债务清偿制度

限定继承，又称有限责任继承，是指继承人以继承所得的遗产价值为限清偿被继承人的债务的制度。

限定继承制度起源于罗马法。公元前 4 世纪后，裁判官对允许继承人对死者的债务仅在其遗产范围负责偿还。查士丁尼时期进一步确立了此项原则，并为后世所承袭、发展。

限定继承是与概括继承相对的概念，二者的划分标准就是是否仅在遗产范围内清偿债务。在概括继承中，遗产不足以清偿债务时，继承人须以自己固有财产清偿不足的部分；而在限定继承中，继承人仅就遗产范围承担债务的清偿责任，遗产不足以清偿全部债务时，继承人也无须用自己的固有财产进行清偿。

1. 大陆法系国家之规定

(1) 德国。在德国，通过遗产管理——遗产破产或者制作遗产清册来限制继承人的责任，使继承人仅在遗产范围内清偿遗产债务。①

遗产管理制度的程序如下：

首先，如果有理由推定继承人的行为方式或财产状况会对遗产债权人从遗产中获得清偿产生危害，遗产债权人也可在接受遗产两年内向遗产法院申请下达遗产管理命令，继承人也可以主动提出该

① 《德国民法典》第 1975 条规定：“在为向遗产债权人进行清偿而下达遗产代管命令（遗产管理）或者遗产破产程序开始的情形，继承人对遗产债务的责任仅以遗产为限。”

项申请；[①] 其次，遗产法院指定遗产管理人管理遗产并以遗产清偿遗产债务；最后，遗产管理人对已知债务均已清偿后，将遗产交付继承人。继承人如果得知遗产无支付能力或者过度负债，必须申请开始遗产破产程序，遗产破产程序按自然人破产程序进行。由此可见，遗产管理与遗产破产并非两个相同的程序，二者有相似之处，一是都可以由继承人提出申请；二是如果遗产不足以支付遗产管理或遗产破产的费用，该程序不会提起或者即使开始也应该终止。但遗产管理和遗产破产仍有不同之处，一是申请人不完全相同，遗产管理还可以由遗产债权人提出；二是程序不完全相同，遗产破产程序比遗产管理要严格，须成立债权人会议、公示催告债权人申报债权、进行遗产清算，等等；三是效力不同，遗产破产优于遗产管理，如果继承人申请了遗产破产，遗产管理随遗产破产程序开始而终止。

通过制作遗产清册也可达到限定继承的目的，继承人可申请主管机关或官员或公证人编制遗产清册并在规定期限内呈交遗产法院，也可申请遗产法院编制遗产清册，以限制自己对遗产债务的清偿责任，仅在遗产范围内清偿。遗产清册中应当完整地记载继承开始时的现有遗产物和遗产债务，如果未确定价值而有必要，还应记

① 《德国民法典》第 1981 条第 2 款规定："如果有理由推定继承人的行为方式或财产状况会对遗产债权人从遗产中获得的清偿产生危害，经遗产债权人申请，遗产法院可以下达遗产管理命令。如果自接受遗产之时起已逾二年，即不得再提出申请。"

载对遗产物的描述并载明价值。[①]

（2）法国。《法国民法典》第五章“遗产的接受与放弃”中，专门用一节的内容规定了有限责任继承制度。

具体而言，法国的有限责任继承主要按以下程序进行：

首先，继承人应向在其辖区内开始继承的大审法院书记室提出仅按有限责任取得继承人资格的声明，同时还须按照诉讼程序法规定的形式并且在规定的期间内提交忠实、准确的遗产清册，否则前项声明不生效力。提交遗产清册的期限时继承开始之日起 3 个月内，此外，继承人还有 40 天的期限考虑是接受还是放弃继承，此

① 《德国民法典》第 1993 条规定：继承人有权将遗产目录呈交遗产法院。第 1994 条规定：（1）经债权人申请，遗产法院应当为继承人规定一个遗产清册期限。如果未在期限届满前制作遗产清册，则在期限届满后，继承人即对遗产债务承担无限连带责任。（2）申请人应当证明其债权。即使债权不存在也不影响期限规定的效力。第 1995 条规定：（1）遗产清册期限至少应当为 1 个月，最多 3 个月。此期限自规定期限的裁定送达之时开始。（2）如果在接受遗产之前即已规定期限，则期限自接受遗产之时方才开始。（3）经继承人申请，遗产法院可以依其裁量延展期限。第 1996 条规定：（1）继承人如果因不可抗力之阻碍而不能及时制作遗产清册或根据情况申请适当延展遗产清册的期限，则经其申请，遗产法院应当规定一个新的遗产清册期限。此规定同样适用于继承人非因其过错而未得知规定遗产清册期限的裁定已经送达的情形。（2）申请必须于阻碍排除后二周内提出，至迟必须于首次规定的期限终止后 1 年届满之前提出。（3）在作出裁判之前，如若可行，应当听取经其申请而规定首次期限的债权人的意见。第 1997 条规定：对于遗产清册的进程和本法第 1996 条第 2 款规定的二周的期限，相应适用本法第 203 条第 1 款和第 206 条关于时效的规定。第 1998 条规定：如果继承人在遗产清册期限或本法第 1996 条第 2 款规定的二周的期限届满之前死亡，则上述期限在对继承人的遗产所规定的拒绝期限届满之前不终止。第 1999 条规定：如果继承人处于父母照顾权之下或处于监护之下，则由遗产法院将遗产清册期限规定通知监护法院。此规定同样适用于遗产事务属于继承人的照管人的任务范围的情形。第 2000 条规定：如果下达遗产管理命令或遗产破产程序开始，遗产清册期限规定即为无效。在遗产管理或遗产破产程序期间不得规定遗产清册期限。如果遗产破产程序通过分配遗产破产财产或通过破产计划而终止，则不必再为防止承担无限责任而制作遗产清册。第 2001 条规定：（1）遗产清册中应当完整地记载继承开始时的现有遗产物和遗产债务。（2）除此以外，若为确定价值而有必要，遗产清册中还应当记载对遗产物的描述并载明价值。第 2002 条规定：继承人必须延请主管机关或者主管官员或公证人编制遗产清册。

期限自遗产清册制成或者为制作遗产清册规定的3个月期限届满之日起算。在遗产盘点与评议期间，继承人不得受强制接受继承人的资格，也不得针对其做不利判决。其次，有限责任继承人负责管理遗产财产，向债权人与受遗赠人提出管理账目。最后，如果有债权人提出异议，有限责任继承人只能按照法官规定的顺序与方式进行清偿；如果没有债权人提出异议，有限责任债权人得随债权人与受遗赠人书面提出请求，依次清偿之。①

（3）瑞士。瑞士民法典规定的“公示财产清单”和“官方清算”的效力相当于限定继承。继承人可自知悉被继承人死亡1个月内以口头或者书面形式向主管官厅请求制作公示财产清单，制作步骤如下：

第一，主管官厅在财产清单上将记载国内财产及债务分项列

① 《法国民法典》第793条规定：继承人欲表明其仅按有限责任取得继承人资格的声明，应向在其辖区内开始继承的大审法院书记室提出；此项声明应登录于专门为受理放弃继承之文书而设立的登记簿。第794条规定：只有声明提出之前或其后，按照诉讼程序法规定的形式并且在以下规定的期限内提出忠实、准确的遗产清册，前项声明始生效力。第795条规定：继承人得自继承开始之日起3个月内提出前项遗产清册。此外，继承人得在40天期限内考虑是接受还是放弃继承；此期限，自为制作遗产清册规定的3个月期限届满之日起开始计算，或者如在3个月届满前即已完成遗产盘点、做成清册，自盘点结束之日起开始计算。第796条规定：但是，如在遗产中有容易变坏的物品，或者有需要耗费大量费用始能保存的物品，继承人得以其享有继承权的身份与资格，请求法院允许变卖这些物品，但不得因此推断该人已接受这些遗产。第797条规定：在进行遗产盘点与评议期间，继承人不得受强制接受继承人的资格，亦不得针对其作出不利判决；如继承人在前述期限届满后放弃继承，得请求给予进行考虑的新的期限。对此请求，由法院酌情决定是否同意。第801条规定：继承人如隐匿属于遗产之内的财产，或者故意并恶意将属于遗产的物件漏记或不记入遗产清册，即丧失享有有限责任继承之利益。第803条规定：有限责任继承人负责管理遗产财产，并且应当向债权人与受遗赠人提出管理项目。第804条规定：有限责任继承人仅对其负责管理中的严重过错承担责任。第805条规定：有限责任继承人只能在公务助理人员的协助下，按照惯例进行揭示与公告之后，以公开拍卖之形式出卖遗产中的动产。第808条规定：如有债权人提出异议，有限责任继承人仅得按照法官规定的顺序与方式进行清偿。如没有债权人提出异议，有限责任债权人得随债权人与受遗赠人出面提出请求，依次清偿之。

出，标明估价，知悉被继承人财产情况的人有详细报告所知情况的义务；第二，制作财产清单的同时，主管官厅应公示催告被继承人的债务人、债权人以及担保权利人在规定的期间内（至少 1 个月）提出其债权及债务；第三，主管官厅将从官方登记簿或者被继承人的文件中得知的债权及债务登载于财产清单之上，用以通知债务人及债权人；第四，申报债权及债务的规定期限届满后，主管官厅在 1 个月内将制作完成的财产清单交利害关系人审阅；第五，财产清单制作完成后 1 个月内，继承人可以同意财产清单而无条件地接受继承，或者抛弃继承权，或者基于公示财产清单接受继承。①

如果无条件接受继承，继承人对财产清单中的债务，不仅以其取得的遗产，而且以其本人的财产承担责任；如果继承人抛弃继承权或者基于公示财产清单承认继承权，可以请求主管官厅以官方清算代替，在官方清算的情形下，继承人对遗产债务不负任何责任；如果被继承人的债权人或者受遗赠人有理由担忧其债权不能得到清偿，并且主张权利后既未得到清偿也未得到担保时，可在被继承人死亡后 3 个月内请求官方清算。由此可见，瑞士的官方清算制度既

① 《瑞士民法典》第 580 条规定：(1) 抛弃继承权的继承人，亦有权请求制作公示财产清单。(2) 欠款的请求，须采用抛弃的同样形式，在 1 个月内，向主管官厅提出。(3) 如继承人中 1 人提出上述请求，该请求对其他继承人亦有效。

第 582 条规定：主管官厅，在制作财产清单的同时，应采用适当的公告方式，催告被继承人的债务人、债权人以及担保权利人，在规定的期限内，提出其债权及债务。第 585 条规定：(1) 在制作财产清单期间，对遗产可进行必要的管理。(2) 如主管官厅允许继承人中 1 人继续被继承人的业务，则其他继承人有要求担保的权利。第 586 条规定：(1) 在制作财产清单期间，不得要求继承人履行被继承人的债务；(2) 时效中止；(3) 除紧急情况外，不得继续进行或提出诉讼。第 587 条规定：(1) 财产清单制作完毕后，应向每个继承人催告，在 1 个月内声明愿否取得遗产。(2) 如因特殊情况并认为正当时，主管官厅为更正估价、解决关于请求权的争执等问题，可延长前款的期限。第 591 条规定：被继承人的保证债务，应特别登载于财产清单。即使继承人已接受继承权，但在遗产未依破产法清偿所有债务之前，其不对保证债务负责。第 592 条规定：当遗产归属国家时，可依职权催告债权人提出债权。国家仅在其从遗产中取得的财产的限度内，对遗产的债务负责。

可由继承人提起，也可由被继承人的债权人或者受遗赠人提起，而且官方清算是公示财产清单制度在某些情况下的延续，以制作了公示财产清单为前提。官方清算的程序如下：首先，自制作财产清单并公开催告之时开始，主管官厅可自行管理遗产，或者委任遗产管理人进行管理；其次，遗产管理人对遗产进行清算，了解被继承人的日常业务，履行其债务，收回其债权，尽可能地执行遗赠，并在必要时由法院确定被继承人的权利义务以及变卖被继承人的财产；最后，如果被继承人的债务超过其遗产时，由破产官厅根据破产法的有关规定进行清算。

（4）日本。《日本民法典》第 922 条规定：“继承人可以仅于因继承而得财产的限度内，清偿被继承人的债务与遗赠，而有保留地承认继承。”此即限定继承。

具体而言，日本限定继承制度按下列程序进行：

首先，继承人从知悉自己为继承人时起 3 个月内可以制作财产目录并提交家庭法院，表明自己仅就继承所得的财产承担遗产债务的意思。继承人有数人时，限定继承只能由全体共同继承人共同实行。其次，为限定承认的继承人应以对自己固有财产一样的注意，继续管理继承财产。继承人有数人时，家庭法院应从继承人中选任继承财产管理人，管理人就继承财产的管理及债务清偿可实施一切必要行为。再次，为限定承认的继承人于表示限定承认后 5 日以内，应对所有继承债权人及受遗赠人公告已表示限定承认的事实，并催告遗产债权人于一定期间内申报债权，公告期间不得少于两个月。在公告期间届满前，限定承认人可以拒绝清偿债权人及受遗赠人。最后，公告申报债权的期间届满后，限定承认人应以继承财产对期间内申报的债权人及其他已知债权人按比例清偿，但不得侵害有优先权的债权人的权利。清偿对象包括未届满清偿期的债权的债权人，对于附条件的债权或存续期间不确定的债权，应按家庭法院选任的鉴定人的估价予以清偿。

（5）俄罗斯。根据俄罗斯民法典继承编的规定，通常情况下，继承人可以自继承开始后的6个月接受继承，或者自法院依法作出被继承人死亡宣告的裁决之日起6个月内接受遗产。当继承权产生是因为原继承人拒绝或被剥夺继承权的，则新的继承人从其获得继承权之日起6个月内接受遗产。如果公民享有继承权是因为其他继承人不能接受继承的，这些公民主要是指应召继承人以外的其他顺序的继承人、候补继承人等，他们可以在接受继承剩余的时间内同意接受继承。如果剩余的时间不足3个月，则延长3个月。错过了法定期限并不必然导致继承权的丧失，如果继承人系不知道或不应知道继承开始，或者有其他正当理由，并且继承人在错过的原因过去后6个月内向法院提出了申请，则法院可以恢复该期限并认可继承人接受继承。

《俄罗斯新民法典·继承权》第1175条规定："1. 接受继承的继承人，对被继承人的债务负连带责任。每个继承人在所转归他的遗产的价值范围内对被继承人的债务负担责任。2. 按照转继承的方式接受遗产的继承人，在该遗产的价值范围内对遗产曾经所属的被继承人的债务负担责任，而不以该财产负担他从继承人那里转获得遗产权利的该继承人的债务。3. 被继承人的债权人有权在相关请求权规定的诉讼时效期间内向接受遗产的继承人提出自己的请求。在接受继承之前，债权人的请求可以向遗嘱执行人提出或者向遗产提出。在后一种情况下，在继承人接受继承前或者将无主财产按继承程序转归俄罗斯联邦之前，法院中止对案件的审理。在被继承人的债权人提出请求时，为相关请求规定的诉讼时效期限不中断、中止和恢复。"

为了避免遗产遭受损失，进而保护全体继承人和遗产债权人的利益，需要对遗产进行管理。根据俄罗斯民法典继承编的规定，当遗嘱指定了执行人的，执行人的职责首先就是根据继承人的请求采取有关遗产保护和管理的措施，或者可以单独地或通过和继承人中的任何人或由执行人酌定的人缔结合同来实施对遗产的保护。其次，如果遗产不仅要求保护，还要求管理，如企业、商业合伙、商业公司中的注册资本、有价证券、特殊权利等，执行人有权对管理设立人进行管理。

2. 大陆法系国家规定之评析

(1) 限定继承的程序。大陆法系各国继承法对限定继承时债务的清偿程序都有严格而详细的规定，大致可以分为三种类型：第一种，继承人制作遗产清册并声明限定接受继承后，可以直接应债权人的要求进行清偿。只有在债权人提出异议时，才需要对遗产进行清算，或者按法官规定的程序和方法进行清算。法国和意大利的民法典采用这种立法模式。第二种，继承人做成遗产清册后，将遗产清册提交法院，并由法院或继承人进行公告，要求债权人在规定的期限内申报债权、主张遗赠，期限届满即由继承人按照先债权后遗赠的顺序清偿，如果遗产不足以清偿全部债务，则同一顺序按比例清偿。公告期满前继承人不得向任何债权人清偿，继承人违反此项义务，应对债权人因此所遭受的损失负赔偿责任。在清偿完毕以后提出的而且为继承人所不知的债权主张，仅能就剩余财产行使权利。日本和我国台湾地区属于这一类型。第三种，没有明确规定限定接受继承，但可通过遗产管理或者制作遗产清册来限制继承人对遗产债务的清偿责任，以德国和瑞士为代表，如德国的遗产管理和遗产破产程序，瑞士的公示财产清单和官方清算制度。

虽然三种类型的立法程序有很多相似之处，最终达到的效果也是一样的，继承人仅在遗产范围内承担遗产债务的清偿责任，但是三者的侧重点并非完全一样。第一种立法例法院参与的程度最小，只有遗产债权人对遗产清册有异议时才通过法院解决，如果遗产清册获得通过，继承人可以自行清偿遗产债务；第二种立法例中法院的参与程度比第一种要大，遗产清册必须提交法院，并由法院公告；第三种立法例中法院参与的程度最大，德国的遗产管理命令、瑞士的公示财产清单都由国家主管机关进行，尤其是瑞士的官方清算制度，遗产的管理和清算完全由主管厅一手包办，继承人只管受领剩余的遗产，这与英美法系的间接继承已差别不大。从我国的实际情况来看，第一种立法例比较值得借鉴，因为我国司法资源不足，对法院或其他国家机关的参与程度不能要求太高，否则继承成本继承人难以承担。[①]

（2）共同清偿遗产债务的责任。继承人有数人时，各共同继承人就遗产债务应该负何种责任？考察大陆法系各国的立法，主要有三种类型：一是分割主义，各共同继承人就遗产债务按自己的应继份额负清偿责任，此种立法例源自罗马法，后为法国民法所采纳；二是连带主义，各共同继承人就遗产债务清偿负连带清偿责任，德国民法和瑞士民法属于此种类型；三是折中主义，即在遗产分割前，共同继承人负连带责任，遗产分割后，共同继承人只按自己的应继份额承担遗产债务的清偿，荷兰、葡萄牙采用这种做法。

三种立法例各有利弊，笔者认为连带主义最可取，主要有以下几点理由：首先，遗产之债具有特殊性，它是被继承人与特定债权人发生的债权债务关系，该债权债务关系建立时是单一之债，继承开始后若为共同继承则义务主体发生了变更，单一之债变为多数人之债。只有将遗产之债当做连带之债，才能有效地保障遗产债权人的利益，如果作为按份之债，共同继承人中的一人无力偿还或者拒绝偿还债务时，遗产债权人会蒙受不应有的损失。其次，连带主义可以最大限度地保护遗产债权人的利益，当共同继承人中的一人缺乏清偿能力时，债权人还可从其他继承人处获得清偿，而继承人可以通过限定继承制度限制自己清偿遗产债务的责任，因此从这个意义上看，连带主义既有利于保护遗产债权人的利益，同时也可以不损害继承人自身的利益，是较为公平合理的责任原则。

二、遗嘱继承之遗产债务清偿制度

遗嘱继承是与法定继承相对应的一种继承方式，是指被继承人死亡后，按其生前所立遗嘱继承遗产，又被称为指定继承。

---

① 谭艳：《遗产债务清偿制度研究》，载《学术期刊文库》2003 年第 10 期。

遗嘱继承中遗产债务清偿可能有以下几种情况：

（一）遗嘱中已作安排的遗产债务清偿

如果被继承人在遗嘱中不仅分配了遗产归谁所有，而且分配了遗产债务怎样负担，只要遗嘱合法有效，那么遗嘱继承人按遗嘱承担遗产债务的清偿责任。因为遗嘱继承也有接受与放弃，如果遗嘱继承人对遗嘱的分配不满，可以在遗产分配前放弃遗嘱继承，放弃的部分按法定继承处理。

（二）遗嘱中未作安排的遗产债务清偿

1. 遗嘱继承

如果被继承人在遗嘱中就遗产债务未作任何安排或者未就全部的遗产债务进行安排，并且只有遗嘱继承的情况下，未作安排的遗产债务应由各遗嘱继承人按继承份额的比例负担。

2. 遗嘱继承与法定继承并存时

法定继承人和遗嘱继承人区别不仅在于接受继承的依据不同，法定继承人按照法律的规定继承，而遗嘱继承人按照被继承人的遗嘱继承，而且在遗产债务的承担上也有所不同。按照继承法的一般原理，遗嘱继承优先于法定继承，后者当然应优先清偿债务。

另外，值得注意的是遗赠的情况，有的国家将遗赠分为概括遗赠和特定遗赠。“全部概括遗赠是指，遗嘱人据以将死后留有的财产全部赠与一人或数人的遗嘱处分。”① “部分概括遗赠是指，遗嘱人将法律允许其处分的财产之一部分，例如可处分的财产的一半、1/3，或者其全部不动产，或者全部动产，或者全部不动产或全部动产中的确定的部分，进行赠与的遗赠。”② 在遗产债务清偿方面，“部分概括遗赠的受遗赠人，应如同全部概括遗赠的受遗赠人，按照其个人分配份额的比例，负担清偿遗产上负有的债务与负担，并

① 见《法国民法典》第1003条。

② 见《法国民法典》第1010条。

且对受遗赠的财产上的抵押债务与负担，负全部清偿义务”。①

三、无人继承之遗产债务清偿制度

无人继承，是指没有继承人主张继承，包括无继承人、继承人不明、继承人均放弃继承权或丧失继承权的情况。②

（一）外国之无人继承遗产债务清偿制度

1. 德国

《德国民法典》第1964条规定：“如果未能在一个与具体情况相适应期限内查明继承人，则遗产法院可以确认，除国库之外不存在另外的继承人。”在确认之前，首先应公示催告在一定期限内申报继承权（如果催告费用与遗产存量相比耗资过大，则允许不为催告）。如果在适当期限内未能查明继承人，则遗产法院可以确认国库为法定继承人。即使有人主张继承权，也必须在申报期限届满之后3个月内向遗产法院证明其继承权的存在或者证明已经以诉讼方式向国库主张继承权，否则对该继承权不予考虑。继承人不明或者继承人是否接受遗产尚不确定时，遗产法院可以依职权或者利害关系人申请，关照遗产安全直至遗产被接受，尤其可以下令封存或寄存金钱、有价证券和贵重物品以及下令编制遗产目录，并且为将

① 见《法国民法典》第1012条。

② 需要注意的是，继承人不明和继承人下落不明不同，前者是继承人有无不清楚，需寻找并确定继承人，同时对遗产加以管理和清算，以保护遗产债权人、受遗赠人和可能出现的继承人的利益；后者是以有继承人为前提，但继承人下落不明，需先宣告失踪或者宣告死亡，若宣告失踪，由财产管理人代为管理其应继份，若宣告死亡，可由其直系卑血亲代位继承。丧失继承权，是指因法定事由丧失继承权和遗嘱人以遗嘱方式剥夺继承权。

成为继承人的人任命遗产代管人。①

2. 法国

《法国民法典》第811条规定："在对遗产进行盘点、制作清册以及给予的考虑时间之后，无任何人主张继承遗产时，或者无已知的继承人时，或者已知的继承人抛弃继承时，此种遗产视为无人继承的遗产。"法国对无人继承的遗产按以下程序进行处理：首先，由开始继承的大审法院应利害关系人或检察官的请求任命遗产管理人，其职责主要为对遗产进行盘点以确认遗产的状况；行使属于遗产的权利以及经诉讼途径主张此种权利；对遗产提出的诉讼请求予以应诉；为保全遗产的权利，负责将遗产中的现金以及由出卖动产或不动产所得之价金存于信托局；负责向遗产应当归属的人保明账目。由于遗产无人继承时由国家取得，因此国有财产管理部门通常是被任命的遗产管理人，其按照有限责任继承之方式，先盘点，后接受，对遗产进行盘点并派人封存，做成清单。其次，国有财产管理部门应向遗产所在地的大审法院申请实际占有遗产，法院

① 《德国民法典》第1960条规定：(1) 倘有必要，遗产法院应对遗产的安全予以关照直至遗产被接受。此规定同样适用于继承人不明或者继承人是否接受遗产尚不确定的情形。(2) 遗产法院尤其可以下令封存、下令寄存金钱、有价证券和贵重物品以及下令编制遗产目录，并且为将成为继承人的人任命一名代管人（遗产代管人）。(3) 本法第1958条的规定对遗产代管人不适用。第1961条规定：在本法第1960条第1款的情形，如果权利人为在法庭上主张一项针对遗产的请求权而申请任命遗产代管人，遗产法院应当任命一名遗产代管人。第1962条规定：对于遗产代管，由遗产法院取代监护法院。第1964条规定：(1) 如果未能在一个与具体情况相应得适当期限内查明继承人，则遗产法院可以确认，除国库之外不存在另外的继承人。(2) 国库为法定继承人之推定依据上述确认而成立。第1965条规定：(1) 在确认之前，应当公示催告申报继承权并规定申报期限；公告的方式和申报期限的期间依照关于公示催告的规定确定。如果催告费用与遗产存量相比耗资过大，则允许不为催告。(2) 如果在申报期限届满之后3个月内未向遗产法院证明一项继承权的存在或者证明已经以诉讼方式向国库主张继承权，对该继承权即不予考虑。如果没有进行公示催告，则上述3个月期限自法院发出要求对继承权或对提出诉讼予以证明的催告之时开始。第1966条规定：只在遗产法院确认不存在另外的继承人之后，方得由国库作为法定继承人以及将国库视为法定继承人而针对其主张权利。

按照通常方式公告3个月又40天，并听取检察官的意见，对所提申请作出裁决。此外，由国家继承遗产的程序非常严格，以上的申报、管理、公告程序完成后，必须由国有财产管理局局长签署一份通告并附有继承开始地的市长提出的证明，证明已完成公告手续。国有财产管理部门如不履行规定其应当完成的手续，在有继承人出现时，得被判处对继承人负损害赔偿责任。

3. 瑞士

《瑞士民法典》规定，当出现声明人中无人能证明其继承权，或者某继承人生死不明，或者未知悉被继承人的全部继承人的情况时，主管官厅可以命令管理遗产。被继承人指定的遗嘱执行人，有遗产的管理权。除非另有约定，被监护人死亡时，遗产管理权归属监护人。主管官厅如果不确知被继承人是否有继承人或全部继承人是否均已知悉继承事由，应以适当方式公告，以催告权利人在1年内提出继承的申请。在1年期限内，无人申请继承，且继承人仍不详时，遗产归属于有继承资格的国家机关。由此可见，瑞士的无人继承制度主要包括遗产管理和搜索继承人两个部分，遗产管理程序与限定继承程序相似，最终遗产由国家所有。另外，《瑞士民法典》第592条规定："当遗产归属国家时，可依职权催告债权人提出债权。国家仅在其从遗产中取得的财产的限度内，对遗产债务负责。"

4. 日本

《日本民法典》规定，继承人有无不明时，继承财产为法人，家庭法院应利害关系人或检察官的请求选任继承财产管理人并从速公告。继承债权人或受遗赠人有请求时，管理人应对其报告继承财产的状况。公告选任遗产管理人后两个月内，继承人有无仍不明时，管理人应从速对所有继承债权人及受遗赠人进行公告，要求这些人于一定期间内申报其请求。但是，其期间不得少于两个月。公告申报债权的期间届满后，继承人有无仍不明时，家庭法院因管理人或检察官的请求，应公告如有继承人应于一定期间内主张其权利的意旨，该期间不得少于6个月。在公告搜索继承人的期间内无人主张继承权时，继承人以及为管理人所不知的继承债权人和受遗赠人，不得行使其权利。无人继承时，家庭法院因与被继承人共谋重整生计者、悉心治疗护养被继承人者及其他与被继承人有特别关系者的请求，可以酌情向这些人分予清算后剩余继承财产的全部或一部。①

由此规定可以看出，有无继承人不明时，遗产本身可视为法人，自动进入遗产管理和清偿遗产债务的程序，该程序与限定继承程序相似，但最后继承人仍然不明时要进行搜索继承人的公告，若所有程序完成后仍无继承人主张继承，剩余的财产归属于国库，这是无人继承与限定继承的两大不同之处。

（二）外国无人继承遗产债务清偿制度之评析

从大陆法系国家的相关立法来看，无人继承主要包括以下几种情况：一是继承人下落不明，二是所有继承人均已抛弃继承，三是所有继承人均已丧失继承权，四是被继承人死亡时既未用遗嘱方式指定继承人或者受遗赠人，也没有法定继承人，对于第一种情况，遗产的处理一般按以下程序进行：

1. 搜寻继承人

一般由主管机关依公示催告程序催告继承人接受继承，如果在公示催告期限内有人主张继承，而且其继承权得到证明，则将遗产交由继承人继承；如果期限届满无人主张继承，或者主张继承之人

---

① 《日本民法典》第951条规定：继承人有无不明时，继承财产为法人。第952条规定：（1）于前条情形，家庭法院因利害关系人或检察官的请求，应选任继承财产管理人。（2）家庭法院应从速公告管理人的选任。第954条规定：继承债权人或受遗赠人有请求时，管理人应对其报告继承财产的状况。第957条规定：在公告后两个月内，继承人有无仍不明时，管理人应从速对所有继承债权人及受遗赠人进行公告，要求这些人于一定期间内申报其请求。但是，其期间不得少于两个月。第958条规定：在前条规定的期间届满后，继承人有无仍不明时，家庭法院因管理人或检察官的请求，应公告如有继承人应于一定期间内主张其权利的意旨。但是，其期间不得少于6个月。

不能证明其继承权，就可依法确定遗产无人继承，各国规定的公告期限长短不一，如德国和瑞士都为1年，日本则有两次公告，第一次为遗产管理人公告遗产债权人申报债权，期限为两个月，第二次为搜索继承人的公告，期限为6个月，在两次公告期间内主张继承权并能证明的都有效。

2. 遗产管理

（1）遗产管理人的选任。综观各国立法例，遗产管理人的选任主要有以下几种处理方法：

第一，依瑞士民法，继承人旷缺情况下由主管官厅负责管理遗产，但主管官厅通常委托公证人或私人承担此项职责，被委托者称为遗产管理人。①

第二，依德国民法，在继承人不知名或不确定时，遗产法院负有注意保全遗产的职责，并可指定遗产保佐人。如利害关系人申请，法院应当指定遗产保佐人。

第三，依日本民法，继承人有无不明时，家庭法院因利害关系人或检察官的请求，应选任遗产管理人，并应急速将管理人的选任进行公告。

（2）遗产管理人的职责。从各国的规定来看，遗产管理人主要有以下几方面的职责：

一是编制遗产清册，列明属于遗产的各项财产（包括积极财产和消极财产）。遗产清册的编制，是防止遗产散失的重要措施，也是据以清偿遗产债务、执行遗赠及将剩余财产移交将来可能出现之继承人及国家的重要依据，是遗产管理人最主要的任务。②

---

① 《瑞士民法典》第554条规定：在下列情况下，命令管理遗产：（1）当继承人不在且无代理人时，但以其利益的需要为限；（2）当声明人中无人能证明其继承权，或某继承人生死不明时；（3）当未知悉被继承人的全部继承人时；（4）法律规定的特别情况。被继承人指定的遗嘱执行人，有遗产的管理权。被监护人死亡时，遗产管理权归属监护人。但另有约定时，不在此限。

② 陈棋炎：《民法继承新论》，三民书局1998年版，第283页。

二是为保存遗产而对遗产进行必要的处置。例如，对到期债权的收取、为遗产增加或免受损失而进行的投资处理、对不易保存的遗产进行变卖、未确定某项财产是否属于遗产而进行的诉讼、对尚未登记的遗产进行保全登记等保存遗产的处分行为。

三是对被继承人的债权人、受遗赠人为公告和通知。

四是清偿债务和交付遗赠。

五是向利害关系人报告遗产的情况。

由此可见，无人继承中的遗产管理人和限定继承中的遗产管理人或者遗嘱继承中的遗嘱执行人的职责相似。首先，遗产确定无人继承后，公示催告利害关系人申报债权，在公示催告期间内，遗产管理人不得向任何债权人和受遗赠人清偿债务和交付遗赠，其次，公告期满后，遗产管理人按以下原则清偿债务和交付遗赠：一是清偿债务优先于交付遗赠；二是有优先权的债权优先于普通债权；三是未到期之债权应该扣除未到期之利益，附条件或存续期间不确定的债权应先估价，按估价清偿；[①] 四是遗产不足以清偿全部债务时按比例清偿；五是如需变卖遗产清偿债务，须经选任机关批准。

3. 交付遗产

在无人继承遗产的情况下，如果遗产清偿债务、交付遗赠后仍有剩余，一般由国库取得。值得注意的是，如果继承人未在确认有无继承人的公示催告期限内主张继承权，或者遗产债权人未在申报债权的公示催告期限内主张债权，将产生怎样的法律后果呢？世界各国的法律对此规定并不一致，主要有两种立法例：一种规定继承人和遗产债权人的权利被除斥，即公示催告的期间是除斥期间，到期未主张即永远丧失此权利，日本和德国都采此立法例；另一种是规定继承人在诉讼时效内仍可向国库主张，即在公示催告期间内未能申报者仍受诉讼时效的保护，对遗产债权人虽未明文规定，但也

---

① 《日本民法典》第930条第2款规定：对于附条件的债权或存续期间不确定的债权，应按家庭法院选任的鉴定人的估价，予以清偿。

应该参照此规定适用，瑞士采用这种立法例。

对于后三种情况，因为继承人的状况已经确定，所以无须进行寻找继承人的工作，直接进入遗产管理程序，而后向国家交付剩余遗产即可。无人继承的遗产最终一般收归国库，国库只可能就遗产的范围清偿遗产债务，因此无人继承的遗产管理与限定继承的程序相似。

四、受遗赠人对遗产债务的清偿

（一）外国之受遗赠人遗产债务清偿制度

《法国民法典》第 1009 条规定：如全部概括遗赠的受遗赠人与依据法律规定可以保留部分遗产的继承人同时继承遗产，该全部概括遗赠的受遗赠人对遗嘱人之遗产债务与负担，按照其分配份的比例负清偿义务，并且对受遗赠的财产上的抵押债务与负担，负全部清偿义务。部分概括遗赠的受遗赠人对遗产债务的责任，应如同全部概括遗赠的受遗赠人。

第 1024 条规定：特定财产的受遗赠人，不对遗产的负担承担任何义务，但是，以上所规定的遗赠减少与抵押债权人的请求权，不在此限。

《日本民法典》第 964 条规定：遗嘱人可以以概括或特定的名义，处分其财产的全部或一部，但不得违反关于特留份的规定。

第 990 条规定：概括受遗赠人，有与继承人同样的权利义务。

由此可推知，依日本法之规定，概括受遗赠人应同继承人一样，对被继承人的债务负责。

《德国民法典》第 2166 条规定：如果一幅属于遗产的被遗赠的土地上设有对一项被继承人的债务的，或一项被继承人有义务向债权人偿付的债务的抵押权，倘有疑义，以债务能够以土地的价值偿付为限，受遗赠人相对于继承人负有及时向债权人偿付的义务。

（二）外国受遗赠人遗产债务清偿制度之评析

我国法律对此无明文规定。有学者认为，“依我国《继承法》

的立法意旨，在遗赠关系中，受遗赠人接受遗赠时只承受遗产中的权利而不承受遗产中的债务”。[①] 依此观点，受遗赠人对遗产债务是不负任何责任的。因为，“设立遗赠制度的目的在于，允许公民以遗嘱的方式为受遗赠人带来某种财产利益，而不允许公民以遗嘱的方式为受遗赠人设定债务”。[②] 史尚宽先生以一言概之：“遗赠须为无偿行为。”[③]

在笔者看来，受遗赠人不应对遗产债务概不负责。理由如下：

第一，从国外立法看，如上所言，法、德、日等国家的立法中，或多或少都规定了受遗赠人承担遗产债务的责任。

第二，从遗嘱人真意看。就一般情况而言，遗嘱人对自己财产或财产权利的状况，尤其是某一遗赠上是否有抵押权存在，应是最为清楚的。如果遗嘱人将其明知有抵押权负担的财产或财产权利作为遗赠标的，且无免除受遗赠人承担该债务责任的意思表示，应推知遗嘱人是将该财产或财产权利全部遗赠给了受遗赠人，包括积极财产和消极财产。受遗赠人在享有利益的同时，理应承担清偿抵押权所担保的遗产债务的义务。否则，很可能有违遗嘱人原意。

第三，从公平责任角度看。在遗嘱人没有明确表示是否要受遗赠人承担遗赠标的上负担的有抵押权的遗产债务时，如果法律免除受遗赠人对该遗产债务的责任，而将该项责任转加给尚有遗产的法定继承人，那这样的法律明显不公——对受遗赠人过于宽厚，对法定继承人过于冷酷。

---

① 曹诗权：《婚姻家庭继承法学》，中国法制出版社 1999 年版，第 405 页。

② 张玉敏：《继承制度研究》，成都科技大学出版社 1994 年版，第 321 页。

③ 史尚宽：《继承法论》，中国政法大学出版社 2000 年版，第 499 页。

第二节 间接继承之债权人权益的保护

一、概述

间接继承是英美法系国家采取的继承制度。按照这一制度，继承开始后，遗产不是直接转归继承人，而是作为独立的遗产法人，由遗嘱执行人或者遗产管理人负责管理。[①] 在这种制度下，被继承人的债务由遗产法人承担，遗产管理人在缴纳税款、清偿债务后，依照法律规定或遗嘱的指定，将剩余遗产分配给继承人。在间接继承制度下，继承人既不对被继承人的债务负责，也不会产生对债权人利益的侵犯问题。

二、外国间接继承债权人权益保护之规定

（一）美国

美国有严格的遗产管理制度，根据美国《五十州继承法》的规定，遗产按照以下程序进行处理：[②]

1. 遗嘱检验

遗嘱执行人将处理被继承人遗嘱中提及的事务并与律师联系，遗嘱执行人负责将遗嘱、死亡证明书和财产清单等相关文件提交给法院和律师。律师和遗嘱执行人在被继承人生前居住的郡政府所在地进行遗嘱检验，遗嘱检验应该在被继承人死后一至两周内完成。郡政府的遗嘱登记官将向遗嘱执行人颁发遗嘱执行人授权书，授权书授予遗嘱执行人处理遗产的权利。遗嘱检验费用并不高，视遗产

---

① ［美］彼得·哈伊：《美国法律概论》，许庆坤译，北京大学出版社 1983 年版，第 107 页。

② Herbert Elliott：*Basic Estate Planning*，http：//www. usalaw. com，访问日期 2012 年 7 月 30 日。

的价值多少而定。

遗嘱检验有三个作用：（1）它通过一个经检验的遗嘱或无遗嘱死亡继承之裁定，为新的所有人获得权利提供证据；（2）遗嘱检验程序要求清偿债务，这样就保护了债权人；（3）在债权人被清偿之后，它将被继承人的遗产分配给那些预期的继承人。

遗嘱首先必须在被继承人死亡时住所地的司法管辖区检验，或必须首先找到遗产管理委任书。这就是人们所熟知的首先管辖或住所地管辖。如果不动产位于另一辖区，那么在该辖区需要附加遗产管理。

各个州都有详细的法定程序，发给遗嘱执行人遗嘱执行令，或发给遗产管理人遗产管理证书，授权此人有权为了遗产的利益实施行为。有些州，主要是密西西比河东部的州，遵循着以前英国教会法院采用的程序，该程序要区分诉讼的和非诉讼的遗嘱检验程序。[1] 在英国体制下，遗嘱执行人有权选择以普通形式还是严格形式遗嘱检验。普通形式遗嘱检验是一个单方程序，在该程序中不需要签发给任何人通知或传票。证明遗嘱执行的正当性仅需要遗嘱执行人或其他证人的宣誓。法院立即允许检验遗嘱，并颁发遗产执行令，遗嘱执行人便开始管理遗产。如果没有人提出疑问或反对，那么程序到此结束。但是，在这之后几年内，利害关系人可以提出申请暂停程序，并强制按严格形式进行遗嘱检验。在严格形式下检验遗嘱，法院要以发传票方式通知利害关系人。证明遗嘱执行的正当性则需要多个见证人的书面证言，而且在遗产管理中法院参与的部分更多。许多州都认可单方面的或普通形式的遗嘱检验程序，有时仍然使用普通形式或严格形式的专门术语，但通常不这样用。[2]

---

① Angela M. Vallario, Spousal Election: *Suggested Equitable Reform For The Division Of Property At Death*, Catholic University Law Review, Spring 2003.

② Arye Edre, Halakhic Responsibility Of The Deceased: *A Further Study Of The Concept Of Inheritance In Talmudic Thought*, Israel Law Review, Autumn 1999.

2. 遗产的搜集整理和评估

遗嘱执行人要将银行存款账号、证明书、股票债券、契约和授权书等与被继承人财产有关的文件交给律师，律师按死亡时的市价评估有价证券和储蓄的价值，诸如房地产、汽车和其他大额财产将由遗嘱执行人和律师指定的评估师分别进行评估。被继承人的亲属以及被继承人生前指定遗产计划者都有义务对遗产的搜集整理和评估工作给予协助。通常会为遗产设立一个经常账户，诸如支票和存单等易变卖的财产利益立即存入此账户，以便于用来清偿遗产债务。[①] 律师将会就遗产的情况作适当的公告。

3. 清偿债务

遗产债务包括被继承人生前所欠的个人债务以及与处理后事相关的所有费用。

遗嘱执行人应该搜集所有有关被继承人生前所欠债务的单据，以及所有债权人对直到被继承人死亡时应偿付的账单的结算声明，在搜集整理与被继承人死亡有关的单据时，遗嘱执行人应仔细清点所有费用，包括通知远方亲友的长途电话费用，也包括为买花和葬礼午宴或者特殊的丧葬传统所支出的费用。所有这些账单的复印件都要交给律师，他可以凭这些单据推算出遗产税的返还税款。如果直到被继承人死亡时有与其共同生活的直接家庭成员，被继承人的遗产可以扣除一定家庭免税额。遗嘱执行人的佣金和律师费用也是可以扣除的。

每个州都有法律要求债权人在一个规定的时期内提出请求，超过期限提出的请求将被阻却。这就是“禁止请求法令”。有两种基本形式：（1）阻却债权人在遗嘱检验开始后一个相对较短的时间（通常是2～6个月）内未行使的请求权，或（2）无论遗嘱检验程序是否开始，阻却债权人在被继承人死后相对较长时间（通常是

① Richard D. Villa，Medical Malpractice & Mental Incompetence：*Tinkle－Ing On The Two－Year Statute Of Limitations*，South Texas Law Review，Winter 2004.

1～5年）内未行使的请求权。根据短期时效法令，遗嘱检验程序开始后，法院通常只在报纸上公布消息，通知债权人行使请求权。然而联邦最高法院认为：正当程序条款要求知道或应当知道的债权人，遗嘱检验程序开始后，债权人被短期时效法令禁止权利之前必须收到实际通知。[①] 即使没有通知债权人，自被继承人死亡之日起1年的诉讼时效——阻却债权人在这之后行使请求权——也被认为是合宪的。许多州有这一法律规定。[②]

4. 提交财产清册

被继承人死亡后9个月内，被继承人的所有资产按其死亡时的市价进行评估，做成财产清册，提交遗嘱登记官。财产清册是由律师制作并由遗嘱执行人签名的。

5. 通知继承人并交付特殊遗赠

遗嘱检验后，律师必须书面告知所有遗产受益人遗产的情况，通常也包括遗嘱的内容。

遗赠包括特殊遗赠（指定的财产或者一笔金钱）和普通遗赠（一定比例的遗产）。普通遗赠在遗产清算完毕后分配。特殊遗赠只有遗嘱执行人和律师确信偿付了所有遗产债务后还有足够的剩余时才能交付。

6. 缴纳遗产税

7. 遗嘱执行人制作清算账目

支付完债务和税款、交付了特殊遗赠、确定了遗产税款的返还额之后，遗产清算账目才算完成。清算账目包括死者最初所有资产的清单，对这些资产进行投资所得收益的说明，以及从遗产账户支

---

① Tulsa Professional Collection Services, Inc. v. Pope, 485 U. S. 478 (1988). （法律禁止报纸公布两个月后知情的债权人的权利）

② See, for example, Uniform Porbate Code §3－803. See also Sarajane Love, Estate Creditors, the Constitution, and the Uniform Probate Code, 30 U. Rich. L. Rev. 411 (1996); Mark Reutlinger, State Action, Due Process, and the New Nonclaim Statutes: Can No Notice be Good Notece if Some Notice is Not?, 24 Real Prob., Prob., &Tr. J. 433 (1990).

付的每笔款项的详细说明，遗产的增减情况必须在财产清册中体现，已交付的遗赠也应列入其中。清算账目中还应备有遗产结算平衡表及遗产分配的时间表等。

8. 遗嘱执行完毕

遗嘱执行人必须和律师一起决定结束遗产分配的最佳方式。假如遗嘱受益人得到的遗产份额不大、明显没有争议，那么遗产清算账目和分配时间表将送达每位遗产受益人，同时送达的还有收据以及由所有人签名的对遗产分配满意的免责证书和补充协议。这样可使遗嘱执行人免遭进一步的诉讼和责任，并且可以节省将遗产正式提交法院处理的花费。假如存在较大的法律上的纠纷，或者遗产信托超越了权限，就必须提交法院进行审讯。律师得准备所有有关遗产清算账目的文件，并由遗嘱执行人在上面签名，遗嘱执行人不需要出席有关遗产清算账目的审讯。所有遗产受益人进行签名并被认可后，或者在提起正式审讯的情况下，法院作出最终判决时，可以进行普通遗赠的分配。

遗产经常账户为了提交联邦和州有关机构以获得信托收入税款的返还，通常会保留一定的资金。遗产账户也必须向其余的遗产受益人提供报告，以说明遗产的收入和每位受益人可获得的份额的情况，最终的情况说明报告也得提交法院。①

（二）英国

英国1925年《遗产管理法》第32（1）条规定："死者的动

① 《统一遗嘱检验法典》以不同的方式规定了非正式管理、正式管理和指导管理等程序。无管理的继承观念来源于民法，很大程度上是沿袭欧洲大陆法系国家、路易斯安那州和魁北克省的继承方法。这一修正案增加了另一种可选择的灵活的管理制度，其允许无遗嘱继承人或者遗嘱人指定的剩余遗产继承人接受无管理的遗产，但前提是要保证清偿通常应该由遗产代理人负责的那些债务。该法第3－901条规定："在没有遗产管理人的情况下，继承人和受遗赠人将根据被检验的遗嘱或者无遗嘱继承法来享有遗产的权利。受遗赠人根据被检验的遗嘱享有遗赠财产。宅地津贴、免除财产的权利人或者未留遗嘱死亡的继承人通过证明死者的所有权、死亡和他们与死者的关系来获得权利。继承人应该清偿所有的遗产管理费用、债权人的请求、生存配偶和依靠其抚养的子女的津贴，并受遗产的非法占有、聘金、提前遗赠和撤销遗赠所产生的权利的约束。"此外，该法典还对一般继承制度（Universal Succession）作了详细规定。第3－312条规定了一般继承的原则，即"无遗嘱继承下的继承人或者遗嘱指定的剩余遗赠人，除了未成年人、无行为能力人、受保护的人、未经确定的人，都可以通过承担以下个人责任而一般继承死者的遗产：（1）税收；（2）死者的债务；（3）针对死者或者遗产的请求；（4）其他继承人、受遗赠人和第3－313条至第3－322条规定的被授权享有死者财产的人的财产分配。"由此可见，在一般继承中遗产债务由无遗嘱继承下的继承人和遗嘱指定的剩余遗赠人负责支付。第3－321条规定了一般继承人对请求、费用、无遗嘱份额和遗赠的责任，即有条件的限定清偿责任。第3－317规定了一般继承人对于债权人、其他继承人、受遗赠人和有权享有死者财产的人以及其他有资格享有财产的人的责任。

在未经遗产管理程序的继承中，没有遗产代理人通知债权人的规定，因此，本法第3803（a）（1）条规定的期限不适用此情况，根据第3803（a）（2）条的规定，并在通知公告的情况下，债权人受法定时效和3年时间的约束。根据第3803（a）（2）条的规定，一般法定时效在死者死后4个月内中断，4个月后重新开始继续。这一规定的结果是债权人受一般法定时效和3年时间的限制，以更短的时间为准。（本部分资料由山东大学法学院康娜博士翻译并提供，在此表示感谢。）

产和不动产在其利益范围内，对他的债务承担清偿责任。”[①]

通常被继承人的债权人一旦得知其死亡，就应该提出针对他遗产的请求。但是，遗产代理人有义务通知债权人，因为如果债权人在分配遗产时还没有收到通知，遗产代理人将对这一未偿债务负个人责任。为了保护遗产代理人对于这些债务的抗辩，遗产代理人可以利用1925年《信托法》第27（1）条的规定。该条规定，遗产代理人可以通知其分配死者遗产的意向，并要求相关利害关系人在限定的时间内提出请求，该限定时间不能少于通知发出之后两个月。通知必须符合下列要求：（1）在伦敦报纸上公告；（2）如果遗产包括土地，那么在该土地所在地流通的报纸上公告；（3）遗产代理人还可以适用其他被法院指示的方式，如果遗产代理人对发出合适的通知有疑问，他也可以向法院寻求指导。在规定的期限届满后，遗产代理人在清偿完所有提出请求的债务后，开始分配遗产，而对期限届满之后提出请求的债权人不再承担责任。但这些债权人还可以通过向遗产受益人追偿而弥补损失。[②]

在英格兰和威尔士，遗产按照以下程序进行处理：[③]

1. 指定处理继承事务的人

继承开始时必须指定有权处理继承事务的人，在有遗嘱的情况

---

① Administration of Estates Act（AEA）1925, section 32（1）.（1）死者遗嘱中没有处分的财产，但必须保留资金以满足任何金钱遗赠；（2）没有特别遗赠的不动产和动产，但包括剩余遗赠中的特定遗赠和一般遗赠（不管是特别说明还是一般说明），但必须从这部分财产中保留财产以满足任何上述第1款中没有规定的金钱遗赠；（3）特别指示用来清偿债务的不动产遗赠和动产遗赠；（4）因清偿债务而托管的不动产遗赠和动产遗赠；（5）用来满足金钱遗赠的资金（包括养老金、一般遗赠、指示遗赠——只要他们没有从指定的财产中被清偿）；（6）遗嘱中的特定的不动产遗赠和动产遗赠；（7）遗嘱中根据一般指定的权力所指定的财产。在前一顺序的财产没有用完之前，不能用下一顺序的财产清偿。

② Section 27（1）, Trustee Act（TA）1925.

③ *probate records*: *England and Wales*, http://www. alanmann. com，访问日期2012年7月30日。

下被称为遗嘱执行人，在无遗嘱的情况下被称为遗产管理人，通常是死者的近亲属或者有权处理大宗遗产的人。

2. 确定遗产的范围

继承人需将被继承人的死亡事实通知保存着死者财产的机构，诸如银行、建房互助协会或者保险公司之类的人或机构，这些机构有义务将被继承人的财产转移至继承人名下。假如被继承人授权变卖遗产，继承人可以聘请律师处理变卖遗产的事务。当然，继承人也可以考虑亲自处理，因为财产变卖是简单的法律事务，英国的财产让与法规定得清楚明了。

3. 清偿债务

遗嘱执行人或遗产管理人的重要任务之一就是清算遗产、清偿遗产债务，因为在间接继承中继承人对遗产债务不负任何责任，以助执行人或者遗产管理人负责制作遗产清册、清算遗产、偿还遗产所负债务，最终遗产若有剩余才交付继承人。

4. 支付遗产税

遗产清算完毕、支付了所有债务之后，遗嘱执行人或者遗产管理人还得依法缴纳遗产税。

5. 分配遗产

清偿了遗产债务并缴纳完遗产税后，遗嘱执行人或者遗产管理人才能对继承人分配遗产。英国的继承以遗嘱继承为主，遗产的分配依遗嘱进行，如果遗产不足以依遗嘱足额分配，则同一顺序的继承人按比例取得剩余的遗产。

三、外国间接继承债权人权益保护规定之评析

通过以上立法可以看出，在英美法系国家和地区，采取绝对的限定继承原则。不过这种制度的实行需要其他条件，特别是司法的配合。因为在这种制度下，几乎每个人死后都需要由有关国家机关出面处理继承问题，如果没有健全的专司遗产继承的专门法院或其他专门机关，这种制度是难以实行的。此外，老百姓是否愿意让国

家机关插手继承事务，也是这项制度能否实行的一个重要因素。

第三节　我国继承法对遗产债权人权益之保护

一、我国继承法之遗产债权人权益保护制度[①]

我国现行的继承法律规范对遗产债务的制度设计主要有：

① 我国港、澳、台地区的立法中，对遗产债权人权益保护也有相关规定。

我国台湾地区“继承法”为了保护继承中被继承人的债权人的利益，在一些具体制度的设计上特别地对债权人利益给予关注，主要表现在以下方面：1. 遗产债务的清偿原则。台湾“继承法”在继承开始以后，采取的是当然的无限继承主义，即在继承开始以后，继承人不仅承受被继承人财产上的权利，而且也承担其财产上的一切义务（即无限继承，也称为单纯继承）。这种要求继承人不但继承死者的财产并且承受其债务的立法模式的选择，显然是基于对债权人利益保护考量的结果。但不可否认的是，在被继承人的遗产不足以清偿其债务的情况下，无限继承主义对继承人利益的不利影响甚巨，出于继承人利益的计量，立法者在以无限继承为原则的同时，又以限定继承和抛弃继承为例外，即在继承开始后，允许继承人根据继承财产的实际状况自主地在无限继承、限定继承和抛弃继承这三种方式中做出选择，很明显，这自由度的赋予在很大程度上调和了当然的无限继承给继承人带来的不利影响。在这里，立法者一方面意欲保护债权人利益，另一方面又珍视继承人利益的心态凸然可现。（1）申请限定继承的期限。首先，继承人原则上于继承开始时起3个月内开具遗产清册，并呈报法院，以利于法院及利害关系人了解被继承人的遗产状况；其次，法院依公示催告程序进行公告，催告被继承人的债权人在一定期限内（不少于3个月）申报债权；再次，公告期间届满后，继承人应先清偿已报明或已知有优先权的债权；清偿已报明或已知的普通债权，如果不足清偿全额，则按比例清偿；最后，向受遗赠人交付遗赠；如仍有剩余，可清偿在一定期限内未报明并且不为继承人所知的债权。（2）限定继承的丧失。继承人在为限定继承过程中，如果故意隐匿遗产；在遗产清册上作虚伪的记载；或者意图诈害被继承人的债权人的权利而处分财产的，丧失主张限定继承应得的权益。2. 遗产管理。为保存遗产必要之处置、清偿债权或交付遗赠物，台湾“民法典”设立了遗产管理人制度。遗产管理人首先应由继承人担任；继承开始时，继承人之有无不明者，由亲属会议于1个月内选定遗产管理人，并将继承开始及选定遗产管理人之事由，向法院报明；无亲属会议或亲属会议未于前条所定期限内选定遗产管理人者，利害关系人或检察官，得声请法院选任遗产管理人。根据台湾“民法典”第1179条规定，遗产管理人的职责表现为：“一、编制遗产

(接上页注①)
清册。二、为保存遗产必要之处置。三、申请法院依公示催告程序，限定一年以上之期间，公告被继承人之债权人及受遗赠人，命其于该期间内报明债权及为愿受遗赠与否之声明，被继承人之债权人及受遗赠人为管理人所已知者，应分别通知之。四、清偿债权或交付遗赠物。五、有继承人承认继承或遗产归属国库时，为遗产之移交。前项第一款所定之遗产清册，管理人应于就职后三个月内编制之；第四款所定债权之清偿，应先于遗赠物之交付，为清偿债权或交付遗赠物之必要，管理人经亲属会议之同意，得变卖遗产。”3. 共同继承人对遗产债务的清偿责任。在共同继承人对被继承人的债务的责任承担方式上，台湾“继承法”在三种模式中间进行了取舍，选择了最能保护债权人利益的连带主义模式。即要求共同继承人对被继承人的债权人承担连带清偿责任。这种连带责任固然对保护债权人极为有利，但若严格贯彻，对共同继承人中的一部分人而言，显然不免有所不公。为了不至于使利益保护的平衡点向债权人一方过度倾斜，同时，为了不至于使本来处在弱势地位的继承人遭到更大的不利影响，台湾“继承法”在规定连带责任的同时，对之又作了例外规定，这就是第 1171 条规定的连带责任免除制度，通过“经债务之承担及债权人之同意（而免除）”和“因除斥期间经过之免除”这两种免除制度的设计，在一定程度上减轻了连带责任给继承人带来的不利影响。4. 无人继承时的遗产债务清偿。我国台湾地区“民法典”也规定了无人承认之继承。（1）从继承开始时，若继承人之有无不明，由亲属会议于 1 个月内选定遗产管理人，并报明法院。在遗产管理人选定之前，法院可依利害关系人或检察官的申请保存遗产。遗产管理人的主要职责如下：①编制遗产清册；②为保存遗产必要的处置；③申请法院依公示催告程序为 1 年以上的公告，公告被继承人的债权人及受遗赠人于该期间内报明债权，对已知的债权人及受遗赠人进行通知；④清偿债权或者交付遗赠；⑤有继承人承认继承或者无人承认继承最终由国库继承时，移交遗产；⑥应亲属会议或遗产债权人请求，报告或说明遗产的状况。（2）法院依公示催告程序搜索继承人，公告期限为 6 个月以上。（3）搜索继承人的期限届满后无人承认继承的，如果被继承人的遗产清偿债务、交付遗赠后还有剩余，则归属于国库。5. 受害债权人的救济。在受害债权人的救济上，台湾“民法”明确规定了债权人的两种请求权，一为对违反法定义务的继承人的“法定损害请求权”，二为对不当受领之受遗赠人的“继承法上特别规定之请求权”，通过两种继承法上的法定或特定请求权的赋予，无疑进一步强化了对债权人利益的切实保护。

在这里，我们发现，立法者将利益保护的平衡点向债权人一端倾斜的同时，又有意识地将该平衡点向继承人一端稍稍做了回复性的拉动，从中不难觉察出立法者对两种利益试图尽量兼顾的良苦用心。

我国澳门地区的设计主要有：1. 遗产之接受。《澳门民法典》第五卷继承法第一编继承总则第四章规定了“遗产之接受”制度。根据该法，遗产的接受表现为两种类型，即单纯接受和限定接受。与此相适应，遗产继承人的责任也有所不同。如果是限定接受，“继承人仅由财产清册内所列之财产承担有关负担，但债权人或受遗赠人证明存在其他财产者除外”。如果是单纯接受，“继承人对负担之承担亦不超出所继承财产之价值，但在此情况下，继承人须证明遗产之价值不足以支付有关负担”。从上述规定来看，澳门法实际也实行的是遗产债务的有限清偿原则，只不过由于澳门法对遗产的继承及其负担作了较详尽的规定，而并未直接采用限定继承的字眼而已。2. 遗产之管理。《澳门民法典》第五卷继承法第一编继承总则第八章专章规定了“遗产之管理”，授权遗产管理人在遗产分割前管理遗产的权利，使其享有包括对遗产进行保管的权利。按照《澳门民法典》第1918条的规定，遗产保管人由下列人担任：（1）生存配偶，只要其为继承人或夫妻所采用之财产制非为分别财产制；（2）遗嘱执行人，但遗嘱人有相反意思表示者除外；（3）死者之血亲或与死者生前有事实婚姻关系之人，但须为依法继承人；（4）遗嘱继承人。其职责主要包括：遗产的清算；遗产债权的收取；必要的处分以及遗产的分割和账目之提交等。3. 共同继承人清偿遗产债务的责任。按照《澳门民法典》的规定，在遗产分割前，各共同继承人对遗产债务负连带责任；在遗产分割后，各继承人只是负责与其所继承份额相应得那部分责任。同时，从保障债权人利益出发，该法第1936条第3款规定，如有债权人未能获得全部支付的，可要求其他继承人作出支付。4. 无人继承时的遗产债务清偿。我国澳门地区民法典虽然没有关于无人继承的专节规定，但对于无配偶、无任何可继承遗产之血亲、亦无与被继承人有事实关系制人的情况，赋权予澳门地区继承。通过司法程序确认并不存在其他法定可继承遗产之人时，须按诉讼法之规定宣告遗产因无人继承而归澳门地区所有。对于遗产，澳门地区以法定继承人身份取得遗产，具有与其他继承人相同的权利和义务，但无须接受遗产，也不得抛弃遗产。

由于历史的原因，判例是香港法律的主要渊源。香港现行的成文继承法是由1970年3月13日颁布执行的《遗嘱条例》，1971年10月7日颁布的《遗嘱认证及遗产管理条例》，以及《无遗嘱者遗产条例》、《财产继承（供养遗嘱及受养人）条例》组成。香港继承法以遗嘱继承为主，对遗产债权人的利益主要通过以下机制得以保护：1. 偿债的一般原则。香港地区实行的是英国法中所实行的遗产管理制度，被继承人死亡，遗产并不直接归属于继承人，而是由遗产管理人在清理遗产债务、扣除遗产税、交付遗赠以后，再将剩余财产授予继承人，如果遗产中的消极财产超过了积极财产，则应按照破产程序处理。2. 遗产管理人制度。遗产管理人在香港的继承事务中至关重要，对死者债权人利益的保护主要是通过规范遗产管理人的行为而达到保护的目的。根据香港地区的《遗嘱承办及遗产管理条例》第10条规定，任何人不论是在香港还是在其他地方去世，只要在香港遗下他没有立遗嘱的遗产，则该遗产应授予遗产管理官（一般为司法常务官）管理。如遗产管理官认为适当，须接收及接管遗产，直至法院发给遗产管理书为止。在上述人员离职或停职时，则应由其继任人继续保管，不得移交或转让。留有遗嘱的，遗嘱执行人为遗产管理人。具体的遗嘱认证及遗产管理事项一般由法院指定一信托法团承办。死者的财产是偿债的资产，死者生前任何有借遗嘱处分其实体权利，从而影响其对债项之清偿或法律责任承担的行为均属无效行为。当死者的遗产无力偿债时，优先支付殡殓、遗嘱管理及遗产管理的开支，再根据破产法的规则，偿付各类优先债权，最后是普通债权，遗产管理人在遗产管理中当恪尽职守，若将死者财产的任何部分浪费或转为己用，则可被追诉，而负赔偿责任。

（一）遗产债务的无条件有限清偿原则[①]

《继承法》第 33 条规定：继承遗产应当清偿被继承人依法应当缴纳的税款和债务，缴纳税款和清偿债务以他的遗产实际价值为限。超过遗产实际价值部分，继承人自愿偿还的不在此限。继承人放弃继承的，对被继承人依法应当缴纳的税款和债务可以不负偿还责任。这一规定说明，我国采用的是限定继承，即遗产债务有限清偿原则。

1. 继承人清偿被继承人的债务，以接受继承为前提条件

我国《继承法》第 33 条规定："继承遗产应当清偿被继承人依法应当缴纳的税款和债务……继承人放弃继承的，对被继承人依法应当缴纳的税款和债务可以不负偿还责任。"因此，只有继承人接受继承，才依法承担清偿被继承人债务的义务，反之，则不承担此义务。

2. 清偿被继承人债务，以遗产的实际价值为限

我国是实行限定继承原则，即接受遗产的继承人对被继承人的债务并不是承担无限责任，而只在他所接受遗产的实际价值范围内承担清偿被继承人债务的责任。当然，法律也并不禁止继承人自愿以自己的财产，清偿超过被继承人遗产实际价值范围的债务。

（二）遗产的保管

从继承开始到继承人接受继承、分割遗产前，往往会有一个间隔期。为了保证继承关系中各方当事人的权利，法律规定了遗产的

---

① 学者一般将大陆《继承法》第 33 条第 1 款的规定理解为清偿债务的限定继承原则。但其是作为清偿死者税款和债务的普遍原则使用的，不需要继承人另外作出意思表示。因此，大陆地区的"限定继承"制度具有与大陆法系国家民法完全不同的制度内涵。于是有学者将大陆地区的限定继承制度称为"无条件的有限责任继承"，将大陆法系国家的限定继承制度称为"有条件的限定责任继承。"参见彭万林：《民法学》，中国政法大学出版社 1999 年版，第 864 页。

管理和保护制度。根据我国继承法的规定，[①] 继承开始后，存有遗产的继承人、受遗赠人是当然的遗产保管人；如果存有遗产的继承人是无行为能力人或者是限制行为能力人，则他们的法定监护人是当然的遗产保管人；如果在继承地点无继承人，或继承人是无行为能力人或者是限制行为能力人且无法定监护人，或者继承人对保管遗产的意见不一致时，应由一定的社会组织对遗产采取暂时性的保管措施。[②]

我国的继承法对于遗产保管人的职责，没有做具体而详细的规定，但是根据一般的继承法原理和司法实践，对保管人而言，第一，应对遗产进行清理登记，对于贵重物品，还应该采取特别的保护措施。对于遗产中的易腐、易烂、易变质的物品，保管者有权进行变价处理；对于遗产中的剧毒、易爆和其他妨碍公共安全的危险物品，也应从遗产中清理出来，并交给有专门技术或有经验的人保管。[③] 第二，对遗产进行清算。在我国，遗产保管人往往是由死者生前所在的单位或遗产所在地的基层行政组织担任。但是，存有遗产而又不愿意继承遗产的继承人，也是当然的遗产保管人，也有继续保管其所存有的遗产的义务。遗产保管人为了对遗产进行清算，首先必须弄清死者是否欠有债务，是否有受遗赠人，受遗赠人是否

---

① 《中华人民共和国继承法》第24条规定："存有遗产的人，应当妥善保管遗产，任何人不得侵吞或者争抢。"

最高人民法院《关于贯彻执行〈中华人民共和国继承法〉若干问题的意见》第44条规定："人民法院在审理继承案件时，如果知道有继承人而无法通知的，分割遗产时，要保留其应继承的遗产，并确定遗产的保管人或保管单位。"

② 这里所指的社会组织指以下几种情况：一是被继承人生前所在的单位；二是被继承人住所地的居民委员会、村民委员会；三是主要遗产所在地的居民委员会、村民委员会；四是公证机关在其所公证的遗嘱中所指定的继承人或法定继承人不在继承地点，且死者生前所在单位或基层组织对遗产也未加管理时，可以指定第三人为保管人。如果被继承人在遗嘱中指定了执行人，公证机关应委托遗嘱执行人保管遗产。此外，公证机关也可以与他人签订合同委托保管遗产。如果继承人放弃继承或受遗赠人放弃接受遗赠，同时又无法定继承人，公证机关应负责将此项无人继承的遗产转交给国家或集体。

③ 侯放：《继承法比较》，福建人民出版社1999年版，第150页。

接受遗赠。如果遗产保管人不知道死者是否有债权人和受遗赠人，就必须申请法院进行公告，通知债权人和受遗赠人在公告所规定的期限内申报债权或表明是否接受遗赠。如果遗产保管人已经知道死者有债权人和受遗赠人，则可以直接通知他们申报债权或表明是否接受遗赠。遗产保管人只有在弄清楚这些问题以后，才能用遗产清偿和交付遗赠标的物。第三，清偿债务及交付遗赠标的物。

（三）共同继承人对遗产债务的清偿责任

在继承人有多人的情况下，继承人相互之间对于被继承人的债务在遗产分割前负有的责任问题，我国继承法没有对此作出明文规定。但根据一般的民法原理，各继承人对于被继承人债务应负连带责任。债权人对于继承人中的任何一人不问其继承财产数额的多少，都有权请求他偿还被继承人的全部债务。

《继承法意见》第 61 条规定：继承人中有缺乏劳动能力又没有生活来源的人，即使遗产不足清偿债务，也应为其保留适当遗产，然后再按《继承法》第 33 条和《民事诉讼法》第 180 条的规定清偿债务。该意见第 62 条规定：遗产已被分割而未清偿债务时，如有法定继承又有遗嘱继承和遗赠的，首先由法定继承人用其所得遗产清偿债务；不足清偿时，剩余的债务由遗嘱继承人和受遗赠人按比例用所得遗产偿还；如果只有遗嘱继承和遗赠的，由遗嘱继承人和受遗赠人按比例用所得遗产偿还。

由上述规定不难看出，分割遗产后的债务，第一，由法定继承人首先在遗产实际价值范围内负担清偿被继承人的债务。这是因为，遗嘱继承方式优于法定继承方式。被继承人有权在生前所立遗嘱中指定遗嘱继承人和受遗赠人，有权仅指明遗嘱继承人和其继承份额，而不指定由其承担清偿自己债务的责任；遗嘱继承人一旦表示接受继承，就可以依遗嘱仅取得遗产中的财产权利，受遗赠人也有权取得遗产中的财产权利而不负担债务。至于遗产中的债务，则由法定继承人在其所取得的遗产实际价值范围内清偿。如果法定继承人所取得的遗产实际价值不足以清偿被继承人全部债务，则不足部分再由遗嘱继承人和受遗赠人按所得遗产份额的比例负责清偿。第二，如果仅有遗嘱继承人和受遗赠人取得了遗产，应当由遗嘱继承人和受遗赠人按照各自取得遗产份额的比例清偿被继承人债务。这是因为，“限定继承原则”同样适用于遗嘱继承方式。在被继承人用遗嘱仅指定遗嘱继承人取得其遗产中的财产权利而对其财产义务的负担未做任何安排的情况下，为了保护债权人的合法权益，就必须由表示接受继承的遗嘱继承人所承担清偿被继承人债务的责任。至于受遗赠人之所以也要在遗产分割后以其取得的遗产承担清偿被继承人债务的责任，是由清偿被继承人债务优先于遗赠的法律原则所决定的。

二、我国继承法遗产债权人权益保护制度之评析

（一）遗产债务的清偿原则

第一，从前面的分析来看，我国继承法坚持无条件的限定继承原则，即继承人无须具有呈交遗产清册等条件只需承认继承就是限定继承，即使继承人有隐匿遗产、企图诈害债权人的遗产处分行为等也在所不问。

在无条件的限定继承原则下，继承的承认与放弃制度作用下降。由于继承人即使承认继承也只有限定承认，对继承人是有益无害的事情，加之如果在规定的时间内，继承人不作出放弃的意思表示视为接受继承，从而导致继承的承认与放弃制度流于形式。

无条件的限定继承原则的确立，维护了继承人的利益，有利于提高遗产利用效率，[1] 打破了“父债子还”的传统观念，被视为体现社会主义优越性的体现，而为广大社会成员所接受。但我国有学者指出，我国现行《继承法》是把限定继承原则作为一项普遍性原则适用的，它不需要继承人另外做出意思表示，没有强制的编制、呈交遗产清册等相关制度，无法做到遗产与继承人固有财产的

---

① 许勤、魏嶷：《概括继承、限定继承及其他》，载《学术月刊》2001 年第 8 期。

分离，不利于保护遗产债权人的利益。①

第二，关于“有限责任”，学者的认识不尽一致。郑玉波先生认为：“有限责任，乃债务人得以某一部分财产，对某项债务，负责任是也。有物的有限与量的有限之分。所谓‘物的有限’，即债务仅以其财产中之特定物或特定财产，负其责任；所谓‘量的有限’，即债务人对其债务，仅于一定限额内负责任。”② 王泽鉴先生则认为，所谓“量的有限责任”，并不是真正的责任限制。只是所谓“物的有限责任”才可以说是真正的有限责任，即债务人以特定财产为限度，负其责任。债权人仅得就该特定财产满足其债权，纵其债权未因此而全部获偿，对于其他财产，亦不得再为强制执行。③

我国采直接继承制度，继承开始后，遗产的所有权归继承人所有。但由于我们没有遗产分离和遗产管理制度，继承人取得遗产后，遗产即与继承人的固有财产混同在一起，继承人以该全部混同财产对被继承人的债务和其自身债务承担清偿责任。我国继承法规定继承人缴纳税款和清偿债务以遗产实际价值为限，实际上是对债务人应清偿的被继承人的债务在数额上的限制，即在遗产实际价值以内的债务，继承人以其全部（混同）财产承担责任，超出此范围的债务，继承人不承担责任。所以，这里的“有限责任”，并非责任的有限，而是债务数额的有限。

（二）遗产的保管

1. 遗产保管人的确定

遗产的保管人（也称为遗产的管理人），是指对死者遗产负责保存和管理的人。财产所有人死后，为了保护遗产不被损毁和散

---

① 郭成、黄娟敏：《我国遗产债务清偿构成之刍议》，载《律师世界》2003 年第 3 期。

② 郑玉波：《民事责任之分析》，载郑玉波：《民商法问题研究（第 1 辑）》，三民书局 2002 年版，第 117 ~ 118 页。

③ 王泽鉴：《债法原理》（第 1 册），中国政法大学出版社 2001 年版，第 30 页。

失，必须要确定遗产的保管人。

从现行继承立法来看，我国继承法原则上采取法定主义，由死者生前所在单位或者遗产所在地的基层组织（基层人民政府或村民委员会、居民委员会）为遗产保管人。

2. 遗产保管人的职责

我国继承法对于此问题没有具体规定。总的来看，遗产保管人应当具有以下职责：

（1）制作遗产清册。遗产保管人清点遗产并登记造册，是遗产管理上的第一个重要步骤。对于保证遗产的完整性、遗产价值的正确性以及相关利害关系人的利益至关重要。

（2）为保管遗产为必要的处分行为。属于遗产保管人在管理权限内的必要处分行为，大致有以下几种：①处分遗产的行为。②对于死者生前的营业，继续进行必要的营业行为。③遗产债权的收取。

（3）清偿债务或交付遗赠物。

（4）移交遗产。

（三）共同继承人对遗产债务的清偿责任

1. 共同继承人对清偿被继承人债务的连带责任

在继承人有多人的情况下，继承人相互之间对于被继承人的债务在遗产分割前负有的责任问题，我国继承法没有对此作出明文规定。

2. 遗产已被分割后的债务清偿

我国继承法规定，遗产已被分割而未清偿债务时，如有法定继承又有遗嘱继承和遗赠的，首先由法定继承人用其所得遗产清偿债务；不足清偿时，剩余的债务由遗嘱继承人和受遗赠人按比例用所得遗产偿还；如果只有遗嘱继承和遗赠的，由遗嘱继承人和受遗赠人按比例用所得遗产偿还。

我们知道，死者生前的债务依其产生原因的不同，可以划分为私债（民事债务）和公债（税款、罚金等）两类。无论哪种债务，相较于遗赠而言，其成立时间更早，且大部分是基于对价的原因而产生，依据债的清偿原理，应优先于无偿、后生效的遗赠债务。从我国立法来看，现行规定虽然主要是为了确定遗产债务的清偿顺序，但不难推知，其立法意旨是要受遗赠人承担遗产债务的。遗赠是遗嘱人死亡后生效的，遗赠标的之所有权在遗嘱人死亡后即转归受遗赠人所有。作为所有权人，受遗赠人为何不仅不得以遗赠对抗遗产债务，还可能因既得遗赠而偿还遗产债务呢？这当然是因为法律科以了其清偿遗产债务的责任。只是受遗赠人履行清偿责任的顺序位于法定继承人之后，与遗嘱继承人同列而已。基于此，我国继承立法更是将受遗赠人在事实上降至同遗嘱继承人的地位，同以分割的遗产对债权人负责。①

（四）无人继承时的遗产债务清偿

现实中，因继承人有无不明或已知继承人均拒绝继承（继承人旷缺）而导致遗产无人继承的情况时有发生。在这种情况下，如何保护未知继承人及利害关系人的利益，并确定遗产的最终归属，成为继承法上的重要问题。在笔者看来，我国现行《继承法》有关继承人旷缺制度的规定过于简陋，难以应付日渐复杂的财产继承关系。

按我国学者的观点，所谓遗产无人继承，是指死者生前未立遗嘱或所立遗嘱无效，且又无法定继承人或法定继承人都放弃继承或丧失继承权，死者所遗财产即无人继承，也无人受遗赠。无人继承财产问题包括两个相关方面：如何确定遗产无人继承；如何处理无人继承财产。

从我国司法实践来看，对于无人继承的遗产，如果有遗产债务存在的，应当先由遗产管理人用遗产清偿税款和债务，有剩余财产的，才归属国家或集体组织。无人继承的遗产归国家或集体组织以后，再有遗产债权人出现时，根据《继承法意见》第 57 条的规

① 张玉敏：《继承法律制度研究》，法律出版社 1999 年版，第 171 页。

定，人民法院应视情况适当分给遗产。此外，如果此时被宣告死亡的被继承人又重新出现，依照我国《民法通则》第 25 条的规定："被撤销死亡宣告的人有权请求返还财产。依照继承法取得他的财产的公民或者组织，应当返还原物；原物不存在的，给予适当补偿。"①

① 李双元、温世扬：《比较民法学》，武汉大学出版社 1998 年版，第 1026 页。

第三章 我国遗产债务法律制度缺憾之审视与解读

“法律是一个带许多大厅、房间、凹角、拐角的大厦，在同一时间里想用一盏探照灯照亮每一间房间、凹角和拐角是极为困难的，尤其当技术知识和经验受到局限的情况下，照明系统不适当或至少不完备时，情形就更是如此了。”① 于此，笔者拟在前人研究成果基础之上，结合自己的调查与思考，对现行继承法中遗产债务法律制度方面存在的缺憾及其产生原因予以阐析。

一、我国遗产债务法律制度缺憾之审视

我国现行继承法于1985年制定实施，在当时的计划经济时代，个人拥有的财产和债务不多，受“宜简不易繁”的立法思想的指导，继承法的内容非常笼统。其中，关于遗产范围的规定是在《继承法》第3条［遗产是公民死亡时遗留的个人合法财产，包括：(1) 公民的收入；(2) 公民的房屋、储蓄和生活用品；(3) 公民的林木、牲畜和家禽；(4) 公民的文物、图书资料；(5) 法律允许公民所有的生产资料；(6) 公民的著作权、专利权中的财产权利；(7) 公民的其他合法财产］和《继承法意见》第3条（公民可继承的其他合法财产包括有价证券和履行标的为财物

① ［美］E. 博登海默：《法理学：法律哲学与法律方法》，邓正来译，中国政法大学出版社1999年版，第198页。

的债权等)、第4条(承包人死亡时尚未取得承包收益的,可把死者生前对承包所投入的资金和所付出的劳动及其增值和孳息,由发包单位或者接续承包合同的人合理折价、补偿,其价额作为遗产);关于遗产债务如何处理的条文只在《继承法》第33条中规定:“继承遗产应当清偿被继承人依法应当缴纳的税款和债务,缴纳税款和清偿债务以他的遗产实际价值为限。超过遗产实际价值部分,继承人自愿偿还的不在此限。继承人放弃继承的,对被继承人依法应当缴纳的税款和债务可以不负偿还责任。”《继承法意见》第61条规定:“继承人中有缺乏劳动能力又没有生活来源的人,即使遗产不足清偿债务,也应为其保留适当遗产,然后再按继承法第三十三条和民事诉讼法第一百八十条的规定清偿债务。”第62条规定:“遗产已被分割而未清偿债务时,如有法定继承又有遗嘱继承和遗赠的,首先由法定继承人用其所得遗产清偿债务;不足清偿时,剩余的债务由遗嘱继承人和受遗赠人按比例用所得遗产偿还……”

2002年3月的民法典继承编的专家建议稿专门用一节规定了被继承人债务的清偿,具体内容即《继承法》和《继承法意见》的相关规定,并无增加。2002年4月,中国民法典立法研究课题组提交的中国民法典继承编条文建议稿第64~88条对遗产债务的清偿作了较为详细的规定,规定了遗产债务的范围、清偿顺序、共同继承人之间的责任以及清偿债务的程序。该建议稿的内容较现行继承法的规定有了极大的进步,但是仍然采用了普遍的限定继承原则,如果继承人不在规定期限内表示放弃继承,可推定继承人限定接受继承。2003年3月提交全国人大审议的“民法典草案”只是将现行继承法作为其中的继承编,并未进行任何修改。

公开、可行、效益,是财产继承法律制度设计的基本要求。以此为出发点,我国遗产债务法律制度的缺陷主要表现在以下几个方面。

（一）相关实体制度设计的不完备为侵犯遗产债权人利益埋下伏笔

1. 关于继承的接受和放弃

（1）无条件的限定继承原则弊端凸显。第一，无条件的限定继承原则已不符合我国的社会现实。从继承的发展历史来看，从概括继承即无限继承到限定继承即有限继承是各国继承立法发展的共同趋势。从其他国家和地区的规定来看，现在通行的限定继承都是有条件的，而依我国《继承法》第 33 条第 1 款规定："继承遗产应当清偿被继承人依法应当缴纳的税款和债务，缴纳税款和清偿债务以他的遗产实际价值为限。超过遗产实际价值部分，继承人自愿偿还的不在此限。"由此可见，我国实行的是无条件的限定继承。也就是说，继承人不需要另外做出意思表示，也不需要特别的程序，即可享有有限责任的保护。

尽管我国现行的限定继承简单易行，[①] 但其已不符合我国的社会现实。当时如此立法是因为我国采用的是计划经济制度，生产力较为落后，再加上生产资料基本上属于全民所有和集体所有，能够继承的遗产基本上是公民的生产资料，数额不大，遗产状况和被继承人的债权债务关系相对简单，虽然对限定继承没有严格的条件和程序的限制，但实践中不会发生多大问题。随着我国市场经济的飞速发展，个人财产的数量越来越多，债权债务关系也变得复杂起来。同时，个体经济和私营经济已成为我国经济成分中重要的组成部分，个体和私营企业主的财产主要部分已不再是静态的生活资料，更多的是动态的生产资料，其死后遗产不进行清算就难以分割。

第二，无条件的限定继承原则在司法实践中不可避免地产生了诸多消极后果。无条件的限定继承原则在司法实践中不可避免地产

---

① 马原、高圣平：《继承法及配套规定新释新解》，人民法院出版社 2003 年版，第 667 页。

生了如下消极后果：继承人的利益不会受损，受损的只是被继承人的债权人的利益。在立法上以牺牲被继承人的债权人的利益为代价来维护继承人的利益，难言公平；在实践中，继承人隐匿、转移遗产非常方便，而被继承人的债权人难以查证；即使继承人隐匿、转移遗产的行为被发现，并不影响继承人的有限清偿责任，往往使有恶意的继承人逃脱了法律的制裁。

其结果是，保证了继承人的固有财产不被强制用于清偿被继承人的债务，却无法保证遗产首先用来清偿被继承人的债务，对不恪守诚信原则的继承人无法像国外立法那样科以无限责任，殊为不公。

第三，无条件的限定继承原则缺乏可操作性。我国虽然采取无条件的限定继承原则，但没有具体程序和相应措施制度的保障，限定继承只能是空谈，缺乏可操作性。

首先，在继承人是否接受继承或者继承人有无状况不明时，遗产就需要进行管理，而我国并无选定遗产管理人进行遗产管理的规定。其次，继承人和被继承人的财产分离是实行限定继承的前提，如果二者混同，就不能区分哪些是继承人的固有财产，哪些是被继承人的遗产，何谈在遗产范围内清偿遗产债务。在被继承人的消极财产大于积极财产的情况下，财产分离有利于保护继承人的利益；在被继承人的积极财产大于消极财产的情况下，财产分离有利于保护遗产债权人的利益，而我国现行法对此无制度设计。最后，确定遗产范围、分离继承人和被继承人财产的方法就是制作遗产清册，因此，其他大陆法系国家都以在规定期限内向法院提交遗产清册为采取限定继承的前提条件。遗产清册不仅要记载积极财产而且要记载消极财产，因而必须催告遗产债权人在一定期限内申报债权，对于此，我国继承法亦无相关的规定。

（2）忽视概括继承制度存在的价值。现代继承法的概括继承指财产上法律地位的承受。大陆法系国家一般将概括继承作为原则，限定继承作为例外。概括继承制度分为自愿选择的概括继承和强制的概括继承。前者是继承人在规定的期间内作出明确的概括继承的意思表示，或者未作任何意思表示法律推定其概括接受继承。在遗产状况明显良好的情况下，继承人一般会自愿选择概括继承，因为概括继承无须制作遗产清册，无须进行遗产清算，无须催告债权人申报债权，这大大降低了继承成本。继承人与被继承人的财产可以混同，继承人以自己的财产清偿遗产债务即相当于以被继承人的财产清偿遗产债务，最终都不会损害自己的利益。后者是一种惩罚性的制度，倘继承人有故意为遗产清册的不实记载，或者在主管官署制作遗产清册时拒绝告知有关情况，或者故意拖延等不当行为时，即产生无限责任继承的法律后果，这是依照法律规定强制产生的，具有惩罚性，目的在于警示继承人遵守诚实信用原则，保护遗产债权人的合法权益。

因为经济上的原因，以及参照苏联等社会主义国家立法的考量，立法者没有考虑到概括继承至今仍在大陆法系国家存在的原因，忽视了概括继承制度存在的价值，造成出现以上的不当行为时，按照我国现行继承法的规定，只是适当减少继承人的继承份额，既无法理依据，又起不到足够的警醒作用，只有助长继承人隐匿遗产、损害遗产债权人利益的行为。

（3）没有对接受和放弃继承规定明确的期限。我国采取直接继承制度，即从继承一开始，被继承人的财产权利和义务就概括地转归继承人。这意味着被继承人的债权由继承人收取，债务由继承人承担，被继承人的债权人只能向继承人行使权利，债务人只能向继承人清偿债务。这就必然要求在一个合理的期限内使继承关系稳定下来，以便尽快了解被继承人所遗留的债权债务关系。

我国《继承法》第25条第1款规定："继承开始后，继承人放弃继承的，应当在遗产处理前，作出放弃继承的表示……"也就是说，自继承开始后，在遗产分割前，继承人都可以放弃继承。由此可以看出，我国法律没有规定遗产分割的期限。

这种规定的弊端在于：一是不利于遗产的管理和利用；二是影

响债权人行使权利，不利于对债权人利益的保护。① 而且继承关系长期不确定也是滋生继承纠纷的重要原因。

共同继承人可以长期共同对遗产进行占有、使用和收益，而迟迟不予以分割，一旦继承人的债权人或被继承人的债权人起诉，马上申明放弃继承，从而使财产关系极不稳定，对于财产关系的安全和交易安全的保护都极为不利。况且，在共同继承情形下，按照遗产共有的一般原理，各继承人之间对外承担连带责任，在有遗产致人损害的情况下，继承人可通过放弃继承这一具有溯及力的方式来逃避债务。尽管《继承法意见》第46条规定："继承人因放弃继承权，致其不能履行法定义务的，放弃继承权的行为无效。"但在实际中无疑会增加受害人的诉讼负担。

此外，《继承法意见》第47条规定，继承人放弃继承应当以书面形式向其他继承人表示。用口头方式表示放弃继承，本人承认，或有其他充分证据证明的，也应当认定其有效。就该条规定而言，继承人仅向其他继承人为放弃的意思表示缺乏公信力，其他债权人很难知悉或不能及时知悉，对债权人利益的保护极为不利。

2. 关于遗产和遗产债务的界定

遗产和遗产债务的界定，不仅直接涉及遗产清偿能力及特定债权能否受偿，且关乎其他继承制度的设计。

（1）遗产范围的定位不能反映现实。第一，1985年，我国正处于改革开放的初期，社会生产力发展水平并不是很高，人民的生活水平较低，继承法的目的也仅局限于家庭生产职能的延续和保证家庭成员最基本的生活需要，实现家庭养老育幼的功能。根据现行《继承法》第3条的规定，可以看出遗产的范围存在着财产类型的严重缺失。当时的遗产大多指公民的生活资料，如房屋、林木和生

① 此外，现行制度下，继承人单独放弃继承权，是否损害配偶另一方的利益仁智各见，由此而引发的纠纷逐渐增多。参见李刚：《论夫妻一方婚内单独放弃继承的效力》，载《广西政法管理干部学院学报》2011年第4期。

活用品等。现在，公民的个人合法财产大大增加，与继承法通过时的情况已有很大的不同。例如，商标权，现在可为个人所有；各种有价证券也已成为公民重要的财产类型。宪法明确保护公民的私有财产，公民所有的生产资料也极少限制。尽管继承法有兜底性的“法律允许公民所有的生产资料”和“公民的其他合法财产”属于遗产的规定，但显然与法律的明确性、稳定性相悖，不利于法律的正确实施。

第二，我国长期存在“继承”和“分家析产”二者不分的习惯，其实质就是重要财产要在儿子之间平均分配。如若长子结婚时已从父母处得到房子，而次子尚未结婚的，父母死亡时长子便不可能与次子同样分得遗产份额。在我国现阶段，为贯彻继承法中有关权利平等的原则，维护继承人之间的公平，有必要在立法上承认归扣制度，以真正实现民法的价值与功能。

作为一种体现平等原则的民法制度，归扣的主要法理特征表现在其继承权性质之中。同所有的继承制度一样，归扣也是一种继承权权利的体现。继承权是一种财产权，它实现的是被继承人的财产所有权的转移，这种转移是财产所有权一种合法的延伸或继续，而这种延续的实质，就是公平。公平与平等是民法调整的一切财产关系的共性，我国现行《继承法》第 9 条也明确将平等规定于其中。如若继承权利的实现不能以平等作为核心，那么该权利将无实现的实体可能性。由于归扣的基本宗旨和功能均在于维护继承人之间分配遗产的公平，让每个有权参与继承的人完整充分地实现其继承权利，不至于因被继承人的财产因时间前后的多次分割而部分剥夺或削弱某些继承人的权利资格，造成实际上的不平等。因此，归扣制度作为遗产分配制度上的有效“补救措施”，使得继承权的实质得以更完整地体现。①

第三，我国继承法对遗产范围的界定采用的是概括规定与列举并用的立法方式，此种立法技术，是与立法当时我国公民生活水平不高，私有财产较少的社会现实相适应的。但自改革开放以来，随着人们所享有的物质资料的范围日益扩大，新的财产类型不断出现，以列举的方式将难以穷尽遗产的范围。

第四，我国继承法不承认遗产的非法人财团的主体地位。被继承人死亡后，遗产的所有权就归继承人享有。如果继承人是一人，则该继承人单独享有遗产的所有权；如果是数人，则继承人对遗产享有共同共有权。照此逻辑推理，即承认单独享有所有权，当然可以任意处分该遗产；即使享有共同共有权，继承人之间也可以随时进行分割。继承人作为所有权人，没有义务考虑遗产上债权人的利益，自然也就没有通知债权人的义务。在死者的债权人难以知悉遗产具体状况的情况下，继承人享有权利却不承担相应的义务，② 债权人的保护情况可想而知。

（2）遗产债务的范围没有明确界定。债权人利益保护问题从根本上说是一个社会经济秩序问题。这个问题存在于社会经济生活的各个领域。随着财产继承制度的确立，其在财产继承领域表现尤为突出。继承制度不仅是保护继承人的利益的制度，而且是保护被继承人的债权人的利益的制度。遗产债务范围的确定在这里起着重要作用。

---

① 大多数学者认为，归扣制度平衡继承人之间的利益分配，维护彼此的公平与平等；但也有人对此质疑，认为归扣制度无法完好解决继承人之间的利益失衡问题，与现行制度存在冲突。参见张华贵：《财产归扣制度研究》，载《现代法学》2006 年第 4 期；张平华、刘耀东：《遗产分割中的归扣制度研究》，载《法学论坛》2009 年第 1 期；沈星：《也谈归扣制度——兼论我国是否应当引入归扣制度》，载《学术论坛》2008 年第 1 期。

② 我国继承法除了规定知道被继承人死亡的继承人负有通知义务和占有遗产的继承人负有保管义务外，基本没有什么其他义务。

我国现行继承法律制度对遗产债务的范围没有明确界定，立法的缺失导致实践的混乱。例如，某甲生病住院，后因医治无效死亡，与医院结算时，某甲尚欠医疗费3000余元，该债务是某甲和医院因医疗合同行为所产生的债务，按理应从遗产中支付，但如果遗产不够支付，所欠的剩余费用该如何处理？是医院自认倒霉还是应该由其子女偿还？我国婚姻法规定子女有赡养父母的义务，如剩余的医疗费不再支付，那么子女履行赡养义务又如何体现呢？出现上述问题的根源在于我国对遗产应负担的债务及应支出的费用未作明确规制。这样就有可能导致遗产负担的非必要增加，从而损害债权人利益。①

3. 关于遗产的处理

遗产的处理，是指自继承开始至遗产分割给继承人之前，负有保管责任的人对遗产进行的分割、保藏和管理。这一阶段的设计，对保护继承人、受遗赠人及被继承人的债权人的合法权益具有重要的意义。

（1）遗产的分配时间没有规制。我国现行继承法对遗产分配的时间没有规制，也就意味着遗产可以长期不予以分割。如此规定，会产生以下消极后果：

第一，继承开始后可以先偿还债务后分配遗产，也可以先分配遗产后偿还债务。而恰恰是后者容易造成继承人固有财产与所继承遗产的混淆，造成债务清偿问题的复杂化。

第二，如果两人或多人对同一个财产共有所有权，按共有制度的原则，在处分这些财产时需要其他共有人的同意，势必影响财产的流通速度；此外，由于缺乏有效的约束，前列的共有常常处于产权登记长期维持于被继承人死亡时的状态，即只是法律上、事实上的共有，却没有予以登记公示（不动产及需要予以登记的其他财产），这必然会十分不利于交易安全的维护。

---

①　卢文锋：《论遗产债权的法律保护》，安徽大学2003年硕士学位论文。

（2）遗产管理制度规定得非常简单。根据现行继承法之规定，在遗产分割之前，遗产占有人作为遗产的保管人。遗产占有人包括继承人以及继承人以外的人。这种保管仅仅是事实保管，保管人除了事实保管之外，没有其他继承法上的责任，基于遗产所产生的权利、义务关系也就无法界定。这样，对遗产的管理也就流于形式，很容易造成遗产被私分、转移或者隐匿，以及遗产的部分或全部因无人管理或管理不善而损坏、被盗或灭失等情况的发生。特别是在被继承人死亡后，继承人、受遗赠人、遗产债权人等与遗产有利害关系的人都不在遗产所在地时，遗产就更容易受到损害。当然，遗产中的不动产是无法隐匿、盗窃的，但是，处于遗产所在地的继承人可以采取先占取得，造成已经居住的事实，这样也给清偿遗产债务、分割遗产造成困难。

随着社会经济的发展，建立专门的遗产管理制度已显得非常必要：

第一，遗产本身的复杂性需要专门的人来管理。社会的发展使得遗产的范围越来越大，不仅包括简单的静态财产，而且还包括大量的处于经营过程中的动态财产。作为遗产继承人不一定掌握其运作规则，也不可能完全抛开自己原来的生活和工作而完全投入到遗产的管理和分配中去。这样就不利于遗产的管理，不利于遗产的保值增值，从而造成财富的浪费。

第二，遗产管理人制度有利于限定继承原则的贯彻、实施。一方面，遗产管理人吸收了作为遗产的共有人的继承人对遗产的管理、处分权；[1] 未经遗产管理人同意，任何继承人不得进行有损于遗产价值的使用、收益和处分。这也避免了继承人隐匿、转移遗产的可能。另一方面，遗产管理人需要编制遗产清册，由此可达到公

① 遗产管理人制度的设立并不会改变当然继承的局面，遗产管理人只是享有对遗产的管理权，遗产所有权仍在继承开始时即归继承人所有。参见王利明：《中国民法典学者建议稿及立法理由》，法律出版社2005年版，第488页。

示遗产范围，避免遗产与继承人的财产混同。

第三，继承开始后，遗产的清理、继承人资格的确认、遗产债务的清偿及遗产分配中应遵循的原则和应注意的问题，没有具有专门法律知识的人介入，很难使这些问题得到合法的解决，为将来诉讼纷争的发生埋下了隐患。设立遗产管理人，可以妥善地解决上述问题。

4. 关于遗产债务清偿体系

（1）我国继承法未规定遗产债务的清偿时间问题。在遗产债务清偿时间的问题上，许多国家的法律都有具体的规定。例如，《德国民法典》第2014条规定："继承人在继承开始后经过三个月以前，有权拒绝清偿遗产债务，但在编制遗产清册后，不在此限。"该法第2015条规定："继承人已提出申请在继承开始后一年内颁发公示催告遗产债权人，而该申请已得到批准者，继承人有权拒绝在公示催告终结前清偿债务。"《日本民法典》第928条规定："限定继承人在公告期间届满前，可以对继承债权人及受遗赠人拒绝清偿。"《瑞士民法典》第586条也规定："在制作财产清单期间，不得要求继承人履行被继承人的债务。"从这些规定可以看出，各国对遗产债务的清偿时间有所限制，赋予继承人在一定期间内有拒绝清偿债务的权利，这种规定是合理的，有利于保护继承人和全体债权人的利益，防止出现不公平的现象。

我国继承法上没有关于遗产债务的清偿时间的规定。我国司法实践中一般采取以下两种做法：第一种是首先清偿被继承人的全部债务，清偿全部债务以后，才能将剩余的遗产转归继承人或在继承人之间进行分配；第二种是，如果不能在遗产分割前清偿债务，则在遗产分割后，根据各继承人所继承遗产的多少，由各继承人按比例承担。

对于第二种做法，极易产生弊端。其一，在债权人有数人的情况下，究竟哪个债权人的债权由哪个继承人负责清偿不明确；其二，当生活困难的继承人已经花完其继承得来的那份遗产而无偿债能力时，会给债务的清偿带来不必要的麻烦，极有可能损害债权人的利益。

（2）我国继承法未规定清理遗产债务的公告制度。在被继承人没有负债的情况下，当然就没有必要进行清理遗产债务的公告。此外，如果被继承人的遗产数额足以清偿其债务，而且其合法继承人又是唯一的继承人，在这种情况下，债权人只要不违反法定时效制度，继承人均应返还债务。因此，继承人是否在被继承人死后进行清理遗产债务的公告，可由其本人根据情况需要而定。但是，当继承人有数人，且他们不知道被继承人生前是否负有债务时，如果不及时发出清理被继承人债务的公告，被继承人的债权人可能由于不知道被继承人死亡而不能及时申报自己的债权。在这种情况下，倘若仓促分割或处理遗产，可能会引起许多原本可以避免的麻烦，特别是继承人或受遗赠人将分得的或受领的遗产花用完毕而且又无力退还的情况下，更会直接损害债权人的利益。

（3）我国继承法未规定遗产债务的清偿方法。我国继承法对遗产债务应当如何清偿问题未作明确的规定。我国在司法实践中通常有两种做法：一是总体清偿，即在遗产分割之前，先行取出与被继承人所遗债务价值相当之物，交付给债权人，继承人再按比例就剩余财产进行分割。此种方式适用于分割前已享有债权的债权人，债权额已明确的情况下，其最为简便明了。二是分别清偿，指由各共同继承人在各自实际所得的遗产范围内，按比例对债权人分别偿付，各继承人对债权人的债权清偿负连带责任。这种方式较为烦琐，但对继承债权人的保护较为周全。

（4）多种遗产转移方式并存时对遗产债务的清偿责任分配不合理。我国现行继承法是以主体为标准划分遗嘱继承和遗赠的。[①]《继承法意见》第62条规定："遗产已被分割而未清偿债务时，如

① 在遗嘱继承中，接受遗嘱继承权的主体只能是法定继承人范围内的人；而在遗赠中，接受遗赠的主体只能是国家、集体或法定继承人以外的人。

有法定继承又有遗嘱继承和遗赠的，首先由法定继承人用其所得遗产清偿债务；不足清偿时，剩余的债务由遗嘱继承人和受遗赠人按比例用所得遗产偿还；如果只有遗嘱继承和遗赠的，由遗嘱继承人和受遗赠人按比例用所得遗产偿还。”解读此规定，我们不难看出，在遗产债务的清偿责任上，我国现行继承立法将法定继承人与遗嘱继承人区别对待，而将遗嘱继承人与受遗赠人等同视之。

笔者认为，此规定混淆了遗嘱继承人和受遗赠人的法律地位，造成了遗嘱继承人的“特权”。二者不仅主体范围不同，而且法律地位也不同。遗嘱继承人具有与法定继承人相同的法律地位，在继承中同样要管理遗产、清偿遗产债务；而受遗赠人则与被继承人的债权人的法律地位相同，所谓的“承担义务”是从其在被继承人的债权人之后受偿这一角度而言的。遗赠本质上属于遗产上的负担之一，应包括在遗产债务之中，但只有清偿完其他的遗产债务才能向受遗赠人交付遗赠，如果遗产不足以清偿其他的遗产债务，就不可能交付遗赠，法律对此应有明确的规定。

5. 关于遗产之债的保全

在现行法律制度之下，如果被继承人生前或继承人的行为已经或有可能损害债权人的利益，遗产债权人缺乏有效的救济手段。

(1) 对于被继承人生前行为，造成被继承人遗产的实际价值不足以清偿其债务而损害债权人利益的情况，我国继承法没有相应的规定加以规制。被继承人生前对自己所拥有财产的多少以及自己对外所欠债务的多少一般来说是比较清楚的，当其拥有的财产不足以清偿所欠的债务，而且意识到自己将不久于人世时，并且清楚他死后，他对外所欠债务的清偿以其所遗留的遗产的实际价值为限，如此，我们不能排除被继承人生前通过危及债权人债权的行为来逃避债务的可能性，在现实生活中，此种现象也时有发生。有人也许会提出异议，被继承人他怎么能够知道自己什么时候不久于人世呢？笔者认为这是完全有可能的，即使在医疗水平欠发达的偏远地区，死者一般也是能够预见到自己将不久于人世，而将其亲属召集在一起安排自己的后事。[1]

（2）对于被继承人死后继承人危及遗产债权人利益的行为，我国继承法没有相应的规定加以规制。绝大多数的国家规定，被继承人死亡必须进行公告，债权人在公告期限内申报债权，逾期不报明债权的，视为放弃债权。在公告期内，继承人不得对被继承人的任何债权人偿还债务。同时还规定了遗产债务的清偿顺序，以此保证各债权人的公平受偿。在我国，由于立法设计的缺失，导致被继承人死后继承人清偿其自身债务、怠于行使遗产债权或对个别遗产债权人清偿而危及其他债权人的情况时有发生，不仅使债权人遭受严重损失，而且也严重破坏社会经济秩序。

我国现行的有关遗产债务法律制度是建立在将债务人假想成一个完美的道德主义者的基础之上的。但是，一旦债务人在道德上显得不完美时，法律为债权人设计的保护框架就会坍塌。于此，法律不仅要规定“应该怎样”，还必须考虑到“如果不这样又如何”，“因为所有这些被承认的权利在某种程度上或在某些时刻可能发生冲突。对法律活动来说，也许重要的不是承认权利，而在于如何恰当地配置权利，并因此给予恰当的救济”。[2] 所以救济手段是法律规范不可或缺的重要部分，否则，之前的规定没有落脚点，至多是一种法律宣言。

（二）相关程序制度设计的缺位使遗产债权人失去行使权利的条件

1. 关于遗产债权人行使诉权的规定

英美法系国家采间接继承制度，继承开始后，由遗产管理人管理遗产，在交纳税款、清偿债务、执行遗赠后，依法或依照遗嘱分配遗产，故不存在债权人提起诉讼问题。大陆法系国家，继承开始

① 龙英锋：《从我国遗产的限定继承谈个人破产的设想》，载《政法学习》2004年第4期。

② 苏力：《法治及其本土资源》，中国政法大学出版社1996年版，第182页。

后，有一个承认或抛弃的期限，即承认虽然原则上要继承被继承人之债务，但在上述考虑期限内，一般不得以继承人为被告主张权利。

我国《继承法》第33条规定："继承遗产应当清偿被继承人依法应当缴纳的税款和债务……"这一规定与我国民法的权利义务一致原则相适应。但在现实中，继承人享有法律赋予权利的同时，经常发生将作为一个整体的权利和义务关系分割开，对债务人以欠款人已经死亡等种种借口拒绝履行清偿义务。

人民法院应如何从诉讼程序上和实体上保护债权人合法债权并实现之，应当是司法中予以重视的课题。我国现行继承法及诉讼法没有对遗产债权人如何行使诉权作出具体规定，在实践中，不可避免地使法院处于尴尬的地位。

2. 关于遗产债务清偿的特殊程序性规定

（1）没有完善的遗产清算制度。在单纯承认下，被继承人的地位由继承人承继，从而使遗产与继承人之财产发生混同，继承人须对遗产债务承担无限责任，故无对遗产进行清算的必要。与单纯承认不同，限定承认产生两项极具意义之法律效果：其一，继承人责任之限制，即继承人仅以其所受遗产承担债务清偿的有限责任；其二，继承人固有财产与遗产之分离，即遗产于继承人固有财产具有同等独立之法律地位，两者不发生混同。故在限定继承下，对遗产进行清算，既是保障继承人承担有限责任的基础，也是保护遗产债权人之公平受偿权及债权之一般担保不被侵吞的重要措施。在继承人旷缺情况下，国家作为最后顺序之法定继承人承受遗产，承担的亦为有限责任，其实质与限定继承相同，因此同样有为遗产清算之必要。综上，限定继承乃启动遗产清算程序之必要前提。我国现行继承法以限定继承为原则，不承认所谓单纯承人及相对应之无限继承。故在他国立法上仅于限定承认下存在之遗产清算，在我国则应为遗产处理之必经程序。不过，我国现行法有关遗产清算的规定过于简陋，难以应付日渐复杂的财产继承关系，对其完善已是当务之急。

（2）没有遗产破产制度。遗产破产是一种法定的清偿债务的手段。当遗产不足清偿债务时，如何分配遗产，如何满足多个债权人公平受偿的要求，如果没有法律上的特别规定，一般的民事诉讼执行程序，难以解决这样的问题。在国外的遗产破产制度已经很完善的情况下，中国却还没有建立遗产破产制度。尽管继承法规定了限定继承原则，但却没有对该原则的实施程序加以明确，从而导致遗产上的债权人利益、受遗赠人以及非占有遗产的继承人的利益受到损害。如果确认遗产的主体地位，承认遗产具有破产能力，则基于遗产所发生的利害关系人的地位可以确定，其可以通过正当程序行使权利。例如，当遗产数额不够抵偿债务额时，死者债权人可以通过申请宣布遗产破产，促使遗产完全脱离继承人的控制，遗产因此得到最大限度的保全。如果被继承人实施生前侵权行为从而导致遗产数额降低不能抵偿债务时，债权人同样可以向法院请求宣告遗产破产，死者生前的某些行为将自动失效，死者非法处分的财产也将被追回，这样就可以有效地防范和制止生前侵权行为。

（3）没有规定遗产债务的清偿顺序。当一笔财产上有多项债权同时存在时，哪一项应优先受偿，哪一项应次之，这对保障债权人的利益是相当重要的。

法律的可操作性在于一方面它符合社会的习惯、需要，另一方面它切实具体。最高人民法院的司法解释要求结合原《民事诉讼法（试行）》第180条的规定来清偿债务。而现行《民事诉讼法》第180条为审判监督程序的规定，遗产债务的清偿顺序已变得无法可依。这样局面的一个直接后果是，为保护债权人利益得以实现的“债务清偿优先”的规定不能实现，法律权威性受损。

二、我国遗产债务法律制度缺憾之原因解读

（一）当时社会生产力水平的制约

社会制度“是人类活动有组织的体系。任何社会制度都针对

一种基本需要；在一合作的事务上和永久集团的一群人中，有它特具的一套规律及技术；任何社会制度都建筑在一套物质的基础上，包括环境的一部分及种种文化的设备”。[①]

现行继承法颁行于1985年，在当时计划经济的条件下，遗产债务问题比较少且简单，囿于现实的制约，立法者对未来形势估计不足，自不会考虑遗产债权的保护问题。

（二）立法指导思想的影响

新中国成立后，我国在立法上奉行“易简不宜繁”的指导思想，对法律关系的规制更多是粗线条的勾勒，故对遗产债务相关制度设计的粗糙和遗漏也就显得不足为怪。

（三）继承法理论研究的不足

制定继承法时，我国继承法学的研究尚处于幼稚阶段，不够全面系统。人们只注意了死者之间继承关系的研究，而忽视了对继承人与被继承人的债权人之间关系的研究，最终导致立法者对该问题的忽视。

同一法律关系，由于理论体系之间的悖行带来了现实的矛盾，客观上也造成了遗产债务纠纷的增加。

1. 忽略了继承关系和共有关系的区别

最高人民法院《关于贯彻执行〈中华人民共和国民法通则〉若干问题的意见（试行）》第177条规定：“……继承开始后，继承人未明确表示放弃继承的，视为接受继承，遗产未分割的，即为共同共有。诉讼时效的中止、中断、延长，均适用民法通则的有关规定。”这一规定模糊了继承法律关系和共有法律关系的界限。共有是指两个以上的人对同一项财产共同享有一个所有权的一种法律关系，即一物所有权同时为数人共同享有的法律状态。共有的客体是特定的同一项财产。共有人对作为客体的财产享有的是占有、使

① ［英］B. 马林诺斯基：《文化论》，费孝通译，商务印书馆1940年版，第17页。

用、收益、处分的权利。共有的内容包含对内、对外双重权利义务关系，共有人无论对内或对外行使权利时并非完全独立，要受其他共有人利益的制约，须体现全体共有人的意志。

《继承法意见》第49条规定："继承人放弃继承的意思表示，应当在继承开始后、遗产分割前作出……"该意见第51条规定："放弃继承的效力，追溯到继承开始的时间。"即在遗产分割前，继承人放弃继承可以不受其他继承人的限制，是继承人享有的一种单方权利，不须承担义务。这与共有关系中共有人对内、对外双重权利义务关系，受其他共有人的制约、体现全体共有人的意志有着巨大的不同。这种模糊带来的不仅是理论的混乱，而且使继承纠纷人为地增加。

2. 对于继承开始以后、遗产分割之前的权利性质认识不统一

我国《继承法》第25条规定："继承开始后，继承人放弃继承的，应当在遗产处理前，作出放弃继承的表示……"《继承法意见》第49条规定："继承人放弃继承的意思表示，应当在继承开始后、遗产分割前作出。遗产分割后表示放弃的不再是继承权，而是所有权。"

最高人民法院曾做出了关于继承开始时继承人未表示放弃继承遗产、又未分割的可按析产案件处理的批复。[1] 批复（1987年10月17日）在解答江苏省高级人民法院的提问时说："……费翼臣病故后，对属于费翼臣所有的那一份遗产，各继承人都没有表示过放弃继承，根据《继承法》第二十五条第一款的规定，应视为均已接受继承。诉争的房屋应属各继承人共同共有，他们之间为此发生之诉讼，可按析产案件处理，并参照财产来源、管理使用及实际需要等情况，进行具体分割。"

从上述规定不难看出，我国继承法和司法解释承认继承开始以

① 转引自王冬梅、孙传喜：《继承的放弃与债权人撤销权的行使》，载《哈尔滨市委党校学报》2002年第6期。

后、遗产分割之前的权利为既得继承权，而非所有权，也就否认了对抛弃继承行为的撤销权的行使。而批复的指导思想则认为，继承开始之后、遗产分割之前各继承人为共同共有人，财产由各继承人共同共有，也就意味着继承人抛弃继承，实际上是对个人既得财产的处分，债权人得行使撤销权。立法思想的悖行带来了现实的矛盾，客观上也造成了债权人撤销权行使的困难。

第四章　反思与重塑：我国遗产债务法律制度的完善

“如果法律不能充分解决由社会和经济的迅速变化所带来的新型争端，人们就会不再把法律当作社会组织的一个工具加以依赖。”① 法律的生命力在于适用，它必须尊重实践的需要。要充分发挥法律的规范、导向功能，法治建设进程就必须同社会过程本身紧密联系，即法律生活化。“它山之石，可以攻玉。”笔者认为，我们在立足于中国当代实际的情况下，还必须吸收国外先进的法律制度，完善现行继承法中有关遗产债务法律制度的规定。

第一节　遗产债务法律制度的发展态势

“任何一项事业的背后都存在某种决定该项事业发展方向和命运的精神力量。”② “法治表现为制度，却生成于精神。”③ 从深层次上理解，“以人为本”是法治的核心和灵魂。如霍金所言：“一个人应当发挥其潜力，而不管是什么能力，这从客观上来讲是

---

① ［美］罗纳德·德沃金：《认真对待权利》，信春鹰、吴玉章译，中国大百科全书出版社1998年版，“中文序言”第2页。

② ［德］马克斯·韦伯：《新教伦理与资本主义精神》，于晓、陈维纲译，三联书店1997年版，第98页。

③ 尹焕富：《论中国法治的人文基础》，载《江苏警官学院学报》2004年第2期。

‘正确’的。”① 随着科技发展带动下生产力的极大提高和经济组织样式的极大丰富，以及更为宽容的社会学观念和“社会本位”相对于“个人本位”的提升，现代法对遗产债权的保护呈现出以下发展态势。

一、私法自治理念的贯彻

现代社会，法的价值呈现多元化取向，但最为根本的就是立法的价值应当符合自由、民主、人权和法治的精神，符合最大多数人的最大利益，符合人类社会的本质和每个人的生存与发展。“现代法律理论和实践中的最重要划分之一是‘公法’和‘私法’的划分。”我国历史上曾长期实行高度集权的计划经济体制，那时从实质上讲，是不存在具有“真正私法精神”的私法的。尽管存在调整公民与公民之间关系的法律，但却充满了国家意志的干预，当事人的意志自治受到了极大的限制和约束。而市场经济机制的确立，为私法的发展提供了空间。在市场经济背景下，社会划分为公域与私域，表现为政治国家和市民社会二元结构。为了进一步约束国家公共权力，扩大公民个人权利的范围，鼓励和保护人们对个人权利的合法追求，将私法制度作为国家法律制度的基点和支点，具有重要意义。因为，私法的精神主要就表现为平等原则与意思自治原则；如果一种私法不体现这两种原则，那么“它只是形式上的私法，而不是实质上的私法，它只具有私法的躯干，而不具有私法的精神”。② 私法理念的培育和逐渐养成，有利于公民确立主体、人格、权利、平等、自由和责任等权利观念以及民主的、有限的和法治的政府观念，从而更好地体现和实现“依法治国”与“以人为本”的结合。

---

① William E. Hocking，Presentstus of the Philosophy of law and of rights，New haven，1926.

② 王涌：《私权的概念》，法律出版社 1999 年版，第 398 页。

现代继承立法，继承人有权在充分了解遗产状况的基础上，做出概括继承、限定继承或放弃继承的选择，有利于自身利益的保护，体现了当事人意志自由的私法精神。

“义务之负担，不必尽由义务人之意思，法律之任务，亦未必尽在保护个人之权利。为使社会共同生活之增进，法律即强使负担特定之义务，限制或剥夺其某种权利。是之谓社会本位之法制。”① 现代遗产债务立法，在保障当事人意思自由的前提下，也对其权利的行使做出一定的限制。例如，限定继承适用的条件、继承人诈害债权的规制以及遗产债务清偿顺序的设计等，无不体现出对自由意志的合理限制。

二、遗产债务当事人利益保护制度设计的趋同化

法律作为人类自由、公正和秩序等理想的有力保障，其意义已被世界各国普遍认同，不同法律制度的差异渐趋形式化，法律“追求普遍人性的最高发展”的终极目的也正被大家普遍接受。具体到中西方共有的继承领域，基于对人性及人的基本权利的同一确认，不同国家相应的法律规制本身有许多共同之处。

就遗产债务法律制度而言，从世界各国的立法例可以看出，除了英美国家一概以遗产管理制度解决遗产债权人与继承人之间的利益平衡，其他各国大都实行有条件的限定继承，即继承人需发表声明或提交遗产清册，才能够享有限定继承人的权利，如果继承人不依法定程序行事或者有违反诚实信用原则的行为时，法律会将无限继承的责任作为惩罚强加给继承人。同时，为了平衡法律关系，法律往往也赋予遗产债权人一些主动性的权利。这种立法设计，充分发挥了当事人内在的能动性，蕴含着由治达到不治的哲理。

① 梁慧星：《民法总论》，法律出版社 1998 年版，第 37 页。

三、遗产破产制度的引入对遗产债务法律制度的丰富

（一）破产能力之发端

在远古，债权人自力救济盛行而且一般采取人身执行为主的方式。罗马建国440年以后，财产执行制度逐渐建立并获得发展。财产执行之方法采取委付财产的方式。法官可依债权人之请求，发给管财命令，允许债权人占有债务人之全部财产。管财命令应当公布，其他债权人可参加管理债务人的财产，并获得分配。① 此种制度即为后世破产制度之起源。此处管财命令即相当于近日破产宣告，债务人已经获取类似破产能力之资格。

英国在制定成文的破产法以前，法律任凭债权人扣押债务人的财产甚至拘禁债务人。1542年亨利八世颁布《破产条例》，该法规定，凡不能清偿债务而有欺诈行为者，无论是否商人，皆适用该法。自此，英国采用商人破产主义。随着时代演进，1914年的《破产法》适用于自然人破产，而法人破产则适用《公司法》规定。1986年英国颁布《无力偿债法》，将《破产法》的自然人破产与1985年《公司法》中的法人破产合为一体。② 英国对自然人破产能力问题经历了由一般破产主义到商人破产主义再到一般破产主义的转变。美国1800年第一部《联邦破产法》仅适用于商人，1841年第二部《联邦破产法》则建立了非商人的破产程序并采用保护债务人的政策，以后亦同。1807年《法国商法典》为商人破产主义代表。商人破产主义认为依商法规定而为商行为的自然人才有破产能力，其他的自然人不具备此种能力。商人破产主义立法多将破产纳入商法典，以今天的意大利、比利时为典型。商人破产主义立法例在20世纪后发生很大变化，破产法适用开始向非商人拓展。但是，对于自然人的使用仍然非常严格，非商人的法人实体或

---

① 刘冰、韩光印：《论破产清算组的法律地位》，载《法学评论》1995年第3期。

② 王卫国：《破产法》，人民法院出版社1999年版，第30～31页。

许可以适用破产法，而非商人的自然人却仍被排除于适用破产法之外。[①] 值得注意的是，法国1967年修订《破产法》，制定了个人破产程序，从而改商人破产主义为一般破产主义，将破产制度适用于一般自然人。

在制定有个人破产制度的成文法国家中，遗产破产是个人破产的重要组成部分。例如，《法国破产法》第16条（1988年12月30日第1202号法律）规定，商人、手工业者或者农业生产者在停止支付状态下去世的，在其死亡之日起1年内，法庭应继承人的申报或者债权人的申请立案受理遗产破产。法庭也可以在相同期限内依职权或者检察官的申请，再听取已知的继承人意见后或者依法进行传唤后立案受理遗产破产。日本《破产法》第129条规定，不能以继承财产清偿被继承人的债权人及受遗赠人的债务时，法院因申请可以裁定宣告破产。对继承财产有破产申请权的人包括：债权人、继承人、遗产管理人以及遗嘱执行人。英国《破产法》第130条规定，死亡债务人的任何债权人，于债务人生前足以对其提出破产申请的，得依破产法的规定申请破产法院对遗产适用破产程序。[②] 在德国民法典及其破产法的规定中，设有"暂定遗产管理人"，这是在继承事件未确定时，法院应继承人申请所指定的遗产管理人，以便同确定继承时指定的遗产管理人相区别，这种暂定遗产管理人即有破产申请权。[③]

（二）遗产破产之界定

所谓遗产破产，是指被继承人死亡后，若其遗产不足以清偿所欠债务，并且也无继承人继承遗产，或者虽有继承人，但继承人仅为限定继承或全体抛弃继承，或者未抛弃继承的继承人全体均有破

---

① 邹海林：《破产程序和破产法实体程序比较研究》，法律出版社1995年版，第47页。

② 付翠英：《破产法比较研究》，中国人民公安大学出版社2004年版，第130页。

③ 白庆兰：《当代继承制度发展趋势初探》，载《湖南省政法管理干部学院学报》2002年第5期。

产原因，经债权人、继承人、遗产管理人及对遗产有管理权的遗嘱执行人的申请，由法院针对遗产所宣告的破产。

1. 遗产破产与自然人破产的比较

学理上对遗产破产中的破产主体有被继承人说、继承人说、分别说、遗产本身说四种主要观点。[①] “遗产本身说”一般为通说，因为破产宣告的法律后果只及于死者及其生前未获清偿的债权人，在死者不再具有法律关系主体资格的情况下，破产申请人通常被认为拥有相当于代理人或利害关系人的法律地位。另外，遗产破产的破产主体即遗产本身仅具有形式上的法律地位，因而同自然人的破产相比在程序设计上呈现出不同特征：

（1）破产原因不同。遗产的破产原因为“债务超过”，即将其财产总额与债务总额作简单比较，而不是如同自然人那样以“支付不能”为破产原因，后者除资产与负债的比较外，还考虑信誉、技术、能力等“软件”因素。

（2）申请权人不同。自然人破产的申请权人一般仅包括债务人和债权人两方，而遗产破产的申请权人则以多元化为特征，但同时债务人因其死亡而不具有破产申请权。

（3）债权人申请破产所受限制不同。自然人的破产程序中，只要债权人的债权不逾诉讼时效则概有破产申请权，而遗产破产中，债权人的破产申请有一定的期限限制。例如，《德国破产法》第220条规定：“继承接受两年后，遗产债权人无权为破产宣告的申请。”

（4）财团债务的法定范围不同。自然人破产中的财团债务一般仅包括破产费用和破产程序中所产生的债务及其他耗费，而遗产破产中的财团债务则要宽泛得多，除前者外，还包括合乎被继承人身份的丧葬费等。

（5）和解能力不同。自然人除破产能力外还有申请和解的能

① 李永军：《破产法律制度》，中国法制出版社2000年版，第33页。

力和资格，但遗产破产则仅具破产能力而无和解能力。例如，日本1922年《和议法》第12条第2项规定："遗产不得为和议开始之申请。"但是，1935年德国《和解法》则明文规定遗产有和解能力，其破产法第230条也有相同规定。德国立法例与和解预防破产，争取复苏的立法目的是否相悖，学界还有不同意见，笔者认为此非设立遗产破产制度的目的，由谁来承担和解整顿的责任也是难题。当然，如果债权人委员会协议联手整顿，也不失为解决问题的方法。

（6）免责与复权不同。自然人破产后是否免责受制于立法者的政策选择，但遗产破产则除免责外别无选择。复权也是如此。自然人的破产有所谓资格限制、权利限制或人格破产的问题，复权制度因而成为必要；对遗产破产而言则不存在此类问题。① 这是由债务的相对性决定的。债务人（被继承人）死亡后，其所负债务应由其个人遗产承担，遗产破产也只能以其个人财产为限进行分配，继承人本身并不负偿还义务。

2. 遗产破产与法人破产的比较

（1）破产原因不同。如上文所述，遗产的破产原因为"债务超过"；对于法人而言，除"债务超过"外，"支付不能"也被认为是破产的原因。

（2）主体身份的取得不同。遗产和法人在破产法上的主体地位都是法律拟制的结果，但是，遗产破产中遗产本身作为破产主体基本上是从民事程序的角度出发来设计的，② 而法人权利主体身份的获得则是从实体法上拟制的。③

（3）和解能力不同。遗产破产无和解能力；自然人及私法人

① 汤维建：《关于建立我国的个人破产程序制度的构想》，载《政法论坛》1997年第4期。

② 例如，《日本民事诉讼法》第46条。

③ 例如，我国《民法通则》第36条。

有和解能力，至于公法人，其私益色彩浓厚者，应认为具有和解能力。[①]

（4）整顿制度的适用不同。在预防破产的制度体系中，除首先出现的和解制度外，继而在19世纪末20世纪初又出现一种所谓整顿制度。整顿制度体系的建立和完善已经成为法人破产法发展的普遍趋势，但是，整顿制度却不适用于遗产破产。[②]

（三）遗产破产能力之功效

通说认为，继承法律关系的客体是遗产。[③] 但是，对于继承的遗产的所有权何时转移则仁智各见，“死亡说”认为遗产所有权从被继承人死亡时开始转移，[④]“分割说”认为遗产所有权从遗产分割时开始转移。[⑤] 进一步分析，我们会发现，依“死亡说”之观点，意味着不存在遗产的问题或者说遗产只存在于观念之上。因为，如果遗产所有权从被继承人死亡时开始转移，则在其死亡之前不存在遗产，在其死亡之后，继承人分割的是属于自己所有的财产，也非遗产。依“分割说”之观点，意味着在被继承人死亡后遗产分割之前，遗产处于“无主”状态，如果按现行法律之规定，该遗产要么归属于国家、集体，要么根据先占原则取得所有权，这显然不符合继承的客观事实。

基于上述分析，如果把遗产定性为客体，将会产生理论逻辑上的矛盾，使分割之前的遗产不能很好地得到保护，同时也不能很好地保护死者的继承人和债权人的利益。如果把遗产拟制为法律上的

---

① 陈宗荣：《破产法》，三民书局1986年版，第43页。

② 汤维建：《关于建立我国的个人破产程序制度的构想》，载《政法论坛》1997年第4期。

③ 彭万林：《民法学》，中国政法大学出版社1996年版，第694页；郭明瑞、房绍坤：《继承法》，法律出版社1996年版，第54页。

④ 陈苇：《婚姻家庭继承法学》，群众出版社2005年版，第308页。

⑤ 刘心稳：《中国民法学研究述评》，中国政法大学出版社1996年版，第820～821页。

人格，则能够很好地解决上述缺憾。遗产取得法律人格，承认遗产作为主体，赋予其应有的民事权利能力和民事行为能力，可以通过管理人分割遗产、清理债权债务。不仅能够维护死者的真实意思，同时，还可以更好地保护遗产上所产生的继承人、受遗赠人以及其他债权人的利益。尤其是遗产不能清偿死者生前债务的情况下，把遗产作为主体，立法赋予其破产能力，这对于保护继承人以及债权人的利益就显得尤为重要。

第二节　完善我国遗产债务实体制度的思考

一、关于继承的接受与放弃

（一）继承人自由选择权行使之制度设计及依据

1. 继承人自由选择权行使的制度设计

（1）不同阶段继承人自由选择权的行使。关于继承人自由选择权的行使，我们可以分阶段、分情况来探讨：

第一阶段，继承人在被继承人死亡后、遗产分割前可以径直声明放弃继承，也可以对遗产情况予以考察，以做出有利于自己的选择。

第二阶段，继承人如果查明遗产的债权债务情况，可根据这一情况决定直接无限继承或者提交遗产清册申请限定继承，如果不能查明遗产的债权债务情况，可以申请遗产管理。具体来说：其一，如果继承人已查明被继承人的遗产大大超过遗留债务，此时，继承人可以直接取得遗产的所有权，同时承担起清偿被继承人全部债务的责任。其二，如果继承人已查明被继承人的遗留债务超过遗产价值或者两者价值相当，继承人可以选择放弃继承或者选择限定继承，在后一种情况下，继承人须向相关机关提交遗产清册，限制自己的清偿责任。其三，如果继承人无法查明遗产的负债情况，可以选择放弃继承或者选择限定继承，也可以选择遗产管理。

第三个阶段，如果在遗产处理过程中，能够确认遗产价值已不足以清偿全部债务，则应转入遗产破产程序。

（2）继承人行使自由选择权的期限。具体而言，在继承法中应当明确规定继承人选择有限责任继承和无限责任继承、放弃继承的选择期限，这个期限参照其他大陆法系的国家的做法可以确定为2～3个月，自继承人知道或者应当知道自己得继承遗产时起算。放弃继承的意思应以书面形式向实际占有、管理遗产的继承人或遗产清理人表示。超过期限没有表示放弃继承的即视为接受继承。继承人接受继承后，仍可以通过制作遗产清册来限制自己对遗产债务的清偿责任，但不能再放弃继承。在接受继承之后，继承人也可以选择有限责任继承和无限责任继承，在规定的期间内不作出选择的视为无限责任继承。

2. 继承人自由选择权行使制度设之依据

（1）继承人行使自由选择权的意义。古代继承法奉行强制继承原则，即正统继承人（被继承人的男性直系卑亲属）无继承选择权，他必须继承被继承人的法律地位，为被继承人清偿全部债务。即使被继承人未留下任何财产，而只有累累债务，继承人也不能拒绝。至近代以来，家庭观念日渐淡薄，家庭成员逐渐取得独立的民事主体资格，社会以个人为本位，强制继承原则因不符合个人本位的观念而被抛弃，自愿继承原则遂取而代之。自愿继承的核心是承认继承人有继承选择权，并要求其按照自己的选择承担相应的责任。具体而言，继承人行使自由选择权的意义表现在以下几个方面：①

第一，自由选择权的确立有助于保护双方当事人的利益。在无限责任继承下，遗产与继承人的财产发生了混同，而被继承人的债务转变成继承人的债务，由继承人以其继承的财产和固有财产承担

① 杜江涌：《论意思自治原则在继承立法中的贯彻》，载《西华师范大学学报》2005年第1期。

清偿责任。在被继承人的财产状况良好的情况下，继承人选择无限责任继承的方式，可以减少许多在有限继承下的程序成本。在被继承人的财产状况极差，负债累累的情况下，继承人可以选择放弃继承，由按法律规定选定的遗产管理人进行被继承人债务的清偿工作。而在被继承人的财产与债务状况不很明朗的情况下，选择有限继承对于继承人来说，既可以免除被继承人财产资不抵债时以自己固有财产为清偿的风险，又可以不丢弃被继承人财产为清偿后剩余部分的继承权。

由于有限责任继承和放弃继承都是保护继承人利益的制度，因此继承人在选择有限责任继承和放弃继承时必须遵守一定的条件和程序。简言之，这些条件主要是：要在法定期限内进行选择；要保证遗产的独立性和完整性；不得有侵害、隐匿遗产的行为。继承人违反上述要求，即丧失选择有限责任继承和放弃继承的权利，而依法强制其按无限责任继承遗产。其程序主要是，必须以明示的方式向国家主管机关表示有限责任继承或放弃继承的意思，如果选择有限责任继承，还必须递交忠实准确的遗产清册。主管机关一般为遗产法院或家事法院，也有的国家规定为公证处。

很显然，上述条件和程序的规制，保证了被继承人的遗产专用于偿还遗产债务，维护了遗产的动态安全。

第二，自由选择权的确立使继承关系真正成了当事人双方的平等民事关系。自由选择权的确认，使继承人有选择接受继承还是放弃，或继承全部应继份或部分继承部分放弃的权利。对涉及第三人的，第三人有接受和不接受的选择，而法律并没有依职权主动干预，给当事人启动选择程序的机会，契合民事主体地位平等的私法理念。

（2）自由选择权内容之分析。接受与放弃继承的权利属于继承权的必要内容，该内容具备形成权的性质。为了保护各当事人的合法权益，继承关系必须在较短的时间内确定下来，不允许长时间悬而不决。基于此，笔者同意张玉敏教授的观点，认为，放弃继承、接受继承，应当规定在一定的时间内以明示方式予以表示。

上文确定的2～3个月为除斥期间。考虑到继承活动的特殊性，这里的除斥期间与一般的除斥期间有两点不同：其一，一般而言，除斥期间属于不变期间，不发生期间的中止、中断，但大陆法系多数立法承认，接受或放弃继承的期间可以经法院判决延长①；其二，除斥期间是权利的存续期间，一般从权利产生之时开始计算，而这里则从继承人知道或应当知道可以行使继承权时开始。

对于形式要件而言，由于继承权的放弃与全体继承人有着较大的利害关系，故为了慎重起见，也为了举证上的便利，规定放弃的行为为要式行为，需采书面形式。与放弃继承相比，接受继承为常态，且按照我国大陆地区继承传统，继承以有限继承为原则，故在规定的期限内，继承人没有做出放弃继承的意思表示的，则推定为接受继承，对继承人并不会造成侵害，也就是说，承认继承行为可以采口头、书面、推定等多种形式。

（二）概括继承之制度设计及依据

1. 概括继承之制度设计

继承人概括接受继承可以明确作出意思表示，也可以无须作出明确的意思表示，只需规定一个接受或者放弃继承的期限，经过此期限不做任何意思表示的，法律推定为继承人概括接受继承，继承人和被继承人的财产可以混同，遗产债权人直接向继承人主张债权。笔者认为，可用以下条文规定概括继承制度：“继承人向其他继承人或利害关系人作出愿意概括接受继承的意思表示后，即须无限承受被继承人财产上的权利义务。下列情况视为继承人概括接受继承：（一）经过表示放弃继承的期限后继承人未作任何意思表示的；（二）继承人虽已作出限定接受继承或者放弃继承的意思表示，但隐匿遗产的全部或者一部，或者私自消费遗产，或者故意对遗产清册作不实记载。”

---

① 例如，《日本民法典》第915条；《瑞士民法典》第576条之规定。

2. 概括继承制度设计之依据

实行概括继承制度，主要考虑到其在我国存在的可行性：

（1）概括继承是我国的立法传统。我国自古就有概括继承的传统。我国古代，由于家产是家族共同共有的财产，由尊亲属中的长者一人统管，一般家庭成员未经家长许可没有使用、处分家产的权利。当家庭成员死亡时，其遗产仍然属于家庭共同共有，包含在家产之中。只有当大家庭不能再继续维持时，才会分家析产。因此，严格地说，那时个人财产的概念并不明确，家庭成员虽然名义上拥有属于自己份额的财产，但并无财产所有权的具体权能，因而一般的家庭成员在财产上并不具有完全的法律地位，其死后的继承也并不是现代意义上的财产继承。但是，当家庭中的尊亲属死亡后，如果遗留下债务，其直系卑亲属要承担无限清偿责任，也就是通常所说的“父债子还”，中华民国制定的六法全书、民国初年（1912 年）的大理院判例也支持这种继承方式。① 虽然我国现行立法采用普遍的限定继承原则，但在广大的农村地区仍然是按习俗、习惯进行遗产继承，“父债子还”在一定程度上能够维持了一个家庭（家族）的信用程度，俗话说：“有借有还，再借不难。”形象地说明了承认概括继承在我国是存在社会基础的。

（2）我国不具备实行绝对的限定继承的条件。如前所述，限定继承的实行须有相应的配套制度，这些制度大多需要由基层法院参与，这样一来自然会需要相应的司法成本。在我国司法资源不足的情况下，采取绝对的限定继承是不现实的。另外，司法成本的增加也必然带来继承成本的增加，如果遗产数额本身就不大，继承人未必能够或者愿意承受这样的成本。

---

① 刘春茂：《中国民法学·财产继承》，中国人民公安大学出版社 1990 年版，第 557 页。

（三）有条件的限定继承之制度设计及依据

1. 有条件的限定继承之制度设计

（1）选择有条件的限定继承的条件。有限责任继承是保护继承人利益的制度，同时直接涉及债权人的利益，因此，这一制度必须同时起到两方面的作用：一方面保证继承人的固有财产不被强制用于清偿被继承人的债务；另一方面保证被继承人的债权人能够就遗产优先受偿。由此可知，这一制度的核心是确定遗产状况并使之保持独立。如前所述，大陆法系国家实现这一目的的措施是建立遗产清册制度，即继承人如有选择有限责任继承，必须在规定的时间内制作出遗产清册，并提交给主管机关。笔者认为，我国应借鉴这一做法，建立符合我国实际的遗产清册制度。继承人在制作遗产清册时，应邀请公证人员或无利害关系的证人参加，并应做到真实、全面、准确，不得有隐匿不报、虚报债务等损害债权人利益的行为。如发现继承人有上述行为，即应取消其有限责任继承的资格，而强制其按无限责任继承。①（因体例考虑，关于遗产清册的相关内容，笔者在下一部分详述。）

（2）选择有条件的限定继承的期限。我国继承法可考虑规定两个期限：一个是制作遗产清册的期限；一个是选择有限责任继承的期限。制作遗产清册的期限为两个月，从继承人知道或应当知道自己是继承人时起算。如果由于遗产情况复杂等原因不能按期完成遗产清册，可向主管机关申请延长。选择有限责任继承的期限为1个月，从向主管机关提交遗产清册之日起计算。②

（3）主管机关。笔者认为在我国为公证处。

2. 有条件的限定继承制度设计之依据

（1）关于有条件的限定继承的合理性。我国《继承法》第33条规定："继承遗产应当清偿被继承人依法应当缴纳的税款和债

① 张玉敏：《继承法律制度研究》，法律出版社1999年版，第314页。

② 张义华：《财产继承中债权人权利的保护》，载《法律适用》2005年第5期。

务，缴纳税款和清偿债务以他的遗产实际价值为限。超过遗产实际价值部分，继承人自愿偿还的不在此限。”这意味着我国的继承立法在被继承人债务的清偿上，实行的是无条件的限定继承原则，即不管继承人是否明确表示限定接受继承，也不需要编制遗产清册，甚至在继承人已经处分、消费或隐匿财产的情况下，继承人都不会丧失限定继承的权利。如前所述，我国现行无条件的限定继承原则对于继承人而言无疑是有利的，但对于保护债权人的利益却是不利的。因此，为了公平合理地保护遗产债权人的利益，我国继承法应改无条件的限定继承制度为有条件的限定继承制度。

有条件的限定继承的合理性在于：①赋予继承人选择权，由其根据自己的意愿选择一般继承或限定继承。在遗产不足清偿所有债务的情况下，继承人行使此选择权，可以使自己免受被继承人债务所累。②继承人并不当然成为限定继承人。法律赋予继承人选择权的同时，要求继承人在选择作为限定继承人时，须按法定方式、程序在法定期间内进行。否则，其所选择的限定继承无效，法律将推定其选择的是一般继承。这就避免了让债权人始终处于被动地位的不公平。

总的来说，有条件的限定继承优于我国现行之无条件的限定继承，且对于继承人而言只是增加了一些程序，对他们的实体利益并没有多大的影响。引入有条件的限定继承制度可以很好地弥补我国立法之不足。

（2）关于选择有条件的限定继承的期限。遗产清册完成以后，继承人对遗产状况有了全面了解，就可以做出理智的选择。关于选择的期限，德国、日本及我国台湾地区规定，制作遗产清册的期限也就是应做出选择的期限；而法国则规定，遗产清册制作完毕之后，还给继承人 40 天的考虑期限。

笔者认为，法国的规定更为合理。修改我国继承法时可考虑规定两个期限：一个是制作遗产清册的期限；一个是选择有限责任继承的期限。关于制作遗产清册的期限，为了防止因主体空缺对经营活动造成的不利影响，防止继承人转移财产，这个期限应尽可能短一些，一般以两个月为宜，从继承人知道或应当知道自己是继承人时起算。如果由于遗产情况复杂等原因不能按期完成遗产清册，可向主管机关申请延长。至于选择有限责任继承的期限，可考虑为1个月，从向主管机关提交遗产清册之日起计算。①

（3）关于主管机关。主管机关，即接受继承人所提交之遗产清册和继承人所做选择而为意思表示的机关。国外一般规定为遗产法院或家事法院，也有的国家规定为公证处。笔者认为，我国可以由公证处来承担这一工作。因为我国不太可能在普通法院之外再设置专门的继承法院，而现有普通法院的任务已很繁重，无力承担这一任务，而公证处则任务不足；而且制作遗产清册、证明遗产状况这一工作就其性质而言，与公证处的现有业务范围基本相符。

二、关于遗产的界定

（一）遗产范围之制度设计及依据

1. 遗产范围之制度设计

笔者认为，对遗产范围的规定应采用概括规定与排除式相结合的立法方式，即一方面从正面规定“遗产由继承开始时属于被继承人的物、其他财产权利构成”，另一方面，同时规定“与被继承人紧密联系不可分割的权利不能构成遗产”。同时，应采用归扣制度，扩大实质意义上的遗产的范围。

综上，我国遗产的外延应做如下界定：遗产是自然人死亡时遗留的个人合法财产及财产权利，与自然人紧密联系不可分割的权利除外。主要包括：

（1）被继承人遗留的物权：包括所有权、用益物权、担保物权和占有；

（2）被继承人遗留的债权；

---

①　张义华：《财产继承中债权人权利的保护》，载《法律适用》2005年第5期。

(3) 被继承人遗留的知识产权中的财产权益；

(4) 被继承人遗留的有价证券上载有的权利；

(5) 被继承人遗留的股权和合伙权益中的财产权益；

(6) 被继承人生前的特种赠与；

(7) 被继承人遗留的网络虚拟财产；

(8) 被继承人遗留的其他合法财产及权利。

2. 遗产范围制度设计之依据

(1) 关于“自然人”概念的采用。我国现行《继承法》第3条规定：“遗产是公民死亡时遗留的个人合法财产……”从形式上看，似乎“公民”和“自然人”概念等同，而实质上二者在内涵和外延上都不相同。在外延上，公民是指具有中国国籍的，不分民族、种族、性别、宗教信仰、财产状况等都是中国公民；自然人则是指一切具有自然生命形式的，其范围不仅包括中国公民，而且还包括外国公民和无国籍人。在内涵上，公民使用在公法领域，表示一个人所拥有的政治权利或宪法权利；而自然人使用在私法领域，表示一个人所拥有的民事权利。将公民作为私法概念，反映了我国民事生活的某种程度的封闭性，是我国计划体制下国家事务与私人事务不分的产物。随着市场经济体制的建立和逐步完善，确立自然人的民事性质，将有助于我国市民社会的真正发展。

(2) 关于遗产的性质。

①从民众对遗产概念的理解来看，在现实中，老百姓对遗产的理解大都局限于财产上的权利。法律源于生活，最终运用于生活，法律要实现和社会生活的良性互动，不能用一些不通俗的法律概念造成人为的法律障碍，影响法律的正确实施。

②从现行法律的规定来看，我国现行《继承法》第3条明确列举了作为遗产的类型，都是财产权利而非财产义务，此外，继承法的其他条款在使用“遗产”这一法律概念时，也全部是在积极财产意义上使用的。

③从比较法的角度来看，其他国家的继承法也大多在积极意义

上使用遗产这个概念。例如，《德国民法典》第1992条第1款明确规定："人死亡时，他的财产作为一个整体转移于另一个人或数人。"而《德国民法典》意义上的财产只是一个人对所有的全部权利的综合标志，是权利的总和，并不包括一个人的债务，《德国民法典》此处的财产应理解为和"遗产"同义，显然是在积极意义上使用的。《澳门民法典》第1907条规定，遗产包括：以直接交换方式取代遗产中某些财产之财产；转让遗产中之财产所得之价金；以遗产中之金钱或有价物取得之财产；分割遗产前所收到之孳息。

(3）关于遗产的外延。

①关于用益物权。用益物权是一种限制物权，是指在他人之物上设立的，以使用、收益为目的的物权。为实现用益物权的财产性，必须承认用益物权的可继承性。随着物权法的制定，用益物权的完善，用益物权的可继承性应被立法所承认。

此外，解决用益物权可继承性的另一关键是理顺因继承而取得用益物权的程序。这需要区分继承用益物权与因继承而获得用益物权两个阶段对待。按照当然继承原则，被继承人死亡时，遗产即转移至继承人共同共有，这种共有状态可能被维持或分割，在我国用益物权一般需要经过推定的程序才能取得，即承认可以依照继承取得用益物权，但是继承人取得权利后应该依法补办法定的程序，在未经许可之前，继承人也不得转让该权利。在某些情况下，继承人的权利可能会被溯及继承开始而取消。如用益物权人的继承不符合标准，所以尽管继承已经发生，但是可以被依法溯及既往地取消其权利。①

②关于占有。占有是一种人对物的管领事实，是物权制度中不可或缺的一个组成部分。马克思说："私有财产的真正基础即占

① 王利明：《中国民法典学者建议稿及立法理由》，法律出版社2005年版，第538页。

有，是一个事实，是一个不可辩解的事实，而不是权利。只是由于社会赋予实际占有以法律的规定，实际占有才具有合法占有的性质，才具有私有财产的性质。"① 承认占有可以成为遗产，对于稳定现实经济秩序，保护交易安全，促进民事流转，发挥继承回复请求权②制度的作用等方面具有重要作用。

第一，按照所有权、他物权制度的逻辑，对社会的现实占有关系，必须先查明其是否享有所有权或他物权，然后才按照法律的相关规定予以保护。这显然不符合经济、效率的原则，有时甚至难以办到。占有制度则不同，它首先假定现实的占有即为本权的占有，仅为其中少数发生争议的占有关系加以确认、辨识，并因此而做出相应的调整。因而十分有利于现实占有关系，达到维护社会经济秩序的目的。

第二，在现实的商品交易中，商品的占有人就一般而论即被视为有权处分商品之人，按照这种处分获得商品所有权的占有人，只要没有恶意即可受到占有制度的保护，而不至于担心交易的标的受到追及，从而提高经济效益，促进商品经济的发展。③

第三，按照通说，继承人欲行使继承回复请求权，必须承担被继承人生前对于诉争物形成占有这一事实的证明责任，而占有遗产的他人欲免除自己的法律责任，则必须证明自己享有遗产的合法权源。而之所以继承人只需证明被继承人生前占有遗产这一事实的原因在于，占有照样可构成遗产，并可以自动为继承人继承，由此继承人享有正当的诉之利益，是适格的当事人。④

③关于被继承人遗留的债权。债权是民事法律关系中一方当事

---

① 《马克思恩格斯全集》（第1卷），人民出版社1957年版，第382页。

② 继承回复请求权，是指继承人基于继承权，请求法院确认自己的继承人资格，并判令遗产占有人返还遗产的权利，又叫继承诉权、遗产诉权、遗产请求权等。

③ 李开国、张玉敏：《中国民法学》，法律出版社2002年版，第462页。

④ 王利明：《中国民法典学者建议稿及立法理由》，法律出版社2005年版，第472页。

人享有的请求他方当事人为一定行为或不为一定行为的权利。除必须由被继承人亲自享有者外，[①] 无论是现实的债权，还是基于物权和债权而产生的形成权、抗辩权、请求权等，原则上都可以作为遗产由继承人继承。

④关于股东权。股东权是否纳入遗产的范畴，一直是大家争论的问题之一。2005 年 10 月 27 日修订并公布的《公司法》第 76 条规定："自然人股东死亡后，其合法继承人可以继承股东资格；但是，公司章程另有规定的除外。"通过这一规定我们不难看出，立法者将股东权视为财产权，故自然人股东死亡之后，股权得成为可继承的遗产。

就正面观之，股份的财产性决定其可以作为遗产。就反面观之，股东权不是传统民法意义上的人身权，能够满足其作为遗产的限制性要求。[②] 具体理由如下：其一，股东权不是人格权。所谓人格权，是法律赋予民事主体的，作为一个独立的法律人格所必须享有的，且与其主体人身不可分离的权利。人格权的特征之一就在于它是每个人都可自然享有的，并且是与生俱来的，与主体人身须臾不可分离的权利。[③] 相比较而言，股东权并非以权利人自身的人格利益为标的，也并非不得让与或抛弃，因此，股东权在性质上不是人格权。其二，股东权不是身份权。所谓身份权，是指基于民事主体的特定身份而产生的人身权利。即某一主体因特定行为或特定关系而取得某种特定身份时，它才能享有身份权。[④] 股东权不是因股东身份而产生的权利，是因出资拥有公司的股份后所产生的权利。

① 具有人身性质的债权，如被继承人基于房屋租赁合同而享有的承租权；基于委托合同而对受托人享有的权利；第三人享有的人寿保险合同中的受益权等，均不得列入遗产的范畴。

② 王勇华：《有限责任公司股份自由继承的理论基础》，载《法学》2005 年第 10 期。

③ 李开国、张玉敏：《中国民法学》，法律出版社 2002 年版，第 286 页。

④ 李开国、张玉敏：《中国民法学》，法律出版社 2002 年版，第 298 页。

拥有股份、取得股东身份和享有股东权是同时发生的，而不是先有了股东身份而后才产生股东权。[①] 因此，股东权在性质上不是身份权。其三，股东权的社员权性质也难以推导出股权是人身权。因为近代私法上的团体主要依社员意思组成，因此，社员权的发生归根结底取决于个人意思，社员权仍然属于私权。但是，社员权只与社员的资格有联系而与社员个人的人身无关。因此，不能认为社员权为人身权。[②]

明确了股东权的可继承性，我们还必须注意到，有限公司毕竟是人合公司，应尊重其他股东选择合作伙伴的权利，故公司法允许公司章程作出另外的规定。

⑤关于被继承人生前的一般赠与（因体例之需要，笔者在下文详述）。

⑥关于被继承人遗留的网络虚拟财产。何谓网络虚拟财产，理论界对此仁智各见。笔者认为，网络虚拟财产首先必须满足法律调整财产所具有的特征，即具备财产属性：一是能满足人们的需要，必须要有使用价值。二是必须具有稀缺性，不能无限量的存在。三是能够为人力所控制，具有支配性。四是原则上存在于人体之外。同时，网络虚拟财产具有自身的独特性，与法律所调整的物质世界的财产又有所区别。综上所述，可以对网络虚拟财产作如此的定义：网络虚拟财产是与物质世界相对隔离的，以电脑服务器为载体的，存在网络空间的那部分能够与物质世界进行交换的具有价值的以电磁记录的形式保存的数据信息。主要包括：虚拟金币（货币等）；虚拟装备（武器、装甲、药剂等）；虚拟动植物（动植物、

---

① 有人认为，只有具备股东身份才能享有并行使股东权。这种观点可能是看到了设立中的公司“股东”认股和出资之间的时间差，而“股东”认股后就通常以股东称之。但实际上，设立中的公司按照通说应该属于无权利能力之社团，并无社团法人之资格。只有在设立中的公司经过登记注册获得法人资格，才有股东的实际存在。参见王勇华：《有限责任公司股份自由继承的理论基础》，载《法学》2005年第10期。

② 谢怀栻：《论民事权利体系》，载《法学研究》1996年第2期。

盆景等）；虚拟角色（虚拟人，ID 账号）能够与现实生活进行交换的虚拟物品才可以将其认定为网络虚拟财产，而对于那些无法与现实世界进行对接的虚拟物品，因为其本是网络的伴生品，无法与现实生活进行交换，而不能将其纳入到虚拟财产的范围。

网络虚拟财产具有以下特征：其一，取得的合法性：网络虚拟财产的来源必须具有合法性，否则就谈不上给予法律保护。由于虚拟财产是以数据信息的形式进行保存的这一特征，就导致一些网络使用者可能通过“外挂”或者“私服”① 的方式或通过黑客窃取、侵入等方式盗窃、复制、修改虚拟财产的可能，以这种违背诚信和公平的方式取得的网络虚拟财产，当然不能得到法律的保护。其二，表现形式的双重性：网络虚拟财产最显著的特征莫过于它的虚拟性。这个特征将网络虚拟财产与现实财产区分开来。虚拟性主要是指网络虚拟财产是以数字形式存在于网络空间，而并没有占据真实的物理空间。网络虚拟财产必须依托虚拟的网络环境产生，其中网络虚拟游戏装备、货币等还必须依赖于特定的网络游戏而产生，正如有的学者所指出的：“网络虚拟财产首先要满足虚拟的特性，这就意味着网络虚拟财产对网络游戏虚拟环境的依赖性，甚至在某种程度不能脱离网络游戏而存在，当然也正是这一特征使得按照现行的法律难以调整与规范。”② 但是，能够受到法律保护的那部分网络虚拟财产必定是能够与现实社会进行价值转换的。例如，网络游戏中的虚拟装备，可以通过在网络空间中进行买卖，其交易则是通过现实货币所有权转移和网络虚拟物品所有权转让来实现的，从这个层面上来讲，网络虚拟财产具有现实性。因而，网络虚拟财产具有虚拟性和现实性双重特征。其三，存在的期限性：网络虚拟财

① 外挂是指建立在网络游戏服务器与各个玩家的客户端程序之间的自动控制和修改传输数据的程序。私服是指直接从代理商和开发商口中抢客户，用极端优越的条件吸引顾客的非法服务器。

② 赵占领：《论虚拟财产的法律保护》，载《信息网络安全》2004 年第 5 期。

产不是无期限的，而应当是有期限的。网络虚拟财产是网络产品，而网络产品（如网络游戏）是有期限的，网络游戏玩家对网络游戏感到厌倦，可以随时停止某个网络游戏，网络游戏开发商和运营商发现网络游戏的运营成本过高，也可能随时终止某个网络游戏的运营，相伴而生的网络虚拟财产可能随着某个网络产品的消失而终止。网络虚拟财产是由于网络运营商的行为而终止，网络游戏运营商是否承担赔偿责任？财产侵权责任要求网络游戏玩家的加害行为具有违法性，而网络游戏运营商行为是否具有违法性，则要根据网络服务合同约定的内容来定。[①] 其四，交换价值性：网络虚拟财产如果不具备交换价值，就不能说是严格意义上的法律范畴内的财产。网络用户耗费了一定的成本获得网络虚拟财产，其上同样凝结着无差别的一般人类劳动，因而，虚拟财产同样具备价值、使用价值和交换价值，这部分财产由于网络环境具有相对的稳定性而同样相对稳定的存在。[②] 事实上，正是因为网络虚拟财产在市场主体之间分布不均衡以及网络玩家对网络虚拟财产资源的重新分配的要求，网络虚拟财产得以在市场上流转。笔者认为，凡是能够和现实世界进行转换的网络虚拟物品都具有交换价值，都能够纳入到法律所保护的网络虚拟财产的范围。目前，论坛社区给那些经常参与或者发帖次数多、帖子质量高的用户奖励某种“积分”、“牛币”，进而使得用户获得某种权限。有一种观点认为，这类“积分”、“牛币”因为不直接参与到现实世界的交换不具备交换价值，不能获得法律意义上的对网络虚拟财产的保护。[③] 笔者对此持不同意见。因为随着市场经济的日益活跃，市场交易形式的多样化，市场交易的主体的意思自治，交易的内容在传统交易基础上应当有所突破。

---

① 余俊生：《网络虚拟财产法律问题研究》，中国政法大学2008年博士学位论文，第13页。

② 寿步、徐彦冰：《网络游戏虚拟物的财产权保护》，载《中国知识产权报》2005年5月21日第6版。

③ 赵占领：《论虚拟财产的法律保护》，载《信息网络安全》2004年第5期。

因而，对于上述的各种“积分”、“牛币”，如果市场主体与商家对用“积分”购买现实世界的商品形成合意，实现了“积分”、“牛币”价值的现实化，也是对网络“积分”具有交换价值的一种承认。例如，网易126邮箱，给予使用其邮箱的用户以“积分”，并指示用户可以将此类“积分”与特定交易网站进行兑换现实的物品。因此，“积分”、“牛币”只要具有交换价值、使用价值、价值，同样，符合财产的特性，我们同样可以认定其为网络虚拟财产。其五，技术限制性：网络虚拟财产是储存在服务器上的一系列数据形式，即为数字化的信息，必定体现了这类财产形式的技术限制性，网络游戏中的游戏装备具备不同的等级、不同的攻击力、防御力、购买力等，这一切都只不过是网络游戏开发商预先设定好的电子数据信息，这些电子数据一经网络游戏开发商设定，玩家无法通过技术形式改变该网络游戏装备的事先具备的能力，但网络服务商通常为了保障网络游戏的吸引力以及履行和网络游戏开发商的合同义务，通常也不会通过网络技术形式改变这些已经设定的电子数据形式。①

网络虚拟财产符合我国继承法关于遗产的规定：网络虚拟财产归属于网络用户所有；网络虚拟财产是合法的财产，是网络玩家通过合法手段取得受到法律保护的财产；网络虚拟财产是一种非人身性的财产利益，并不是专属于网络玩家的，不具有专属性，因而，当发生网络玩家死亡的法律事实时，网络虚拟财产可以参照我国继承法的相关规定进行继承。

现行法律虽没有明确提出“网络虚拟财产”这一概念，也没有关于网络虚拟财产的明确法律规定，但我国法律体系，不难找到网络虚拟财产继承的法律依据。宪法以及我国民法通则规定并没有将保护的财产范围限定在有形财产的范围之内，此处应当遵守法律

① 石杰：《虚拟财产若干问题的法律研究》，兰州大学2006年民商法学硕士学位论文，第6页。

规范语句文义本身的含义对其作出扩大解释，认定此处的财产也包括无形财产。网络虚拟财产属于无形财产，因而也应当属于宪法和民法通则的保护范围。刑法之规定将电信号码纳入到财产犯罪的对象之中，而电信号码是网络虚拟财产的一种，因而刑法也为网络虚拟财产的法律保护提供了依据。公安部对《关于如何处罚盗用他人网上游戏账号等行为的请示》之批复这一规范性法律文件，明示对盗用他人网络游戏账号行为给予行政处罚，为网络虚拟财产之保护提供了行政法依据。

（二）归扣之制度设计及依据

1. 归扣之制度设计

（1）发生归扣的条件。①须为共同继承人；②须于生前受有特别赠与；③须无扣除之免除情形。

（2）归扣的主体。为现行民法通则规定的享有法定继承权的继承人。

（3）归扣的客体。包括工资、薪金、股票、利息、股息、个体经营户的生产经营所得、劳务报酬、稿费、保险费、因侵权造成伤害的损赔费、财产租赁所得、财产转让所得等。①

下列开支可列入无须归扣的财产：低经济价值的赠与；为扶养未成年子女及配偶、父母或其他继承人所作的开支；为负担家庭生活所作的开支；为子女结婚及安家立业所做的一般性开支或礼品；为子女接受义务教育所做的开支。

除有害于其他继承人之特留份外超过应继份之部分，继承人无

---

① 归扣制度有其特定的调整范围，有些情况看似应适用归扣，但事实上不属于归扣的范围，对于此种情况应加以排除，以免引起混淆：其一，被继承人对其生前之赠与有反对归扣的意思表示；其二，被继承人生前所做出的给付是对待给付；其三，赠与非以向继承人本人的名义做出，如向继承人的配偶、子女或其他人做出。

须归还[1]。

（4）归扣的方法与赠与之价值算定。我国宜采充当计算主义，赠与之价值以赠与时价值计算。

（5）法律责任。继承人如不提交死者生前的赠与财产，可视下列情况处理：①如相应遗产分割时，无其份额或份额不足则依法责令受赠与人执行返还或提交返还多余财产部分；②对于继承人对被继承人及其他继承人的人身、财产和名誉恶意犯罪而判超6个月以上的，虚假的、篡改的遗嘱而判有罪的及其配偶履行抚养义务的，应剥夺其继承权，有扣还义务的并责令其执行返还义务。

2. 归扣制度设计[2]之依据

（1）关于归扣的适用范围。从归扣制度渊源来看，其主要适用于数个继承人共同继承。然而，所谓的共同继承不仅包括数个法定继承人的共同继承，而且也包括数个遗嘱继承人的共同继承，而且也包括数个法定继承人与数个遗嘱继承人的共同继承。对于第一种情形，学者们并无疑义（详见本书第一章之相关阐释）。而对于后两种情形，目前学界论及甚少，故有必要作一梳理。

数个遗嘱继承人共同继承的情形虽不常见，但也不能忽视对其的研究。我们知道，遗嘱继承人既有属于同一继承顺序的，也有属于不同顺序的。前者实质上为法定继承人中的共同继承，易于理解。那么，不同法定继承顺序的法定继承人在依被继承人意思而形成共同继承时，对于他们生前基于赠与而取得的财产，有无归扣的

① 我国台湾地区“民法”无此明文限制，学说意见并不统一，肯定说参见史尚宽：《继承法论》，中国政法大学出版社2000年版，第233页；否定说参见陈棋炎、郭振恭、黄宗乐：《民法继承新论》，三民书局2000年版，第183页。

② 是否应该设立归扣制度，笔者在本书交稿前，就该问题与家人进行了交流。在父母看来，该制度的设立实无必要，理由有三：第一，遗产对继承人而言，本身就是纯获利的性质，本该是“有多少，拿多少”；第二，父母对自己财产的处分有自主决定权，且为必须，如死后遗产分配时还要归扣，与被继承人意志相悖；第三，不可忽视该制度的弊端，用“钱、物”替代“情感”，实无必须与必要。

必要？在此情形下，不必要进行归扣。其原因在于，法律对不同继承顺序的规定是基于血缘关系的亲疏远近而确定的。血缘关系较近的，其继承顺位则愈前；反之，则愈后。更为重要的是，不同继承顺序的法定继承人的权利义务亦不相同。顺位靠前的，与被继承人的权利义务联系密切，这就注定了被继承人生前对其的关心与照顾往往多于顺位靠后的继承人，此时，对他们的生前特殊赠与也就顺理成章，不足为怪。所以，若依被继承人的遗嘱，不同顺序的法定继承人共同继承时，对先顺序的法定继承人基于特殊赠与而取得的财产进行归扣，虽基于公平但势必会违背被继承人的生前意愿。

所谓法定继承人与遗嘱继承人的共同继承，实际上，也就是不同法定继承顺序之间的共同继承。这是因为遗嘱继承人是在法定继承人中由被继承人用遗嘱的方式加以指定而形成的。当然，法定继承人为应召继承人序列时，同一顺序的应召法定继承人中不存在用遗嘱的指定，但存有对遗产份额指定的情形。依前述同样的理由，后顺序的法定继承人无论在实行亲等制或亲系制的立法体例中，与被继承人的联系均较为疏远，故被继承人对先顺序的法定继承人予以特别赠与的财产若让后顺序的法定继承人（即遗嘱继承人）参与继承时进行归扣，无疑会有失公平，所以，此情形也不宜进行归扣。另一种情形，若被继承人生前已给予遗嘱继承人特别赠与，在与法定继承人共同继承时，是否也应当归扣？笔者认为，此种情形应当进行。这是因为，依遗嘱继承人与被继承人的血缘关系而言，遗嘱继承人往往与被继承人的血缘关系较远，也意味着，他们之间的权利义务联系亦不密切。在遗嘱继承人事先通过特别赠与取得被继承人的财产的情形下，又以遗嘱方式让其通过规定的顺序分割遗产，无疑会使其获得双重利益，从而也就造成了法定继承人与遗嘱继承人之间的实质不公平，所以，为了矫正此现象，唯一办法就是对遗嘱继承人已取得的财产进行归扣。与之相同的立法，最典型的莫过于《德国民法典》第2052条规定，被继承人已指定直系卑亲属作为继承人继承其作为法定继承人将获得的财产的，或被继承人已以其相互间处于法定继份相同的关系的方式指定其应继份的，如无其他规定，应认为直系卑亲属应依法负补偿的义务，除非被继承人生前有反对归扣的意思表示。[①]

（2）关于归扣的主体。归扣之义务人为受有此特种赠与之继承人，考虑到法律体系的完整与协调性，应为现行民法通则规定的享有法定继承权的继承人，包括配偶、父母、子女、兄弟姐妹、祖父母和外祖父母等。

（3）关于归扣的客体。

①归扣客体的类型。通常，归扣的标的物可以分为两类：一类限于特殊赠与，即仅对于法律所明确列举的赠与实行归扣，如德国；二是包括遗产或赠与，如日本。我国法律确认归扣的标的物应限于生前特种赠与，不应包括遗赠。因为，在我国现行继承制度中，遗赠是指以遗嘱的形式将个人财产赠给国家、集体或法定继承人以外的人。而归扣制度只适用于共同继承之中，只能从受有财产的共同继承人处归扣，对共同继承人之外的人不能实行归扣，因此，作为法定继承人之外的遗赠受与人所得之遗赠的财产，不作为归扣标的物。

②归扣客体的范围。正确确定归扣客体范围，首先必须坚持被继承人生前意愿优先的原则。按照这一原则，不仅被继承人生前可以明确表示免除归扣的范围，而且不应该扩大归扣的范围，以免严重限制被继承人生前处分财产的自由。其次按照传统习惯及现实国情确定归扣客体范围。这一范围应该包括被继承人因继承人婚嫁、分家、营业[②]时给予的特殊赠与以及超出正常限度的教育、培训开支。其中特殊赠与是归扣的客体较容易理解，需要讨论的是超出正常限度的教育培训开支，我国宪法赋予了公民的义务教育权，因而

---

① 郭丹、王肃元：《归扣制度若干问题探析》，载《哈尔滨工业大学学报（社会科学版）》2004 年第 2 期。

② 参见台湾“民法”第 1173 条。

被继承人对继承人的义务教育年限内的开支不仅不能视为遗产预支，还应该是父母的法定义务。然而为公平起见，超出法定义务的限度，特别是因出国、加入贵族学校等过多的额外教育、培训开支都应该列为归扣的客体。

考虑到社会习俗、死者的经济与社会状况、赠与财产的用途等多方面的因素，低经济价值的赠与；为扶养未成年子女及配偶、父母或其他继承人所作的开支，以及为负担家庭生活所作的开支；为子女结婚及安家立业所做的一般性开支或礼品；为子女接受义务教育所做的开支等可列入无须归扣的财产。

（4）关于归扣的方法与赠与之价值算定。归扣的实行，有两种主义，即原物返还主义与充当计算主义。前者易生返还困难，且易危害财产使用的现有正常秩序。相较而言，以充当计算主义较为科学。对于赠与之价值算定有三种：赠与时、继承开始时与遗产分割时。按照史尚宽先生的观点，如采原物返还主义，则以继承开始时为准较好；如采充当计算主义，则以赠与时为准较好。对此，笔者持赞同观点。

三、关于遗产的管理

（一）遗产管理之制度设计

1. 遗产管理人的选任

（1）由遗嘱执行人担任。遗嘱人可指定遗嘱执行人，也可以委托他人代为指定遗嘱执行人。遗嘱执行人既可以指定一人，也可以指定数人；既可以指定自然人，也可以指定法人；可以是法定继承人，也可以是法定继承人以外的人。遗嘱可以有数份遗嘱，指定不同的遗嘱执行人时，以最后所立遗嘱为准，但数份遗嘱中，如有公证遗嘱的，则应以公证遗嘱为准。

（2）由法定继承人担任。没有遗嘱或遗嘱无效者，继承人为遗产管理人。继承人为多人时，应推选 1 ~ 3 人为遗产管理人，未推选或未能就管理人选达成一致意见的，由全体继承人共同行使遗产管理人的职责，并以多数原则决议。

(3) 由被继承人生前所属单位或住所地的基层组织担任。没有继承人或者继承人下落不明，而遗嘱中又未指定遗嘱执行人的，应以被继承人住所地的居民委员会或村民委员会为遗产管理人。

2. 遗产管理人的资格

遗产管理人须为有行为能力人，未成年人或精神病患者不允许作为遗产管理人。被剥夺政治权利的人，因其特殊身份并不影响其管理遗产的能力与公正性，应当允许其资格，但正处于监禁的除外。

指定继承人之外的人作为遗嘱执行人必须具备两个条件。第一，要有遗嘱人在遗嘱中的指定；第二，被指定的人同意承担遗嘱执行人的义务。遗嘱人用遗嘱指定执行人是单方的法律行为，只要遗嘱人一经指定，即具有法律效力。遗嘱人死亡后，被指定的执行人即可执行遗嘱。

3. 遗产管理人的职责

(1) 遗嘱执行人。遗嘱执行作为遗产管理人时，职责范围主要包括：①遗嘱审查权；②清理登记遗产；③妥善管理和保护遗产并进行必要的处分；④分配遗产。

遗嘱执行人作为遗产管理人时的权利包括：①排除妨碍请求权；②报酬求偿权；③费用偿还请求权；④辞职的权利。

(2) 继承人。继承人作为遗产管理人时，职责范围主要包括：①保管遗产；②清点遗产、制作遗产清单；③公告及通知；④分配遗产。

继承人作为遗产管理人时的权利主要表现为：获取报酬的权利。

(3) 被继承人生前所在地的居民委员会或村民委员会。被继承人生前所在地的居民委员会或村民委员会作为遗产管理人时，其职责同上。

4. 遗产管理职务的终结

当出现下列情状时，遗产管理职务终结：

(1) 遗产分配完毕；

(2) 管理人死亡或丧失行为能力；

(3) 作为管理人的法人破产或终止；

(4) 管理人辞职；

(5) 管理人被解职。

(二) 遗产管理制度设计之依据

1. 关于遗产管理人的选任

遗产管理人制度便于实现遗产管理的连贯性。各国法对遗产管理人的范围均规定得比较宽泛，除无行为能力人、受破产宣告未复权者、被剥夺公权尚未复权者外，[①] 继承人和第三人均可担任遗产管理人。

(1) 关于遗嘱执行人担任遗产管理人。遗嘱执行人制度起源于日耳曼法的中介受托人制度。从弗兰克时代到中世纪，财产的所有权人拥有财产的支配权，得指定他人（即受托人）以本人的名义，为遗产的管理与处分，该他人须为继承人以外之人，此人即为中介受托人。中介受托人的设立目的有三：其一，为向教会赠与财产，达到救济灵魂的目的。因死因赠与为双方的行为，本人不在不能形成赠与，因此有设立中介受托人的必要。其二，在向教会赠与不动产的过程中，通常会举行一定的仪式，称“祭坛上交付”，而赠与人通常是在异地或病重而不能亲自参加，因此也有委托他人的必要。其三，本人为在死后能实现自己的财产依自己的意志进行分配，有委托他人的必要。这就是遗嘱执行人的前身。

罗马法，早在拜占庭帝国时期，允许不特定的贫民或俘虏为继承人或受遗赠人，将其全部财产委托他人为该继承人或受遗赠人而保存，这里的受托人只是起保管遗产的作用，与如今的遗嘱执行人制度相去甚远。只有发展到后来，大陆法国家引进日耳曼法遗嘱执

① 李双元、温世扬：《比较民法学》，武汉大学出版社 1998 年版，第1000 页。

行人制度，才慢慢发展完善起来。[①]

值得注意的是，大陆法的遗嘱执行人是指执行遗嘱的人，这表明遗嘱执行人可由遗嘱指定以外的途径产生，英国法的遗嘱执行人则是遗嘱指定的执行人，只能由遗嘱指定产生，通过其他途径产生的称为遗产管理人。依《德国民法典》第2197～2198条规定，执行人由遗嘱人指定或委托第三人指定，也可经指定一定的补充执行人，还可以授权遗嘱执行人再指定一人或数人为其共同执行人或补充执行人，另外，遗产法院因被继承人以遗嘱的请求，也可为其选任执行人。《瑞士民法典》第517条规定，被继承人得遗嘱指定的一人或数人为遗嘱执行人。《法国民法典》第1025条与瑞士民法规定相同。《日本民法典》第1006～1010条规定由遗嘱人指定或委托第三人指定，无遗嘱执行人或遗嘱执行人出缺时，依利害关系人的请求，由家庭裁判所选任。英国法依其传统，认为遗嘱执行人只能由遗嘱人指定，分为两种：一是明示指定是遗嘱中明确写明的，一是默示指定，即虽没有明确称其为遗嘱执行人，但却委托其受理某些遗嘱执行人职务，如收集遗产，清偿债务与丧葬费用，分配遗产等。在实践中，明示委托与默示委托可能同时并存。

（2）关于法定继承人担任遗产管理人。没有遗嘱或遗嘱无效者，继承人为遗产管理人。主要是基于两方面的考虑：首先，在于继承人与被继承人之间特殊的亲情关系，为遗产管理，应视为其生前义务的延伸；其次，被继承人死亡后，遗产一般为继承人实际管领、控制，其更了解遗产的状况以及遗产债务等相关情况。

（3）关于被继承人生前所属单位或住所地的基层组织担任遗产管理人。从我国实际情况来看，为妥善保全遗产，无遗嘱执行人，也无人承认继承时，亦有必要为遗产设置管理人，并由遗产管理人主导无人继承遗产的全部处理过程。但此项管理职责如交给法院，法院将不胜其烦。因此，笔者认为，结合实际情况，没有继承

① 史尚宽：《继承法论》，五南图书出版公司1980年版，第516～517页。

人或者继承人下落不明，而遗嘱中又未指定遗嘱执行人的，应以被继承人生前所在单位或住所地的居民委员会或村民委员会为遗产管理人。[①]

2. 关于遗产管理人的资格

遗产管理是继承法的重要制度，出于财产安全和责任承担之考量，遗产管理人须为完全民事行为能力人，未成年人或精神病患者[②]不允许作为遗产管理人，这也是世界各国立法之通例。

---

① 由被继承人生前所属单位或住所地的基层组织处理一些公民个人的人身问题，在民法通则中已有规定，如对未成年人与精神病人的监护。《民法通则》第16条规定：未成年人的父母是未成年人的监护人。未成年人的父母已经死亡或者没有监护能力的，由下列人员中有监护能力的人担任监护人：（一）祖父母、外祖父母；（二）兄、姐；（三）关系密切的其他亲属、朋友愿意承担监护责任，经未成年人的父、母的所在单位或者未成年人住所地的居民委员会、村民委员会同意的。对担任监护人有争议的，由未成年人的父、母的所在单位或者未成年人住所地的居民委员会、村民委员会在近亲属中指定。对指定不服提起诉讼的，由人民法院裁决。没有第一款、第二款规定的监护人的，由未成年人的父、母的所在单位或者未成年人住所地的居民委员会、村民委员会或者民政部门担任监护人。

第17条规定：无民事行为能力或者限制民事行为能力的精神病人，由下列人员担任监护人：（一）配偶；（二）父母；（三）成年子女；（四）其他近亲属；（五）关系密切的其他亲属、朋友愿意承担监护责任，经精神病人的所在单位或者住所地的居民委员会、村民委员会同意的。对担任监护人有争议的，由精神病人的所在单位或者住所地的居民委员会、村民委员会在近亲属中指定。对指定不服提起诉讼的，由人民法院裁决。没有第一款规定的监护人的，由精神病人的所在单位或者住所地的居民委员会、村民委员会或者民政部门担任监护人。

② 《民法通则》第11条规定：十八周岁以上的公民是成年人，具有完全民事行为能力，可以独立进行民事活动，是完全民事行为能力人。十六周岁以上不满十八周岁的公民，以自己的劳动收入为主要生活来源的，视为完全民事行为能力人。第12条规定：十周岁以上的未成年人是限制民事行为能力人，可以进行与他的年龄、智力相适应的民事活动；其他民事活动由他的法定代理人代理，或者征得他的法定代理人的同意。不满十周岁的未成年人是无民事行为能力人，由他的法定代理人代理民事活动。第13条规定：不能辨认自己行为的精神病人是无民事行为能力人，由他的法定代理人代理民事活动。不能完全辨认自己行为的精神病人是限制民事行为能力人，可以进行与他的精神健康状况相适应的民事活动；其他民事活动由他的法定代理人代理，或者征得他的法定代理人的同意。

3. 关于遗产管理人的职责

（1）遗嘱执行作为遗产管理人时，职责范围主要包括：

①遗嘱审查。遗嘱执行人要忠实执行遗嘱，就必须首先掌握遗嘱中对各项处分的真实含义以及遗嘱是否真实合法。例如，遗嘱人是否有遗嘱能力，遗嘱是否出于遗嘱人的真实意愿，有无涂改、变换或隐匿等情形，是否给无劳动能力又无生活来源的继承人保留了必要的遗产份额以及是否处置了不属于自己的财产，等等。此外，对遗嘱中所指定的继承人、遗产的数量、遗产的所在地、继承的份额等问题也必须予以明确。

②清理登记遗产。由于遗嘱的订立至遗嘱生效，一般要经过一段较长的时间，在这个过程中，遗嘱中所指定的遗产可能发生变化，或者遗产仍混在夫妻共有财产或家庭共同财产之中，因此需要清理。如果遗产项目较多，有编制清册的必要时，应编制遗产清册，遗产清册中应载明遗嘱人死亡时应属于他的全部遗产的名称、数量、价值、债权和债务的价值，债权人和债务人的姓名。清册应在执行人交付遗产之前或同时交与遗嘱继承人。遗嘱继承人也有权请求执行人编造和交付遗产清册。

③妥善管理和保护遗产。在继承人分割遗产或受领遗赠财物之前，遗嘱执行人应妥善管理和保护遗产，以防止遗产被毁损、灭失等情况的发生。管理和保护遗产，是指管理和保护遗嘱中所处分的遗产，对遗嘱中未作处分的遗产，遗嘱执行人自然无权管理。管理遗产所需的费用，应从遗产中扣除或由继承人承担。

作为遗嘱执行人，若无义务相限制，可能会滥用职务。大陆法各国一般规定“执行人应遵从遗嘱人的意愿管理事务”。英国法则明确遗嘱应负谨慎义务。上述两种说法的本质就是“合理注意义务”。但学者对合理注意义务要求程度说法不一。有的学者认为应以处理自己事务的同一注意为要求，有的认为应以善良管理人为要求。也有的学者主张应分两种情形。若执行人是无偿的，则只是以自己事务的同一注意即可，有报酬的则应尽善良管理人义务，对因自己的故意或过失造成的损失负赔偿责任。

④有限处分权。遗嘱执行人有权对遗嘱所涉及的全部遗产进行有效控制。例如，A. 遗产在其他继承人手中时，遗嘱执行人有要求转移占有的权利，如果遗产有孳息，有权代为收取；B. 被继承人遗留有缺乏劳动能力又没有生活来源的法定继承人或胎儿，而被继承人又没有用遗嘱给他们留下必要的遗产份额或者被继承人遗有债务和欠交的税款时，遗嘱执行人有权为他们保留必要的遗产份额和用遗产替被继承人偿还债务和交纳税款；C. 召集主持继承人会议，根据遗嘱指定的遗产分配原则或者指定的数额分割遗产；D. 将遗嘱中遗赠的财产数额或特定的财物交给受遗赠人等。

⑤按照遗嘱内容将遗产最终分割给遗嘱继承人。遗嘱执行人执行遗嘱，必须按照法律的要求和遗嘱人的意愿，忠实地履行自己的职责，不能随意地改变遗嘱内容。如因其故意或过失给继承人造成损害，应负赔偿责任。遗嘱执行人为执行遗嘱，非因可归责于自己的事由受到损害时，可请求继承人赔偿。遗嘱执行人执行遗嘱所需的执行费，应从遗产中支付。

遗嘱执行人作为遗产管理人时的权利包括：

第一，排除妨碍请求权。遗嘱执行人在执行职务时，任何人(包括继承人在内）不得妨碍和干涉。继承人亦不得处分与遗嘱有关的遗产，这里所谓的“继承人不得处分与遗嘱有关的遗产”，是指未经清算和按遗嘱分割的遗产。如果继承人擅自处分未经分割的遗产或者有妨害遗嘱执行人执行职务的行为，遗嘱执行人有权请求人民法院责令妨碍其执行遗嘱活动的人承担由于其行为而给自己和遗嘱继承人造成财产损失的赔偿责任。

第二，报酬求偿权。我国《继承法》关于遗嘱执行人是否可以收取报酬，未有明确规定。梁慧星教授负责的中国民法典研究课题组起草的《中国民法典：继承编条文建议草案》第60条规定：“遗嘱可以在遗嘱中对遗嘱执行人指定报酬。遗嘱人没有作出上述指定的，遗嘱执行人不得请求报酬。但继承人或者受遗赠人自愿支付报酬的除外。”杨立新教授《在审判实践中怎样理解和掌握〈继承法〉的基本问题》一文中明确指出：“遗嘱执行人为执行遗嘱所支付的必要费用和应得报酬，有权请求继承人偿付，如果继承人拒不偿付，执行人有权变卖遗产，从中得到补偿。”笔者赞同后者的观点。

第三，费用偿还请求权。执行人因执行遗嘱所支出的必要服务费，得从遗产中扣除或向继承人和受益人索取；执行人因执行职务非因自己的过错造成损失的，得向继承人请求赔偿。

第四，辞职的权利。担任遗产管理人需相当之精力及理财经验，如遗产管理人事后发现自己不能胜任时，自应允许其向法院申请辞职。此外，如遗产管理人有其他正当理由时（如疾病、迁徙等）亦可向法院申请辞职。但遗产管理人对法院允许其辞职并与新任遗产管理人交接完毕前造成的损失，仍应负赔偿责任。

（2）继承人作为遗产管理人时，职责范围主要包括以下几个方面：

①保管遗产。遗产管理人应以善良管理人的注意义务，管理遗产。[①] 此项管理职责包括不变更物或权利性质的保存、改良及利用行为，一般不包括处分行为。但为防止遗产的减值或毁损，也应赋予遗产管理人于必要情况下以保全遗产为目的而处分遗产之权利。[②]

遗产管理人在管理遗产时，如认为不采取必要的处分措施不足以保护遗产的，可以采取必要的措施，包括为保存遗产而采取的诸如变卖、修缮等；对被继承人紧急债务和税款的清偿；继续进行必

---

① 史尚宽：《继承法论》，中国政法大学出版社 2000 年版，第 374 页。

② 林秀雄：《民法亲属继承争议问题研究》，五南图书出版公司 1999 年版，第 281 页。

要的营业行为等。[①]

遗产管理人既然于执行职务时应尽善良管理人之注意，故如其违反此项注意义务，给利害关系人造成损失的，自然应承担损害赔偿责任。此外，笔者认为，遗产管理人在遗产处理的顺序、遗产公告及遗产债权的清偿等问题上违反法律规定，对遗产债权人和受遗赠人造成损害的，应当承担赔偿责任。如遗产管理人之行为违反善良管理人之注意义务，有危及遗产安全之虞时，经利害关系人之声请，法院亦得撤换遗产管理人。[②]

②清点遗产、制作遗产清单。遗产管理人对于由其管理或应由其管理的遗产应当进行清点，并登记造册、制作遗产清单，是遗产管理人最主要的任务。[③] 这样做的好处在于：便于遗产管理，防止遗产散失；便于计算遗产的价值及清算移交遗产；便于继承人或利害关系人随时查阅。

③公告及通知。遗产管理人有权也有职责公告通知或个别通知继承人、受遗赠人、死者生前的债权人，以使他们能够继承或者接受遗赠的遗产或能够获得债权的实现。

④分配遗产。包括遗产的分割、遗产债务的清偿等。

遗产管理人的权利主要表现为获取报酬的权利，此项报酬得列入继承费用，优先从遗产中拨付。至于报酬的数额，应根据遗产管

---

① 遗产管理人执行职务时，应尽何种注意义务，我国现行继承法及《建议稿》均无明确规定。学者间有两种意见：一种观点认为，管理人之注意义务应根据其是否受有报酬而有不同标准。受有报酬者，应尽善良管理人之注意义务；无偿任职者，则仅需尽与处理自己事务相同之注意义务。参见戴炎辉、戴东雄：《中国继承法》，三民书局1999年版，第224页。另一种观点认为，不必区分遗产管理人是否受有报酬，一律应以善良管理人之义务执行职务。其注意程度，应与宣告失踪人之财产管理人之注意义务相同。参见史尚宽：《继承法论》，中国政法大学出版社2000年版，第374页。两种学说都有道理，但以后说更为妥当。从立法政策上讲，使遗产管理人负善良管理人之注意义务也更有利于保护遗产权利人的利益。

② 史尚宽：《继承法论》，中国政法大学出版社2000年版，第372页。

③ 陈棋炎：《民法继承新论》，三民书局1998年版，第283页。

理人的工作量及遗产管理人与继承人的亲疏程度确定。一般而言，工作量越大者，报酬越多；与被继承人亲属关系越近者，报酬越少。[①]

（3）被继承人生前所在地的居民委员会或村民委员会作为遗产管理人时，其职责同上。

在这里，还需要注意的一个问题是无继承人出现时剩余财产之移交。

如直至遗产清算完毕，仍无继承人主张继承，且遗产有剩余者，遗产管理人应负责将剩余遗产移交有关部门上缴国库所有；如果死者生前是集体所有制组织成员的，移交所在的集体所有制组织，此点各个国家和地区立法较为一致。[②] 但在国库或其他地方组织取得剩余财产的依据和性质上，各个国家和地区立法与学说不同。有采原始取得说的，如古罗马的先占主义。日本民法及我国台湾地区“民法”虽未明确规定国库基于先占取得剩余财产，但亦认为国库取得剩余财产之性质为原始取得，故遗产上原有之负担，因国库之取得而消灭。[③] 亦有采最后法定继承人说的，如德国、瑞士及法国等多数大陆法系国家。在这些国家，国库或地方组织取得剩余财产是基于其最后顺序法定继承人之地位，故而为继受取得，遗产上原有之负担亦不因国家之取得而消灭，但国库或地方组织仅承担有限责任，并不得拒绝继承。两种学说中，以后说更为简便明了，对于遗产管理人地位的解释亦更为合理，并有利于遗产权利人

---

① 辞任是遗产管理人的自由，但是不放弃继承的法定继承人担任管理人时其不得辞任，以实现其权利、义务的对等。被继承人生前所在地的居民委员会或村民委员会作为遗产管理人时，必定是出现了遗产无人承认的局面，如果允许其辞任，则遗产的处理程序就没有办法启动。加之我国村委会、居委会在基层社会生活中所处的主导地位，故也不应允许其辞任。

② 参见现行《继承法》第 32 条、《日本民法典》第 959 条、《瑞士民法典》第 555 条、《德国民法典》第 1936 条、《意大利民法典》第 586 条、我国台湾地区“民法”第 1185 条。

③ 史尚宽：《继承法论》，中国政法大学出版社 2000 年版，第 383 页。

的保护，故我国继承法以采后说为宜。基于此种理解，在遗产管理人将剩余财产移交国库或集体组织后，遗产债权人及受遗赠人仍得主张权利；移交后出现之继承人，亦可提起继承回复之诉。

4. 关于遗产管理职务的终结

一般说，遗产管理人职务终结的原因有四：一是遗产分配完毕；二是遗产管理人死亡或丧失行为能力；三是遗产管理人辞职；四是遗产管理人被解职。需要说明的是后两种情形。被指定的管理人在就职以前可以拒绝，但在就职后是否可以中途提出辞职呢？日本、德国、韩国都持肯定态度，但对继承人或受益人造成损害的，应承担赔偿责任。英国法则否定了遗产管理人辞职自由。

遗产管理人被解职的原因：一是因为遗产管理人怠于行使其职务；二是因为重大事由的出现。大陆法国家没有明文解释哪些属于重大事由，英国法认为遗产管理人出现如下情形时，属重大事由：破产；被监禁；失去履行职务的能力；性格怪僻；无法查清其下落或出国长期居住；因侵占财物而被通缉。①

四、关于遗产债务清偿体系

（一）遗产债务范围之制度设计及依据

1. 遗产债务范围之制度设计

笔者认为，遗产债务是指被继承人生前因其行为所产生的应当由个人负担的债务和遗产应负担的费用。具体来看，包括以下几个方面：

（1）被继承人所遗留的债务：①合同之债；②侵权、不当得利、无因管理之债；③遗赠之债；④因违法犯罪行为所受之罚款、罚金；⑤因经营所欠国家税款；⑥被继承人生前因其他行为引起的债务。

---

① 张泽传：《两大法系遗嘱执行人制度比较》，载《贵州师范大学学报》2002年第2期。

（2）遗产应负担的费用。遗产应负担的费用，包括继承费用、酌给遗产之债和特留份之债。①

2. 遗产债务范围制度设计之依据

（1）关于无因管理之债的表现形式之一：遗产补偿权。按照我国《继承法》第 14 条规定："对继承人以外的依靠被继承人扶养的缺乏劳动能力又没有生活来源的人，或者继承人以外的对被继承人扶养较多的人，可以分配给他们适当的遗产。"对被继承人扶养较多的非法定继承人，因扶养被继承人受到不应有的损失，被继承人死亡后，有获得适当遗产的权利，这种权利通常被称为获得遗

---

① 有学者认为，遗产应负担的费用还包括遗产税。（参见张力：《遗产债务清偿的顺序》，载《广西社会科学》2003 年第 1 期。）对此，笔者持否定意见。主要理由如下：一、遗产税的负税主体应该是遗产的继受者；二、我国目前不宜征收遗产税。原因在于：对自然人死亡时遗留的财产课税，既非任何人的随意想象或偶发性应激措施，也不是在任何社会历史条件下都有此可能和必要。凡是开征遗产税的国家和地区，在确定这一税收形式和制度时，都应以两个前置性因素为根据，一是现实社会中确实是具备了一定的经济条件、遗产继承的法制环境和比较健全的税收机制，以确保遗产税开征后能够顺利地操作运行；二是现实社会确实有必要开征遗产税，亦即通过利弊分析和价值比较，确认在一定社会条件下，开征遗产税对国家和社会具有多方面的积极作用。客观分析，当前征收遗产税弊大于利：（一）法规、制度的不到位，使遗产税的开征有名无实。遗产税是对财产所有者死亡时遗留财产课征的税种。税源的确定是遗产税征收的关键，而我国目前的客观现实是：1. 全国均未建立起完整的个人收入申报和登记制度，个人收入的来源、主要去向、财产的构成和权属等均不明确；2. 个人财产公证制度尚待落实，个人财产的所有权及产权的转移缺乏有效的法律证明；3. 受传统的"财不外露"观念的影响，个人财产非常隐蔽，遗产数量很难确定；4. 死亡人信息很难及时准确收集，无法保证遗产在计征税前不被分割和转移。（二）遗产税的开征，会加大征管成本，降低税收的效率。遗产税征税成本高，且对征管能力要求也高，在税收征管基础不强、手段不先进、偷漏税现象严重的我国，极可能流于形式。（三）会对富裕群体的心态及私营经济的发展带来一定的负面影响。（四）可能导致资金和人才外流。例如，香港地区已取消遗产税，以避免其带来的消极因素对当地发展的影响。

产补偿权。获得遗产补偿的主体是继承人以外的扶养人，[①] 扶养人获得遗产补偿权的主要条件是对被继承人进行了较多的非法定义务的扶养，主张获得遗产补偿也必须在被继承人死亡之后，但被继承人生存期间，扶养人与被继承人之间已存在可以实现的权利义务关系——无因管理的债权债务关系。扶养人对被扶养人无法定或约定的扶养义务。但扶养人为了维护被继承人的利益进行较多扶养义务，并因此付出了一定的费用和劳动，符合《民法通则》第 93 条的规定，构成无因管理的债权债务关系。扶养人是债权人，有权要求被扶养的被继承人给予必要补偿。被继承人是债务人，有对因扶养自己受损失的扶养人进行必要的补偿。因此，笔者认为，扶养人获得遗产补偿不过是无因管理债务的延续，或者是无因管理债权人的债权实现的特殊形式。

具体而言，扶养人补偿请求权的构成要件是：

第一，须为对被继承人生前尽了较多的扶养义务的人。这里的

① 那么，此处的“继承人”应做何种解释，学者意见不一。有学者认为应解释为“法定继承人”，也有学者认为，这里的“继承人”，是指享有继承既得权的实际继承人，包括法定继承人和遗嘱继承人，而并非指享有继承期待权的期待继承人。笔者赞同这种观点。理由如下：作为享有继承期待权的法定继承人所享有的只是在继承开始后，实际取得遗产的一种希望或资格，其能否取得继承既得权，必须到继承开始时才能最后确定。如果是法定继承，被继承人死亡时，先由第一顺序的法定继承人继承遗产，在没有第一顺序继承人或第一顺序继承人全部放弃或丧失继承权的情况下才由第二顺序的法定继承人继承遗产，否则，第二顺序的法定继承人只能为期待继承人而不能成为实际继承人。同样，在遗嘱继承中，如果遗嘱人将第二顺序法定继承人指定为全部遗产的继承人，那么，第一顺序的法定继承人的期待继承权就不能转化为继承既得权，即不能成为实际继承人。基于上述分析可知，无论是在法定继承中还是在遗嘱继承中，均可能出现是法定继承人却不是实际继承人的情况。那么，如果按照第一种观点，这些人中即使有符合遗产补偿请求权其他构成要件的，但由于是法定继承人，则不能成为请求权人，由此就会出现与被继承人有婚姻关系或有血缘关系的人不能成为请求权人，而与被继承人无上述关系的人却可以在同等条件下获得遗产的奇怪现象，两相比较，其不公平昭然若揭，此结果严重违背了我国继承法的使家庭成员在被继承人死亡后，其生活得到保障，继续实现养老育幼家庭职能的立法宗旨。显然，此“继承人”应解释为取得继承既得权的实际继承人才符合立法本意。

“较多”可以是与继承人所尽义务相比较，扶养人承担的义务较多；也可以是以被继承人的实际需要为标准，扶养人满足了被继承人较多的实际需要，也可以人们的一般观念为标准，扶养人的扶养行为并非偶尔为之，而是一种经常性行为。而扶养人所尽扶养义务的形式，可以表现为经济资助、劳务扶助、生活的照料或精神慰藉等，不能单纯理解为支付一定的财产。而且这种扶养的事实状态不受时间长短的限制，这是因为扶养人的遗产补偿权和被扶养人的酌给遗产权的权利基础及设立目的不同（关于被扶养人的酌给遗产权，笔者将在下文中详述。）赋予扶养人遗产补偿权显然不是单纯为了照顾扶养人的生活或需要，而是应为被扶养人（被继承人）受恩惠在前，那么于其死后，如果继承人对此仅以言辞或情感上的感激予以了结显然不符合社会的公平、法律的正义，我们应当给予乐于助人的公民以法律上的切实保障。正源于此，法律应赋予扶养人以补偿权。

第二，扶养人未受相当的遗赠。也就是说，扶养人未受遗赠或所受遗赠与扶养人对被继承人所尽扶养义务及被继承人所留遗产数额不相当。

扶养人符合以上两个要件即可享有遗产补偿请求权，其份额法律作了与被扶养人相同的原则规定：可以分给他们适当遗产。那么，这种规定是否合理呢？如前所述，扶养人可以分为两种：一种是实际继承人以外的其他法定继承人，其与被继承人之间存在着法律上的权利义务关系，由于其所尽扶养义务比实际继承人多，若其能取得继承权，根据《继承法》第13条规定“可以多分遗产”，那么在扶养人未能成为实际继承人时，法律赋予其遗产补偿权从而获得遗产是完全符合我国继承法权利义务相一致的原则的，也有利于养老育幼原则的贯彻。另一种是法定继承人以外的人，包括被继承人的亲属、同事、朋友等，扶养人对被继承人本不负任何法律上的扶养义务，其对被继承人的扶养完全是尽道德义务，而此时负有法律上扶养义务的继承人或由于实际条件不允许（无扶养能力）

而不能尽扶养义务，或尽了扶养义务但很少；或根本不尽扶养义务，但又未达到丧失继承权的程度，而无任何扶养义务的扶养人却承担了较多的扶养义务，那么，扶养人理所当然地应享有取得遗产的权利，而不是“可以”分得遗产。这才符合人类社会的道德取向和法律价值。因为在任何一种社会形态之下，人际间的互动总是存在的，它是人类社会互助共进的形式之一。在现实生活中，被继承人去世前，往往处于年老、体弱多病的状态中，特别需要赡养和照料，当继承人不承担此义务时，就需要有人主动地对其提供帮助使其摆脱困境，这无疑是符合社会理性的。而扶养人的补偿请求权与其他赋予社会道德要求以法律形式的制度相比，它更接近道德的性质，更具有道德的特征，它完全强调一种帮助他人的自愿，为之可得法律的保护救济，不为之也不会产生于己不利的法律后果。因此，赋予法定继承人以外的扶养人遗产补偿请求权与实现社会公正、正义目标是完全一致的。

扶养人遗产补偿的数额，主要决定于以下两个因素：

第一，扶养人对被扶养人所尽义务的大小。这是确定扶养人酌分遗产数额的决定性因素。这里所说的“义务大小”，应当是综合经济、劳务、精神等几个方面的付出全面考虑。

第二，被继承人遗产的数额。这是决定扶养人酌分遗产数额的另一重要因素。在遗产较多时，可使扶养人分得与其所尽义务相当的遗产份额。否则，在遗产较少时，只能根据实际情况，均衡考量各方当事人的利益，酌情分给扶养人适当的遗产。

（2）关于遗赠之债。我国法律未就遗赠所生效力之性质作明文规定。笔者同意大多数学者的观点，遗赠仅产生债权的效力。受遗赠人在继承开始后，由继承人交付或登记时，才取得遗赠标的物之所有权或其他物权。而且依有偿债权优先于无偿债权的原则，遗赠应居于遗产债权人之后而受偿。且不论是限定继承还是无限继承，继承人都不需以个人固有财产清偿遗赠之债。

（3）关于因违法犯罪行为所受之罚款、罚金。被继承人生前因违法犯罪行为所受之处罚，属于公法上的义务，纵使被继承人死亡，该义务也不归于消灭，依据责任自负的归责原则，应用被继承人的遗产履行公法上的义务。

(4) 关于因经营所欠国家税款。被继承人因经营所欠之税款属于公法上的义务，应用遗产进行清偿。

(5) 关于继承费用。继承费用是指继承过程中所必需的费用。我国台湾“民法”明文规定：“继承费用乃关于遗产管理、分割及执行遗产之费用。”日本民法概括地规定“继承费用为关于继承财产之费用”。

继承费用一般包括以下三项：一为关于遗产管理者，即保存遗产所必要的一切费用，如管理费用、做成财产目录费用、缴纳之税捐、诉讼费用、清偿费用；二为遗产分割的费用；三为遗嘱执行的费用，如遗嘱的提示、告知的费用，以及遗嘱执行人的报酬等。

由于继承费用不仅仅为继承人个人的利益，而且也为了遗产债权人、受遗赠人、遗产酌给请求人等利害关系人的利益，故由继承人独自承担有违公平。如果由利益均沾者共支付，又难以操作，且无此必要，故世界各国的立法都是从遗产中支付遗产费用。

至于丧葬费用，各国均无明文规定。通常情况下，由遗产支付。但如果继承人为限定继承或抛弃继承，无遗产可支付时，继承人得以其个人固有财产予以支付。笔者认为，关于被继承人的殡葬费是否属于被继承人的个人债务，应当区分两种情况：第一种情况，被继承人死亡时，有应当对被继承人履行法定义务人的，被继承人的法定义务人，对被继承人应当履行生养死葬的义务。当被继承人死亡时，法定义务人殡葬被继承人欠下的债务，是法定义务人履行法定义务欠下的个人债务，应由法定义务人偿还，而不是被继承人的债务。具体来说：第一，家事制度是伦理性文化的体现。继承人作为被继承人的近亲属，在婚姻家庭法上负有扶养被继承人的义务，扶养义务在活着的时候，表现为生活上的照料帮助，提供扶养费、赡养费，死亡的时候这个扶养怎么体现呢，就体现为安葬。

据陈苇教授主持的《当代中国民众继承习惯调查实证研究》统计数据表明：认为丧葬父母是子女义务，丧葬费用应由子女全部负担的被调查者，北京有51.4%，重庆有40.6%，山东有56.8%，武汉有40.7%；认为先用父母财产支付，不足部分子女凑钱负担的被调查者，北京有38.4%，重庆有43.6%，山东有35.3%，武汉有43.8%；认为由父母留下的财产负担的被调查者，北京有7.4%，重庆有8.0%，山东有6.7%。武汉有14.6%。[①] 由此可见，我国民众倾向于丧葬父母是为人子女应尽的义务，应由子女承担丧葬费用的观点。第二，有利于债权人利益的保护。尽可能避免信用不良现象的产生。第三，有利于在一定程度上促使丧事简化，移风易俗。第二种情况，被继承人死亡时，被继承人没有法定义务人，殡葬被继承人欠下的债务，应当属于被继承人的个人债务，用被继承人的遗产来清偿。

此外，共同继承人之间可能会发生纠纷，可能会发生诉讼，还会发生一种继承费用就是诉讼费，那么这个诉讼费应该是属于继承费用，由遗产当中支付呢？还是由继承人来承担呢？我们司法实务当中的做法应该由继承人来承担的，而不是由遗产当中支付的。

（6）关于被扶养人的酌给遗产之债[②]。许多国家都规定了酌给遗产制度，我国也不例外。但由于此项规定过于笼统，因而其目前在我国的运用和实现程度并不尽如人意。因此有必要对此进行探讨。

---

① 陈苇主持：《当代中国民众继承习惯调查实证研究》，群众出版社2008年版，第107、288、428、521页。

② 我国《继承法》第14条规定："对继承人以外的依靠被继承人扶养的缺乏劳动能力又没有生活来源的人，或者继承人以外的对被继承人扶养较多的人，可以分给他们适当的遗产。"虽然我国关于酌给遗产权利人的规定也以存在"扶养关系"为前提，但其范围与其他国家的规定有较大差异。在笔者看来，遗产酌给请求权主体为继承人以外的受被继承人扶养的，缺乏劳动能力又无生活来源的人。而继承人以外的对被继承人扶养较多的人应为无因管理之债的请求权主体。

①被扶养人的酌给遗产之债，是指继承人以外的，依靠被继承人生前扶养，缺乏劳动能力又没有生活来源的人，在被继承人死后，依法可以请求分得适当的遗产。其法律含义如下：

第一，被扶养人的酌给遗产之债的权利主体是继承人以外的与被继承人形成某种扶养关系的人。[①] 义务主体为法定继承人。

第二，被扶养人的酌给遗产之债，因其以法律规定的特定事由的存在而发生且以被继承人的遗产为客体，因而属法定遗产债权。

第三，被扶养人的酌给遗产权的取得是基于扶养关系。

第四，酌分权人取得的遗产份额，法律未予以明确，须在实践中依具体情况而定。

②作为法定继承人范围内的被扶养人能够取得酌分遗产请求权必须具备的条件是：

第一，须为被继承人生前持续扶养的人。此构成要件首先强调的是被扶养人有依靠被继承人扶养直到继承开始的事实状态存在。也就是说，被继承人的扶养是被扶养人的主要依靠，这种除被继承人的扶养外，被扶养人别无其他生活依靠的事实状态一直持续到继承开始时。

第二，被扶养人必须具备“双缺乏”条件。既缺乏劳动能力又没有生活来源。受扶养人“缺乏劳动能力”主要有两种情况：一是因为未成年而尚未取得或尚未完全取得劳动能力；二是因为年老、病残等原因丧失或部分丧失劳动能力。“没有生活来源”通常指的是：本人没有收入或收入很低，没有达到当地最低生活保障的标准；没有相当现有财产，即现有财产无法维持生存；无扶养义务人或扶养义务人无力承担扶养义务。符合上述条件的应视为没有生活来源。

缺乏劳动能力和缺乏生活来源这两个条件必须同时具备。法律

① 这里的“继承人”，是指享有继承既得权的实际继承人，包括遗嘱继承人和法定继承人，而并非指享有继承期待权的期待继承人。

对此严格限制的理由是：在法定继承中，第一顺序法定继承人除具有法定丧权事由外当然享有继承权，从而取得遗产。唯有第二顺序法定继承人才可能主张酌分权。而在遗嘱继承中，如果第一顺序法定继承人中有未被指定为遗产继承人且完全符合“双缺”条件，那么依照我国“必留份”制度足以保护他的利益，没有赋予其遗产酌分权的必要。因此，无论是在法定继承中还是在遗嘱继承中，属于法定继承人范围内的被扶养人实际上只能为第二顺序法定继承人，而被继承人一般对其不负扶养义务，只有在法律有特殊规定的情形（《婚姻法》第22条、第23条的规定）下才负此义务。

对于被扶养人是否缺乏劳动能力又没有生活来源，原则上应当以继承开始的时间为判断的时间标准。但从被扶养人的酌分权的设立宗旨看，如果在遗产分割时，被扶养人已经获得或恢复劳动能力或已经获得新的生活来源，原则上即不应再享有遗产酌分权。

第三，被扶养人未受相当遗赠。包括两种情况：一是受扶养人未受遗赠；二是受扶养人所受遗赠数额不相当。至于被继承人对受扶养人所为之遗赠是否相当，则应当从受扶养人维持生活的基本需要和被继承人的遗产数额等方面综合考虑，加以确定。

法定继承人以外的被扶养人能够取得酌分权除需要具备以上三个要件外，笔者认为还应有更严格的特殊要求。被扶养人当然需要有依靠被继承人扶养直到继承开始的事实状态的存在，但此种事实状态是否需达到一定的期限，法律是否应有严格界定。由于我国继承法无明文规定，因此，有学者认为：“这种扶养是无条件的，并且是不受期限长短的限制的。”[①] 对此笔者不敢苟同。因为基于上述的分析我们不难发现，在法定继承中主张酌分权的只能是第二顺序的法定继承人，其与被继承人之间存在血缘或扶养关系，即存在法定的权利义务关系，因而其被扶养的事实状态无须时间长短的限制。而法定继承人以外的被扶养人与被继承人之间既无婚姻关系，

① 刘素萍：《继承法》，中国人民大学出版社1988年版，第219页。

也无血缘关系或家庭关系，即被继承人对法定继承人以外的被扶养人不负任何法定扶养义务，那么，被继承人在生前尽法定义务以外的义务，在其死后要求其以遗产继续尽“扶养”义务，当法律将这种道德义务上升为法律义务时作必要的时间限制是完全符合法律所追求的公平正义之理念的。同时，由于我国继承法在时间限定环节上很薄弱，这种弹性规定也不利于实际操作，给司法实践带来了很大困难。这会赋予法官过大的自由裁量权。容易导致司法的不统一。因此，笔者建议，“法定继承人以外的被扶养人受扶养的时间应不少于1年”，这样才有利于司法实践的公正。

对于被扶养人酌分遗产的份额，笔者认为，被扶养人的酌分遗产的份额只能是法院根据被继承人遗产的状况、继承人的生活状况、被扶养人受扶养的程度及其年龄、生活状况等方面综合考量是否给予遗产以及给予多少。

（7）关于特留份之债。我国法律到底有没有特留份制度，目前尚未达成共识。我国《继承法》第19条规定：“遗嘱应当对缺乏劳动能力又没有生活来源的继承人保留必要的遗产份额。”《继承法意见》第37条规定：“遗嘱人未保留缺乏劳动能力又没有生活来源的继承人的遗产份额，遗产处理时，应当为该继承人留下必要的遗产，所剩余的部分，才可参照遗嘱确定的分配原则处理。继承人是否缺乏劳动能力又没有生活来源，应按遗嘱生效时该继承人的具体情况确定。”学者们将这一规定抽象为“必遗份”制度。

上述规定的立法宗旨是保护缺乏劳动能力又没有生活来源的继承人的权益，以求法律的公正和社会财富分配的公平，并防止遗嘱人通过立遗嘱的方式将应当由家庭承担的义务而推向社会，其积极作用是毋庸置疑的。但继承法过于原则化的规定，使得司法实践中无法操作或处理案件中违背立法原意。主要体现在：

第一，保留必要的遗产份额（以下称“必遗份”），“必遗份”所占遗产份额继承法没有界定，赋予法官自由裁量权过大，司法实践中难以做到执法的统一。这是其一。其二，在给予缺乏劳动能力又没有生活来源的继承人“必遗份”的特殊保护的同时，其他继承人的合法权益如何保护，继承法立法上没有规定，不能说不是个缺陷。

第二，在全部遗产中，“必遗份”应当占有多少份额没有界定，继承法赋予遗嘱人生前对其私有财产处分的权利，更能体现法律充分保护和尊重遗嘱人对自己私有财产的处分权利，更有利于保护私有财产所有权。但从另一个角度看，“必遗份”份额的这种无序状态，一方面使遗嘱人对“必遗份”留出多少才符合法律的必要的遗产份额将无法适从。另一方面，遗嘱人对“必遗份”留出的多寡也往往使继承人之间产生纠纷，不利于家庭成员的和睦、团结。

第三，我国继承法中规定的“必要的遗产份额”，对遗嘱自由虽也能起到一定的限制作用，但享有“必要的遗产份额”的法定继承人的范围过于狭小，这样，遗嘱人通过遗嘱处分财产的权利受到的限制也就过少。遗嘱人只要给法定继承人（往往是第一顺序继承人）中没有劳动能力又没有生活来源的人保留了必要的份额，则死者生前可对其余的财产作出遗嘱处分。这种遗嘱处分完全可能超出遗产的半数。如果死者没有缺乏劳动能力又没有生活来源的法定继承人时，则可遗嘱处分自己的全部财产，而无视自己的配偶、子女、父母。这便相当于对遗嘱自由毫无限制。

这样看来，我国继承法虽然以“必须保留的份额”的形式对遗嘱人的遗嘱自由加以限制，但由于上述原因，遗嘱人的遗嘱极易造成继承人之间的财富分配上的不公平或遗嘱人以遗嘱的方式逃避本该应由其财产承担的对未成年人、配偶抚养义务，从而增加社会的负担。因此，继承法修正时可借鉴外国民法典“特留份”的法律制度。

第一，将我国继承法中的“必要的遗产份额”的范围扩大到死者的第一顺序的法定继承人的范围内，即按世界上大多数国家继承法的做法，使死者的配偶、父母、子女均享有“必要的遗产份额”，而不问其是否有劳动能力、是否有生活来源。且此种“必要的遗产份额”是死者生前不能用遗嘱予以取消的。

第二，为“必要的遗产份额”设定一个固定的标准，一般是法定应继份的3/4或2/3。对于缺乏劳动能力又无生活来源的法定继承人的“必要的遗产份额”可以相当于法定应继份或略高于法定应继份。具体分割遗产时，还要考虑照顾弱者的利益，有利于生产和历史形成的现状等因素。

第三，将“必遗份”的规定修正为：“遗嘱应当对缺乏劳动能力又没有生活来源的第二顺序继承人保留必要的遗产份额。”将“必遗份”的范围修正为第二顺序继承人，主要是使遗嘱继承法律制度与法定继承法律制度加以协调。另外，第一顺序继承人已经有上述“特留份”给予保护，因此也没有必要再给予“必遗份”。

第四，规定遗嘱人采用赠予方式规避“特留份”、“必遗份”的行为无效。我国《民法通则》第58条第7项规定：“以合法形式掩盖非法目的的。”民事行为无效。对此，应借鉴外国民事立法限制遗嘱人在一定期限的赠与行为。例如，《日本民法典》第1030条规定：“赠与，以于继承开始前一年间所进行者为限，以前条规定算入其价额。但是，当事人双方明知有害于特留份权利人而进行的赠与，虽系一年前所进行者，亦同。”《瑞士民法典》第475条规定：“死者生前所作的赠与作为扣除的部分，应算在遗产份额之内。”大陆法系国家民法典均大致作了上述规定。

（二）遗产债务清偿责任之制度设计及依据

1. 遗产债务清偿责任之制度设计

（1）共同继承人之间连带责任的具体制度设计。在借鉴澳门立法的基础上，笔者就共同继承人清偿遗产债务时的责任提出以下构想：

①遗产分割前，共同继承人应发出公示催告程序，催告债权人于法定期间内申报债权。该法定期间以6个月为妥，自公告期满后

起算。债权人在法定期间内或期限虽满但遗产尚未分割前申报了债权，各共同继承人应承担连带清偿责任。任何继承人不得以超出应继份比例为由拒绝清偿。继承人清偿债务超过自己应继份比例的，对超过的部分可按其他继承人应继份比例向其他继承人追偿。

②遗产分割后，各继承人对遗产债务应按各自比例承担按份责任。对超过应继份比例的遗产债务，各继承人负连带清偿之义务。

③如果个体继承人在未对遗产债权人进行公示催告之前分割了遗产，其分割无效。各继承人仍对债权人承担连带责任。在此无效分割中，有限继承人如果有隐匿遗产或拒不返还遗产之行为的，经债权人申请，负责有限继承申请登记的机关可以撤销该登记，该继承人即不再受有限继承的保护，应对债权人承担无限清偿责任。

（2）受遗赠人承担遗产债务责任的制度设计。笔者建议增补以下规定，以明确受遗赠人承担遗产债务的责任：

①该遗产债务为一般的遗产债务时，在这种情况下，受遗赠人承担遗产债务须遗赠人在遗赠中明示。除非遗赠人有明确表示，受遗赠人仅在法定继承人所继承的遗产份额不足以清偿遗产债务时，才与遗嘱继承人按所得遗产比例承担责任。

②该遗产债务为有担保的遗产债务时，在受赠人取得设有抵押权的物后，受遗赠人应单独承担该抵押权所担保的遗产债务，除非遗赠人在遗嘱中另有规定。如受遗赠人所得遗赠不足清偿时，剩余部分应先由法定继承人承担，如仍无法清偿时才由遗嘱继承人负担。

除非受遗赠人自愿，受遗赠人清偿遗赠人的债务均以所受遗赠总额为限。

2. 遗产债务清偿责任制度设计之依据

（1）共同继承人之间的连带责任之法理分析。

①共同继承人的对外关系。共同继承人就继承债务负连带责任，是共同共有关系在债务法上的表现，从而使遗产债权人也可以受到充分保护。所以，遗产债权人可以向共同继承人中的任何一人

请求清偿全部债务，各共同继承人不得以其应继份的多少为由拒绝清偿全部债务。当然，在一般情况下，债权人也会选择合适的对象，即往往是向继承人中的遗产管理人或有支付能力的人提出清偿全部债务的请求。

②共同继承人的内部关系。在遗产分割以前，各共同继承人对该共有的遗产仅有潜在的、不确定的应有部分。从共同继承人的外部关系看，他们固为一体；就其内部关系而言，则共同继承人各有其应继的份额，而且以应继份额的实际价值作为各共同继承人的权利义务的衡量标准。一般情况下，按限定继承原则，继承债务应由各继承人在继承财产的实际价值范围内按比例清偿。但按应继份比例负担债务并非法律的强行性规定，如果各共同继承人之间另有约定的，仍可按约定履行。

民法上有关连带债务的规定均适用于共同继承人之间。主要有这样的几方面的内容：

第一，按照债法原理中关于连带债务的理论，连带债务人因其中一人应单独承担责任的事由所造成的损害以及由此应支付的费用，应由该债务人单独负担。

第二，连带债务人中的一人，因清偿、提存、抵消、混同等所为，致使其他债务人同时免除责任的，可以向其他债务人请求偿还其各自应分担的部分以及自免责时起的利息。

第三，连带债务人中的一人，不能偿还其应分担部分的，其不能偿还部分应由求偿权人和其他债务人按比例分担。但如果不能偿还的事由，是由求偿权人的过失造成的，求偿权人不能请求其他债务人分担，等等。这些规定对于负连带责任的继承人同样适用。

③连带责任的免除。第一，经债权人同意免除。遗产分割后，其未清偿的被继承人的债务，经各继承人协商移归一定的人承受，或划归各继承人分担，如经债权人同意的，各继承人免除连带责任。这里所谓的同意，指继承人已就分割遗产的有关事宜通知了债权人，并且债权人给予承认。所以，继承人分割遗产后未通知债权

人，或者虽然通知但债权人未予承认，或为反对的意思表示的，各继承人不能免除相互间的连带责任。亦即共同继承人在清偿被继承人的债务时，可以协商约定，某项债务由特定的某个或某些继承人承担清偿。但这种约定除非经债权人同意，否则不具有对抗第三人（债权人）的效力。

经债权人同意的连带债务的免除又分为两种情况。其一，当未清偿的被继承人的债务经约定移归一定的继承人承受时，其他继承人不但免除了连带责任，而且他们所应免除的债务也从根本上消灭，因为此时的债务主体已由多数债务人变为特定的债务人。其二，当被继承人的未清偿债务划归各共同继承人分担时，各共同继承人仅免除连带责任，而他们各自应承担的债务份额并未从根本上消灭。

第二，除斥期间经过而免除。继承人的连带责任，自遗产分割时起；如果债权清偿期在遗产分割后，则自清偿期届满时起，经过一定期间后消灭，遗产分割之时，即为共同共有关系终止之时，因此，在遗产分割以后没有必要用连带责任永久地约束各共同继承人。共同继承人就继承债务负连带责任，是因为共同继承财产为共同共有物，连带债务责任将有利于债权人债权的实现。如果债权已届清偿期，而债权人迟迟不请求清偿，则显然是怠于行使权利，法律也再无永久保护其利益的必要。此种情形下，即使共同继承人之间未明确约定其继承债务由特定继承人承受或划归各共同继承人分担，各继承人也不再负连带责任。法律这样规定是出于对各继承人利益的保护。除斥期间的起算应视其清偿期在遗产分割的前后而有不同：清偿期的到来在遗产分割之前的，自遗产分割时起算；清偿期的到来在遗产分割后的，自其清偿期届满时起算。

（2）受遗赠人承担遗产债务责任之依据。关于该问题，笔者在前文已有详述，故在此不赘。

（三）遗产债务的清偿时间、方法之制度设计及依据

1. 遗产债务的清偿时间、方法之制度设计

（1）遗产债务的清偿时间。继承开始后，继承人或遗产管理人在清点完遗产之后，应当及时通知债权人申报债权，以便于继承人清偿债务。对于已到期的债务，继承人应当及时清偿，对于未到期的债务，继承人经债权人同意后可提前清偿，也可以在分割遗产时保留与债务数额相等的遗产数额，或分配给某一继承人负责清偿。

（2）遗产债务的清偿方法。遗产债务清偿可以统一清偿为原则，分别清偿为例外。

2. 遗产债务的清偿时间、方法制度设计之依据

（1）关于遗产债务的清偿时间。在遗产债务清偿时间的问题上，许多国家的法律都有具体的规定。例如，《德国民法典》第2014条规定："继承人在继承开始后经过三个月以前，有权拒绝清偿遗产债务，但在编制遗产清册后，不在此限。"该法第2015条规定："继承人已提出申请在继承开始后一年内颁发公示催告遗产债权人，而该申请已得到批准者，继承人有权拒绝在公示催告终结前清偿债务。"《日本民法典》第928条规定："限定继承人在公告期间届满前，可以对继承债权人及受遗赠人拒绝清偿。"《瑞士民法典》第586条也规定："在制作财产清单期间，不得要求继承人履行被继承人的债务。"从这些规定可以看出，各国对遗产债务的清偿时间有所限制，赋予继承人在一定期间内有拒绝清偿债务的权利，这种规定是合理的，有利于保护继承人和全体债权人的利益，防止出现不公平的现象。

（2）遗产债务的清偿方法。通过比较法之考察，笔者认为我国遗产债务清偿可以统一清偿为原则，分别清偿为例外。

所谓统一清偿，是指继承人应当首先基本弄清遗产债务，在通盘计算后，先从被继承人的遗产中取出与被继承人债务等量价值的财物，总体交给债权人；若遗产不足清偿时，可按遗产债权的比例

清偿。剩余的遗产再按继承人的应继份分割。统一清偿方法，在遗产分割前，一次性地全部清偿被继承人的债务，可以使债权人及时完整地受偿，避免因遗产分割完毕致使债务不能完全清偿而发生的纠纷。因此，清偿被继承人的债务，应尽可能采用此方法。

当然，统一清偿并不能适用于遗产清偿的所有情形。在某些特殊情况下，如遗产不宜长期保管，也可以先分割，后清偿。这就是分别清偿方法。

五、关于遗产债权人的权利

（一）遗产债权人遗产管理请求权之制度设计及依据

1. 遗产债权人遗产管理请求权之制度设计

笔者建议我国在修改《继承法》时，可作如下规定：

第一，继承遗产应当清偿被继承人依法应当缴纳的税款和债务。继承人选择有限继承的，应于知道或应当知道为继承人之日起，2 个月内向其户籍所在地公证机关递交遗产清册；缴纳税款和清偿债务以遗产的实际价值为限，超过遗产实际价值部分，继承人自愿清偿的除外。

继承人放弃继承的，对被继承人应当缴纳的税款和债务可以不负清偿责任。

本条第 2 款和第 3 款关于继承人不负清偿责任的规定不适用于被继承人生前为继承人的需要所负的债务和继承人依法应尽扶养义务而未尽该义务致被继承人所负的债务。

第二，被继承人的债权人确有证据证明继承人的行为可能损及其债权时，可以于被继承人死亡后两个月内请求公证机关对遗产进行管理。

2. 遗产债权人遗产管理请求权制度设计之依据

有限责任继承是由继承人主动行使继承选择权，以保护自己利益的制度，如果继承人正确行使这一权利，该制度还可以同时起到保护债权人利益的作用。但是，如果继承人不选择有限责任继承，如被继承人财产状况良好而继承人负债累累，这时继承人便会选择无限责任继承，使遗产和自己的财产混同，用遗产来清偿自己的债务，这对被继承人和债权人来说是不公平的；再如继承人隐匿财产、挥霍浪费，或不善经营，或恶意处分遗产等，都会损及债权人的债权。因此，在有限责任继承制度之外，还必须有一种债权人可以主动采取措施保护自己债权的制度，才可全面保护债权人的利益。从国外继承立法来看，主要是赋予债权人管理遗产请求权，瑞士法称之为官方清算制度，日本、法国则称之为财产分离制度。其主要内容是，债权人如果认为继承人的行为可能危及自己债权的实现，可在法律规定的期限内向主管机关申请，要求由主管机关对遗产进行管理；主管机关应债权人的申请，对遗产进行管理，包括对遗产进行调查、清算等。建立遗产管理后，继承人即丧失管理遗产的权利。这种制度可确保债权人的权利不受继承人的分割，确保遗产首先用于清偿被继承人的债务。

我国在财产继承法律制度中也应建立此制度，赋予遗产债权人以遗产管理请求权。即如果遗产债权人认为继承人的行为可能危及自己债权的实现，可在法律规定的期限内向法院提出申请，要求法院对遗产进行管理，包括对遗产进行调查、清算等。实行遗产管理制度后，继承人即丧失管理遗产的权利。这一制度贯彻了民法的意思自治原则，相信权利人（遗产债权人）是自己利益的最佳判断者，因此把保护权利的武器交给权利人自己，由权利人根据具体情况决定是否采取某种法律措施保护自己的合法权益。

（二）遗产债权人撤销权之制度设计及依据

1. 遗产债权人撤销权之制度设计

（1）遗产债权人撤销权的成立要件。

第一，被继承人或继承人有危及债权人债权的财产行为。①被继承人生前非即时消耗型赠与;[1] ②被继承人生前放弃自己的债权；③被继承人生前对未到期的债务提前清偿；④被继承人生前对到期的数个债务，只清偿了部分债权人的债务；⑤被继承人生前对本没有提供担保的债务，提供财产担保；⑥被继承人死后，继承人

---

① 根据现行《合同法》第186条的规定，具有救灾、扶贫等社会公益的赠与合同、道德义务性的赠与合同和经过公证的赠与合同，为不可撤销的赠与合同。

但若赠与人是债务人，并且他的种种行为符合了债权人行使撤销权的主、客观要件，为彻底地实现债权人的合法权益，维护交易的稳定和信用制度的完善，债权人若依据《合同法》第74条的规定就可撤销债务人的赠与行为。这就出现了对于此种赠与合同债权人是否可以行使撤销权的问题，在维护社会道德、公共利益和债权人的私人利益两方面我们的法律该如何取舍?

笔者认为若完全忽视债权人的利益而规定他不可行使撤销权那么就对他利益会形成合法的侵害；但若毫无限制的规定债权人可以行使撤销权又是对我国公权利的无视；如何在这两者之间寻求一个平衡点是很重要的问题。

对于上述问题，本书区分即时消耗型赠与合同和非即时消耗型赠与合同分别加以解决。所谓即时消耗型赠与合同是指受赠人一旦接受赠与财产就会立刻投入使用的赠与合同，此种赠与合同多用于自然灾害和战争灾害。所谓非即时消耗型赠与合同是指受赠人接受赠与财产就会过一段时间才投入使用的赠与合同，这类合同如用于捐助“希望工程”的赠与。

对于用于即时消耗项目的赠与合同债权人无权行使撤销权。我们设想若赠与人的债权人向人民法院申请行使撤销权以维护自己的合法权益，人民法院就会依据合同法判令接受赠与的公益性机构或政府机构返还受赠的物品而实际上该物品已经用于公益目的而消耗，该机构已无力返还，该机构及其人员并未因赠与而受益却因受赠而凭空增添了一种债务，这不符合法律的权利义务对等原则。由此该机构在接受赠与时还得审查赠与人是否债台高筑、在赠与后是否会出现资不抵债而陷于破产的境界，而疫情、灾情和战争的紧急情形哪里有容该机构从容地进行审查。故对债权人对上类赠与合同的撤销权应当给予限制。

对于非用于即时消耗项目的赠与合同应当引入公证公告制度，即在赠与行为实施前由公证机关给予公告，公告期可以是15日、1个月或3个月，在这期间允许债权人进行申告，如果有人在这期间举证说明该赠与人会因此而资不抵债，赠与人的赠与纯属恶意，则不予公证，并告知他向法院申请行使撤销权，法院宣布赠与合同无效，若在这期间债权人没有进行申告，那么在公告期满后债权人无权行使的撤销权。如此处理保证了债权人撤销权的行使，既维护了债权人的利益，同时也兼顾了《合同法》第186条第2款和第188条对受赠人利益保护的规定。参见王贤斌:《受赠人和债权人利益的保护》，载《山西经济管理干部学院学报》2004年第2期。

将遗产用于非即时消耗型赠与；⑦被继承人死后，继承人放弃遗产债权；⑧被继承人死后，继承人只清偿个别债权人的债务；⑨继承人将遗产转移、隐藏，或者挥霍浪费，或者不善经营导致亏损；⑩继承人将遗产用于清偿自己的债务。

第二，被继承人或继承人的行为给遗产债权人造成现实的损害。

第三，被继承人或继承人与第三人的行为为有偿行为时，要求当事人主观为恶意，当事人的恶意以行为时为准。

（2）遗产债权人撤销权的行使要件。

第一，遗产债权人的撤销权由遗产债权人以自己的名义在诉讼上行使。

第二，遗产债权人撤销权的行使范围以遗产债权人的债权为限。

第三，遗产债权人必须在法定期限内行使撤销权。

第四，遗产债权人行使撤销权的必要费用由遗产或继承人负担。

（3）遗产债权人撤销权行使的法律效力。遗产债权人撤销权行使的法律效力主要表现在：有害行为一旦被撤销，该行为自始无效。受益人已经取得的财产应当返还，不能返还的，应折价赔偿。受益人支付了对价的，其有不当得利的返还请求权。若受益人于取得利益后，又以有偿行为让与第三人，即所谓转得人，该转得人于受让时为善意，其权利之转得不因撤销权之行使而受影响。行使撤销权的遗产债权人有权请求受益人向自己返还利益，并优先受偿。

2. 遗产债权人撤销权制度设计之依据

法律制度内在的和谐以及法律与现实生活之间良性的互动是法律有效调整社会生活的前提，也是对一项既存法律制度的合理性进行评判的标准。现行继承法的制度设计符合现代市民社会成员人格独立，意思自治的理念，无疑是正确的。但是，继承不仅关系到继承人的利益，而且关系到债权人的利益，在笔者看来，作为一种制度，法律应紧密地关注现实生活并对其作出合理的制度反映，必须对法律关系中的各方当事人提供平等的保护。

撤销权是债权人自保的方法，其行使旨在保全债务人的责任财产，凭借此种方法，债权人得以干涉他人间的私法关系而使之归于无效，从而恢复债务人的责任能力，以此来保护债权人静态利益的安全性。债权人撤销权制度起源于罗马法的“废罢诉权”①，是指债权人对于债务人危害债权实施的行为，向法院请求撤销该行为的权利。我国《合同法》第74条第1款规定：“因债务人放弃其到期债权或者无偿转让财产，对债权人造成损害的，债权人可以请求人民法院撤销债务人的行为。债务人以明显不合理的低价转让财产，对债权人造成损害……债权人也可以请求人民法院撤销债务人的行为。”

（1）关于遗产债权人撤销权的成立要件。遗产债权人撤销权的行使实际上是对他人之间已经成立的私法关系加以破坏，使他人间的法律关系发生本不应该有的态势，而使第三人遭受不测损害，如果遗产债权人撤销权运用不当会害及交易安全，并进而限制财产的流转与资金的融通。因此须依不同情形，严格规定遗产债权人撤销权成立要件以限制其适用，从而保护交易安全。

第一，被继承人或继承人有危及债权人债权的财产行为。被继承人以及继承人必须有以财产为标的的行为。遗产债权人所撤销的为被继承人或继承人的行为，所以必须是被继承人或继承人的已为行为，遗产债权人才有撤销权，而且行为必须以财产为标的，因此不是以财产为标的的行为，如提供劳务的行为以及其他身份行为均不得为撤销的对象。遗产债权人所能撤销的行为为被继承人或继承人的以财产为标的的行为，但其不仅包括契约行为，其他减少财产或增加财产负担的适法行为也包括在内，具体来说，包括以下几类

① 据说该权利为罗马五大法学家之一的保罗所创，又称“保罗诉权”。

行为：处分行为；准法律行为；其他可使其财产减少的行为。①

第二，被继承人或继承人的行为给遗产债权人造成现实的损害。撤销权以保护债权人为目的，所以债权人的债权必须受损害，债权人才有撤销权。债权人所受的损害并非仅指现实的损害，将来的损害也可构成这一要件。德国民法认为：债权有不能受清偿的危险是指债务人财产减少而使其发生了支付不能，即“支付不能说”；瑞士民法则规定“有不能受清偿之危险”是指债务人的财产不足即“债务超过说”。还有所谓“债权不能实现说”，即所谓有害于债权是将造成债权人的债权不能实现。我国台湾学者一般认为，是否有害于债权人的债权而构成诈害行为，应以债务人陷于无资力，即不能清偿为要件。②

在继承法律关系中，如果被继承人的生前行为或继承人的处分行为导致剩下的遗产不足以实现遗产债权人的债权，就构成了对遗产债权人造成了现实的损害。

第三，被继承人或继承人与第三人的行为为有偿行为时，要求当事人主观为恶意，当事人的恶意以行为时为准。罗马法将债务人的行为分为有偿行为和无偿行为。对于被继承人或继承人与第三人所为的无偿行为来说，只要有危害遗产债权的事实即可成立撤销权，因为受益人所得利益为无偿取得，即使撤销让其返还得利也不会使其遭受很大损害，所以当存在危及债权的事实，法律偏重于对债权人的保护，很是公平。但对于有偿行为而言，在多种权利并存且相互冲突情形下，法律应对此作出衡量较量，不能随意地厚此薄彼，否则债权人平等原则无法贯彻，致使交易安全无法维系。因此对于被继承人或继承人与第三人所为的适法行为，由于受益人所受利益有相当的对价，其所获利益理应受法律保护，但若其主观为恶

① 李丹、谷玉章：《论债权人撤销权与交易安全》，载《甘肃政法成人教育学院学报》2004 年第 3 期。

② 王家福：《中国民法学·民法债权》，法律出版社 1998 年版，第 184 页。

意，则无保护的必要，这时理应选择保护债权人的利益。因此，在有偿行为的情形下，遗产债权人撤销权的成立必须以有关当事人主观上的恶意为必要。

①被继承人或继承人必须有恶意，即被继承人或继承人在行为时明知有害于遗产债权人的债权，这是撤销权的成立要件。关于这一点，各国采用不同标准：日本民法采用认识主义或观念主义，认为只要以债务人明知有损于债权人的权利就可以了，而德国、瑞士及奥地利民法则采用意思主义或希望主义，即债务人不仅必须明知并且还有意损害债权人的权利就可成立撤销权。我国合同法没有明文规定债务人于其实施行为时必须有主观上的恶意，而是将其问题转换为一个客观判断的问题——“明显不合理的低价”这显然是一个模糊概念，为法官创造了大量的自由裁量空间。此后的司法解释为对何为“明显不合理低价”没进行明确的解释，因而需要法官从一个普通的正常人的标准出发，进行合理的判断与裁量。[①]

②受益人必须为恶意，即受益人受益时明知有害于遗产债权人的权利。这是严格撤销权的成立要件，在传统民法理论中，将此列为撤销权的行使要件。[②] 受益人是指基于被继承人或继承人的行为而取得利益的人。受益人的恶意是指其在取得一定财产或一定财产的利益时，已经知道被继承人或继承人所为的行为有害于遗产债权人的债权。受益人必须在受益时为恶意，在受益后为恶意的，不得行使撤销权。受益人的恶意证明，一般需要债权人举证。

（2）关于遗产债权人撤销权的行使要件。

第一，遗产债权人的撤销权由遗产债权人以自己的名义在诉讼上行使。为了避免债权人滥用撤销权，保障交易安全，实现债权人的撤销权制度的立法目的，我国合同法规定以诉讼形式行使撤销

---

① 王利明：《合同法要义与案例分析》，中国人民大学出版社2001年版，第294页、第289页。

② 史尚宽：《债法总论》，中国政法大学出版社2002年版，第457页、第473页。

权。债权人为撤销之诉的原告，如果是连带债权的，数个债权人为撤销之诉的共同原告。撤销之诉的被告为债务人。受益人能否作为共同被告呢？我国《最高人民法院关于适用〈中华人民共和国合同法〉若干问题的解释（一）》第 24 条规定："债权人依照合同法第七十四条的规定提起撤销权诉讼时只以债务人为被告，未将受益人或者受让人列为第三人的，人民法院可以追加该受益人或受者让人为第三人。"可见，受益人不能成为撤销之诉中的被告，而只可能是第三人。

第二，遗产债权人撤销权的行使范围以遗产债权人的债权为限。何谓"债权人的债权"这一规定十分模糊。有学说认为债权人的撤销权行使的目的在于保全所有的债权，因而其行使的范围不以保全行使撤销权的一般债权人享有的债权额为限，而应以保全全体一般债权人的全部债权为限度。① 也有人主张，当数个债权受同一个债务人行为危害时，各债权人均有权依撤销权起诉，其请求范围仅限于各自债权的保全范围。②

笔者认为，撤销权的行使范围应以撤销权人的债权额为限：①债权人只能对自己债权有无保全必要做出判断，对他人债权的情况不明就难以判断债务人的行为是否已经危及其债权。换言之，即使行使撤销权的债权人知道其他债权的情况，其也必须争得其他债权人的同意，取得其他债权人行使撤销权的委托授权，否则，不符合民事诉讼法的"不告不理"原则。②债是相对人之间的法律关系，不具有社会公示性。债权人没有义务去调查债务人的其他债权情况，法律不可能也不应该为债权人设定此义务。③ ③一个债权人行使撤销权以后，并不影响其他债权人撤销权的行使。④债权人只以自己债权额进行保全是权利不得滥用的体现，权利人只能处分自

---

① 王家福：《中国民法学·民法债权》，法律出版社 1998 年版，第 186 页。

② 杨立新：《论债权人撤销权》，载《河北法学》1990 年第 3 期。

③ 提爱莲：《撤销权法律效力探讨》，载《法律适用》2003 年第 5 期。

己的权利，对他人之间的债权债务关系无权干涉。⑤根据先起诉、先保全即可先实现权利的原则，债权人可以基于对债务人的诉讼和财产保全而取得实际上优于其他债权人的地位，这种事前预防性的做法，可以有效地防止其他债权人坐收其利情况的发生。

第三，遗产债权人必须在法定期限内行使撤销权。根据《合同法》第75条的规定："撤销权自债权人知道或者应当知道撤销事由之日起一年内行使。自债务人的行为发生之日起五年内没有行使撤销权的，该撤销权消灭。"需注意的是，上述期间为除斥期间，除斥期间是法律明确规定某项权利存续期间，而不是诉讼时效，在此期间内，不能发生中止、中断或者延长的情形，属于不变期间。"知道"是指有证据证明的确定的"知道"，而"应当知道"是一种法律上的推定，不管当事人实际上是否知道权利受到侵害，只要客观上存在知道的条件和可能，就可以推定为"知道"。

具体到继承法律关系中，遗产债权人知道或应当知道撤销事由之日起1年内行使。自被继承人或继承人行为发生之日起5年内没有行使撤销权，该撤销权消灭。对于被继承人的所为而言，是指被继承人死亡前3个月期限内所为的有害行为。因为，被继承人生前恶意处分自己的财产是意识到自己将不久于人世这一点上，而其这种预见能力是有一定限度的。

第四，遗产债权人行使撤销权的必要费用由遗产或继承人负担。遗产债权人行使撤销权所支付的律师代理费，差旅费等必要费用，应由遗产或继承人负担。如果撤销的是被继承人生前的有害行为，则遗产债权人行使撤销权的必要费用由遗产负担；如果撤销的是继承人所为的有害行为，则遗产债权人行使撤销权的必要费用由继承人负担。

（3）关于遗产债权人撤销权行使的法律效力。对于遗产债权人撤销权行使的法律效力，我们主要探讨行使撤销权的遗产债权人有无优先受偿的权利问题。

行使撤销权的债权人有无优先受偿的权利，各国立法例规定不一，我国合同法及其司法解释对此未作规定。传统民法理论认为，行使撤销权的债权人不具有优先受偿的权利，[①] 笔者对此持保留意见。①法律制度的建立取决于法律所体现和保护的社会关系的存在，而这些相应的社会关系也就成为立法的基础。我国设立撤销权的原因就在于实践中严重存在着的债务人为逃避债务隐匿资产或者与第三人通谋而转移资产的情况，赋予撤销权人以“优先受偿权”，可促进其积极性，减少债权人“讨债难”现象的发生。既然现实生活中存在着撤销权具有优先受偿性的需要，立法就应当对传统理论适时地做出适当的调整。[②] ②若在撤销权诉讼中债权人没有优先受偿的权利，债权人以自己的债权提起诉讼的结果，其他债权人一律参与平均受偿，必然导致行使撤销权的债权人所得不足，债权难以实现，无法满足诉讼之目的。债权人为了使自己的权利得以实现，还必须再以债务人为被告提起诉讼，这既耗费了当事人的财力和精力，又浪费了紧张的司法资源而徒增讼累，既影响司法效率又不符合诉讼经济原则。[③] ③撤销权具有优先受偿性并不违反债权平等性的原则。对债权平等性应当这样理解，一是指在破产程序或多项债权并案处理的判决和执行中，如债务人财产不足以清偿全部债务时，应就以其除设定担保外的所有财产按所有债权人债权的比例进行清偿；二是指单个债权人可依其请求权的顺序先后受偿，而不是单依债权成立的先后顺序或债权到期的先后顺序受偿。[④] 可见，行使撤销权的债权人得优先受偿并没有损害其他债权人的平等

---

① 史尚宽：《债法总论》，中国政法大学出版社 2000 年版，第 505 页；王利明、崔建远：《合同法新论》，中国政法大学出版社 2000 年版，第 397 页。

② 在这方面，《合同法》对代位权的规定已先行一步，其变通了传统民法理论的“入库规则”，使债权人有权直接接收通过代位权诉讼取得的财产。

③ 张长青：《论债权人的撤销权行使范围与撤销权的优先受偿性》，载《法律适用》2003 年第 10 期。

④ 贾玉平：《论债权人代位权》，载《法学评论》2001 年第 4 期。

受偿权。而是债权平等性原则在撤销权行使过程中的具体应用；况且在经济活动中，人们相互之间的利益关系保持良性平衡是很难的，有时会出现各种不同因素的干扰，这就要求立法从大局出发辩证地选择。[①]

3. 抛弃继承之撤销

通过分析我们不难发现，遗产债权人对于被继承人以及继承人危及债权的行为，均可以通过行使撤销权得以救济。问题在于，对于继承人诈害债权为目的的抛弃继承[②]行为，继承人之债权人是否可以请求撤销?[③] 就此而言，笔者将不揣浅陋，试就抛弃继承与诈害债权问题作一浅探。

（1）抛弃继承权的滥用。对于继承人以诈害债权为目的而抛弃继承时，继承人之债权人是否可以请求撤销，历来仁智各见。否定说认为：抛弃继承与结婚、离婚、收养、认领等一样，系身份行为，身份行为不得撤销；抛弃继承系拒绝利益有得行为，而非减少其财产，不得撤销；出于尊重人格自由考虑，不得撤销，即抛弃继承系当然继承主义之辅助制度，有其固有的目的及功能，其所蕴含

---

① 张长青：《论债权人的撤销权行使范围与撤销权的优先受偿性》，载《法律适用》2003 年第 10 期。

② 从法律发展的历史看，可以说允许继承人抛弃继承是社会立法的进步。古罗马初期，家父权下的普通正统继承人，绝对不能拒绝继承，当然也无承认继承的必要。到了裁判官法时代，才开始予以“拒绝继承的特权”。但外来继承人可以承认继承。至近代，继承逐渐由身份继承发展成为单纯的财产继承，继承权的身份权性质逐渐削弱而财产权性质逐渐增强。而且，基于个人责任原则，继承已不是家、家族、家产或祭祀的继承，而纯为个人遗产的继承。因此，各国继承法均以不强制任何人承受继承为原则，一般继承人均有抛弃继承的自由。即只要继承人本人有抛弃继承的意思表示，就能够产生法律上的效力。法律赋予继承人以抛弃的自由，但这种自由不是没有任何限制的。

③ 继承人或受赠人在自身受到债权人到期债务追索时，或因无偿债能力而无法履行法院生效判决时，却又放弃继承或受遗赠权，以此来逃避债务。有学者将此行为称之为规避侵权。对于此类以规避债务为目的的抛弃继承，债权人能否行使撤销权，现行继承法规无明确的规定。

的人格自由理念，自价值权衡而言，应处优先地位。[①] 肯定说认为：抛弃继承权系处分既得权利，因为各国普遍采当然继承主义，被继承人一旦死亡，一切财产权利义务均由继承人承受；继承权抛弃并非单纯拒绝利得行为——拒绝利得，应指拒绝偶然所得，而继承属当然所得，并非偶然所得，因此抛弃继承、诈害债权的，应予撤销。身份行为不可撤销为债法通理。故肯定说与否定说争执的焦点也集中于抛弃继承是身份行为抑或是财产行为。

笔者认为，继承人抛弃继承属财产行为，理由在于：依继承法原理，继承权有期待继承权与既得继承权之分。前者存续于被继承人生前，以一定身份为基础；后者实现于被继承人死后，以死者的遗产为基础。依当然继承主义，被继承人一旦死亡，其财产从其死亡时起，当然地转移于继承人，无论该遗产是否要在继承人之间进行分割，每个继承人原则上都依法享有自己的应继份额，是不争的事实。继承人抛弃继承，实际上是对个人既得财产的处分，而非拒绝受领利益的行为。

承认抛弃继承为财产行为，不仅合乎法律逻辑的自然延伸，同时还有其他社会价值与功能：第一，有利于继承人与债权人利益的平衡。债权人的利益有赖于债的实现，通常情况下，债务人应当无条件以自己现有的或将来取得的财产偿还债权。当继承人（债务人）自身的固有财产不足以支付债务时，放弃继承对债权人并无不利影响，法律尊重继承人的意志选择；而如果继承人的固有财产不足支付其所负债务时，继承人放弃继承，对其本人自无不利的影响，但对债权人却影响甚巨，即债权人的债权极有可能不能实现或不能完全实现。这样，债权人与继承人（债务人）的利益失衡，对债权人显失公平。第二，以诈害债权为目的有悖诚信原则。法律尊重个人人格，个人人格的行使也应尊重社会。

---

① 王泽鉴：《民法学说与判例研究》（第 4 卷），中国政法大学出版社 1998 年版，第 342 页。

诚实信用作为民事活动的基本原则，要求民事主体诚实、善意、信用地对待对方当事人及社会公序良俗。诈害债权当属恶意，不能受法律保护。

基于法律逻辑的一般规律及公平、诚信原则，笔者同意肯定说。同时，针对继承中的具体情况，应作具体分析：第一，绝对的撤销权，即继承人对继承权的抛弃于第三人无涉时，其意志自由应受法律绝对保护，他人不得干涉；第二，相对的抛弃权，即继承人在没有诈害债权人的情况下，得自由抛弃其继承权；若继承人有诈害债权人的行为，债权人享有撤销权。这里的诈害，应取主客观一致原则，即继承人主观上有诈害之故意，客观上有诈害的行为，该行为可以是作为，如书面声明放弃；也可以是不作为，如明知他人占有自己应继份而长期不要求归还的。

信用的崩溃反证了法律制度的缺陷。我国现行的有关债权保护的法律制度是建立在将债务人假想成一个完美的道德主义者的基础之上的，但是，一旦债务人在道德上显现人性的弱点时，法律为债权人设计的保护框架就会坍塌。“法的关系正像国家的形式一样，既不能从它们本身来理解，也不能从所谓人类精神的一般发展来理解，相反，它们根源于物质的生活关系。”① 与当前的生产力发展水平相适应，笔者认为，对于以诈害债权为目的的抛弃继承的，应赋予继承人之债权人以撤销权。

（2）继承人之债权人撤销权之制度设计。行使撤销权的目的在于保全债权，为防范债权人在行使撤销权的过程中对继承人带来不利益，撤销权的行使应依法进行。

行使撤销权的当事人。撤销权的行使将涉及三方当事人：请求权人、撤销权人与被请求撤销权人。由于债的利益归属具有确定性，故撤销权请求权人只能是债权人或其授权的代理人；被请求人是抛弃继承的继承人（债务人）；而具体享有撤销权的人只能是人

① 《马克思恩格斯选集》（第2卷），人民出版社1972年版，第82页。

民法院。

行使撤销权的要件。请求撤销继承人抛弃继承的行为应同时满足下列条件：①继承人有继承权且继承已开始。如继承人丧失继承权，或被继承人尚无死亡，继承权自无抛弃之可能；②被继承人的积极财产大于消极财产；③继承人放弃继承，该放弃行为可以是明示，也可以是默示的；④继承人抛弃继承的目的在于诈害债权，即继承人明知抛弃继承，债务将无法清偿；⑤继承人的固有债务已届清偿期且资不抵债。

行使期间。为防范债权人迟迟不行使撤销权给继承人或其他人造成的不利益，债权人行使撤销权的期间不宜过长，应以 1 年为宜。

撤销之后果。债权人行使撤销权后，其后果有二：一方面，继承人抛弃继承的行为无效，接受遗产的第三人负返还义务；另一方面，债权人可依债权，请求继承人向自己履行债务，并支付自己因行使撤销权而支付的费用。

（三）遗产债权人代位权之制度设计及依据

1. 遗产债权人代位权之制度设计

（1）遗产债权人之代位权成立的要件为：①债权人对被继承人的债权合法。②被继承人生前享有债权，但该债权专属于被继承人自身的除外。③接受继承的继承人怠于行使被继承人的到期债权；或在继承人旷缺或无人继承的情形下[①]，被继承人的债务人拒绝向遗产代管人或继受人履行到期债务。④因继承人怠于行使到期债权，或在继承人旷缺或无人继承的情形下，被继承人的债务人拒绝向遗产代管人或继受人履行到期债务，对遗产债权人造成了损害。

（2）遗产债权人代位权行使之效果：遗产债权人向次债务人提起的代位权诉讼经人民法院审理后认定代位权成立的，由次债务人向遗产债权人履行清偿义务，遗产债权人与债务人、债务人与次债务人之间相应的债权债务关系即予消灭。

2. 遗产债权人代位权制度设计之依据

民法上的代位权属于债的保全履行规则的内容。所谓保全履行规则，是法律为了防止债务人的财产不当减少而给债权人的债权带来危害，允许债权人对债务人或第三人行使代位权或撤销权。所谓代位权，是指当债务人怠于行使其对第三人（也称次债务人）享有的权利而有害于债权人的债权时，债权人为保全自己的债权，可以自己的名义代位行使债务人的权利。

（1）代位权制度确立的重要性。首先，是因为债务人怠于行使对次债务人债权的行为损害了债权人的利益，为保护债权人的利

① 严格来讲，我国并无真正意义上的继承人旷缺制度［参见司艳丽、仲相：《继承人旷缺制度研究》，载《烟台大学学报（哲学社会科学版）》2004 年第 17 卷第 4 期］。与之相类似的是遗产无人继承制度。大陆学者大多根据《继承法》第 32 条的规定，认为无人继承之遗产是指“没有法定继承人、遗嘱继承人和受遗赠人的遗产；法定继承人、遗嘱继承人全放弃继承，受遗赠人全放弃受遗赠的遗产；法定继承人、遗嘱继承人全丧失继承权，受遗赠人全丧失受遗赠权的遗产”（参见郭明瑞、房绍坤：《继承法》，法律出版社 1998 年版，第 227 页）。而大陆法系其他国家及我国台湾地区所确立的继承人旷缺制度，是指继承人有无或生死不明的状态。显然，此两种制度并不相同，区别在于：前者认为遗产无人继承是一种确定的事实，故遗产将直接归属于国家或集体；后者认为继承人旷缺是一种不确定的状态，这种状态可能是永久的，也可能是暂时的，随时可能因继承人的出现而转变为一般继承，故而在此种情况下，需为遗产设立管理人，并在进行继承人的搜索公告及遗产清算之后，方得归属于国家所有。

益特赋予债权人特定的诉权。按照一般的诉权理论，行使诉权的人必须是争议的法律关系的当事人，即案件的直接利害关系人。按照债的相对性原理，债权债务只发生在特定的当事人之间，当事人不能对次债务人主张权利，次债务人也不能对当事人主张该债权。依据上述分析，代位权似乎缺乏理论依据。但如果拘泥于一般的诉权理论和传统的债的相对性理念，不利于保护权利人的利益。因此，在特定情况下应该赋予非直接利害关系人诉权，以保护有关的权益。在债务人怠于行使其债权损害了债权人利益的场合，如果不允许债权人为自己的利益代位诉讼，不仅会纵容债务人的恶意行为，使债权人的利益无法得到应有的保护，而且久而久之，会培植不良的市场经济秩序和商业道德。

其次，债权人代位权是债之固有权，是“以行使他人权利为内容的管理权”，[①] 是债的保全制度的发展。因此，代位诉讼制度通过将债务人的诉权赋予债权人来体现对债权人的保护，保全债权人的债权，并限制债务人的诉权，让债务人承担必要费用，以示对债务人的惩罚。

最后，债务人怠于行使债权侵害债权人的利益，违背了诚信原则，基于诚信原则，应当给予债权人必要的救济。

（2）代位权的行使要件。

①债权人对债务人的债权合法。这是行使代位权的首要条件。债权人和债务人之间必须存在合法的债权债务关系。这里的“合法”是显而易见的合法，是人民法院受理起诉时的判断，而不是经过严格的审判程序之后的最终定性。至于该债权发生的依据则在所不问。合同之债、侵权行为之债、无因管理之债、不当得利之债，均有可能成为代位权的基础。

除合法外，债权人对债务人的债权还应当确定，即债权人对债权的存在及内容没有异议，或债权是已经经过了法院或仲裁机构裁

---

① 史尚宽：《债法总论》，中国政法大学出版社2000年版，第463页。

判后所确定的债权；否则在代位权诉讼中，次债务人会因难以知道债权人与债务人之间的真实债权情况而难以对债权人提出抗辩。

同理，债务人对次债务人也应当拥有合法的债权，否则债权人不能对次债务人行使代位权。但如果是因为次债务人的过错导致合同无效或被撤销，应认定债权人对次债务人仍享有代位权。至于债务人与次债务人之间债权债务的确定性，则非代位权诉讼的必备条件，次债务人完全可将该不确定性作为一种抗辩事由，对抗债权人的诉讼请求。

②债务人须有权利存在。这是进行代位权诉讼的必要条件。根据《合同法》解释第 13 条的规定，债务人对次债务人享有的权利，应具有直接的金钱给付内容。当然，作为民法上的财产权利而言，除了金钱债权这一类纯粹的财产权外，还有其他一些具有财产性质的权利，如因显失公平、重大误解、欺诈、胁迫等发生的撤销权与变更权，诉讼上的申请财产保全、申请强制执行权、中断诉讼时效的请求权等，这类权利虽然亦可代位行使，但其对债权的保障意义不大且程序复杂，故代位权的标的仍应限定在具有金钱给付内容的债权上，债务人的其他权利不得作为代位权的标的。

此外，债权人对债务人的债权，不能是专属于债务人自身的债权。所谓专属于债务人自身的债权，根据学理解释，主要是指以下性质的债权：其目的主要在于保障权利无形利益的债权。这些债权虽然属于财产权，但主要在于保护权利人的无形利益，其权利行使与否及行使的范围，都依权利人的主观范围决定；不得让与的债权；禁止扣押的债权，如养老金、救济金、抚恤金。

③债务人怠于行使其到期债权，对债权人造成损害。首先，如何理解“怠于行使”的含义？《最高人民法院关于适用〈中华人民共和国合同法〉若干问题的解释（一）》第 13 条规定：“合同法第七十三条规定的‘债务人怠于行使其到期债权，对债权人造成损害的’，是指债务人不履行其对债权人的到期债务，又不以诉讼方式或者仲裁方式向其债务人主张其享有的具有金钱给付内容的到期

债权，致使债权人的到期债权未能实现。”根据该解释，债务人对次债务人的债权到期后，只有以诉讼或者仲裁方式向次债务人主张权利，才不构成“怠于行使”，如仅以私力救济方式主张权利，如直接向次债务人或者其代理人主张权利，或向民间调解委员会或者行政机关请求处理，都属于“怠于”之列。这样可以避免债权人提起代位权诉讼后，债务人与次债务人恶意串通对抗债权人的代位权，使代位权制度形同虚设。

同时，根据该解释，只要两个债权（即债权人对债务人的债权和债务人对次债务人的债权）已届履行期，债权人即可行使代位权，而不要求债务人的债权到期后须达到一定期间方可行使。

其次，如何理解“对债权人造成损害”？此处的损害不同于一般的损害赔偿中的“损害”。如果要求债权人举证证明自己的债权受到了具体的、实质性的损害，于债权人无疑是不公平的。因此，只要债务人未履行其对债权人的到期债务，债权人的债权未能实现，便可视为对债权人造成了损害。

④债务人的债权已到期。一般说来，无论是债权人对债务人的债权，还是债务人对次债务人的债权，均应当是到期债权。债权人在通常情况下是不能提前主张债权的，但在某些情况下，出于对债权人利益的保护，应当允许债权人在履行期届满前行使代位权。例如，债务人破产、债务人的债权诉讼时效即将届满等，在这些特殊情况下，应视为债权到期。

（3）代位权之效果归属。债权人代位权的行使，不同于一般债权权利的主张。债权人依法行使代位权后是否有权直接受领通过代位权诉讼取得的财产，直接关系到代位权行使效果的直接归属。根据传统民法理论和某些国家的立法例，代位权行使的直接效果应归属于债务人，即行使代位权取得的财产，先归债务人后再清偿债权。这种规定虽然符合债的相对性原则，但却不利于发挥代位权制度的作用，因为这将大大挫伤债权人提起代位权诉讼的积极性，而且经过一轮代位权诉讼后，债权人还要再以债务人为被告提起诉讼，只会徒增讼累，浪费司法资源。因此，《最高人民法院关于适用〈中华人民共和国合同法〉若干问题的解释（一）》针对传统的民法代位权理论进行了重大突破，该解释第20条规定：“债权人向次债务人提起的代位权诉讼经人民法院审理后认定代位权成立的，由次债务人向债权人履行清偿义务，债权人与债务人、债务人与次债务人之间相应的债权债务关系即予消灭。”依据这一规定，债权人有权直接受领通过代位权诉讼取得的财产。这在债权人与次债务人之间创设了新的有直接后果的权利义务关系，一旦提起代位权诉讼，则可越过债务人而将次债务人视为债权人的债务人。

基于该种理论，可认为，相对于其他未行使代位权的债权人而言，行使代位权的债权人对次债务人的给付享有优先权，即在受偿时具有优先的效力；若数个债权人以同一次债务人为被告提起代位权诉讼，人民法院可合并审理，财产不足的，依据各自债权数额的大小按比例分配。

综上，笔者认为，当接受继承的继承人怠于行使被继承人的到期债权，或在继承人旷缺或无人继承的情形下，被继承人的债务人拒绝向遗产代管人或继受人履行到期债务而给遗产债权人造成了损害时，可引入代位权制度以保障遗产债权人的利益。

第三节　完善我国遗产债务程序制度的思考

一、关于遗产债权人行使诉权的规定

（一）遗产债权人行使诉权之制度设计

1. 遗产债权保护程序的启动

利害关系人基于下列原因可以提起遗产债务清偿程序：

（1）继承人的申请；

（2）遗产债权人的申请；

（3）遗产管理人的申请；

（4）利害关系人请求遗产分离而启动；

（5）部分遗产债权人以继承人为被告，要求清偿债务，人民法院受理后，发现尚有其他遗产债务未予清偿，由人民法院通知遗产债权人参加诉讼，启动遗产清偿程序。

2. 债务人死亡案件中适格被告的确定

债务人死亡案件牵涉到继承人、受遗赠人、继承参与人和他们相互之间以及他们与原告（债权人）、集体组织、其他公民之间所发生的析产、遗产管理、清偿债务、继承、遗赠等权利义务关系。具体诉讼中适格的被告是谁，应具体情况具体分析：

（1）原告起诉时，在诉讼状中将死亡的债务人列为被告的处理。我国《民法通则》第9条规定，公民的民事权利能力始于出生，终于死亡。民事权利能力是成为民事主体的前提条件。债务人死亡后，已丧失民事权利能力，丧失民事主体资格。起诉时，原告将死亡的债务人列为被告的，人民法院应依法通知原告变更适格的主体，原告拒绝变更的，依法裁定驳回原告的起诉。

（2）原告起诉时将数个继承人中一部分列为被告的处理。人民法院应依《民事诉讼法》第132条“必须共同进行诉讼的当事人没有参加诉讼的，人民法院应当通知其参加诉讼”的规定，通知享有继承权的其他继承人作为本案被告参加诉讼。在继承开始后，被继承人的一切财产权利至遗产分割前这一段时间内均归继承人共同共有。我国继承法对此虽无明文规定，但从我国国情出发，我国财产继承存在着分割前的共同共有阶段，共同共有人对被继承人的债务负连带清偿责任，各共同共有人应参加诉讼。我国继承法没有详细规定债务清偿的时间问题，但是根据继承法的原则精神，应在被继承人死亡之时到遗产分割前先对被继承人的债务进行全部清偿，如有剩余，对剩余的遗产在继承人中间进行分割。这样可避免遗产分割后，在债权人有数人时，再辨别哪个债权人的债权由哪个继承人负责清偿的难题，其继承得来的遗产已被处理掉，难以估价，可能损害债权人利益。

(3) 原告起诉时，遗产分割结束，各继承人对被继承人债务清偿原则按其继承份额由各继承人按比例清偿，法院应通知所有参加分割遗产的继承人作为共同被告参加诉讼。

(4) 继承人在继承开始后，遗产分割前，明确表示放弃继承的处理。按一般的民法原理讲，它的生效时间应溯及继承开始时，放弃继承的内容既包括放弃遗产的继承，又包括对被继承人债务的清偿，从继承开始时到遗产分割结束与放弃继承者无关，也就谈不上负担清偿被继承人所欠的债务，法院不应追加放弃继承的继承人参加诉讼。

(5) 遗产管理人参加诉讼问题。我国《继承法》第 24 条规定："存有遗产的人，应当妥善保管遗产，任何人不得侵吞或者争抢。"这一立法精神表明遗产管理人是存有遗产的人，按照我国生活习惯，存有遗产的人一般多是继承人，在有几个继承人并存的情况下，存有遗产的继承人同时又是遗产管理人的，应是债务人死亡案件的被告。

(6) 放弃继承的继承人对被继承人与其共同共有财产析产前，对共同共有财产中被继承人的遗产实施保管的，人民法院应依据《民事诉讼法》第 56 条的规定，通知其作为第三人参加诉讼。

(7) 债务人死亡后，虽有继承人、受遗赠人，但他们都放弃继承权、受遗赠权，或者没有继承人、受遗赠人。

存有遗产的遗产保管人为本案被告。死者的遗产没有人管理时，我国继承法虽无明文规定，但社会习惯由死者生前所在单位或所在地居民委员会、村民委员会或主要遗产所在地的基层组织负责保管遗产。对争当或拒绝充当遗产管理人，会造成对遗产的破坏散失，直接损害债权人和其他利害关系人的利益的，债权人或其他利害关系人可申请人民法院依法指定遗产管理人。债权人在被指定的遗产管理人拒绝清偿债务时，可以将遗产管理人为被告提起诉讼。[①]

3. 遗产债权人的诉前财产保全

（1）提起保全的主体。遗产债务的诉前财产保全，只能由利害关系人向主要遗产所在地的人民法院提出申请。利害关系人，不仅包括对民事权利义务关系发生纠纷的双方当事人，也包括对民事权利负有保护责任的人。

（2）提起保全的原因。遗产债务的诉前财产保全发生原因，是因情况紧急，利害关系人来不及起诉，不立即申请财产保全将会使其合法权益受到难以弥补的损害。

（3）担保的提供。由于遗产债务的诉前财产保全是人民法院应当事人的申请而采取，为保护被申请方的利益，故申请人“应当”提供担保。

（4）财产保全的范围。根据《民事诉讼法》第102条的规定：“保全限于请求的范围，或者与本案有关的财物。”

（5）保全的措施。鉴于死者遗产债务清理对债权人的共同性和继承人的有限责任性，可以设立遗产管理人清理债权债务，以此作为财产保全措施。

（6）保全的解除。根据《民事诉讼法》第101条第3款和第104条的规定，有下列情形之一的，人民法院应当及时作出裁定，解除财产保全措施。

第一，人民法院采取诉前财产保全措施后30日内，申请人应当尽快起诉。30日届满，申请人不起诉的，人民法院应当解除财产保全。

第二，被申请人向法院提供担保的，由于已消除了将来生效判决不能执行或难以执行的危险性，财产保全措施已无必要，故应裁

① 郭志俊、侯玉庆、徐泽清：《债务人死亡案件中适格被告的确定》，载《理论与实践周刊》第24期，2005年7月13日第2版。

定解除财产保全。

（二）遗产债权人行使诉权制度设计之依据

1. 关于债务人死亡案件中适格被告的确定

（1）参考立法例。

①德国。在德国法中，以谁为被告提起诉讼，关键是谁为管理遗产的义务主体。《德国民法典》第1958条规定：“在接受遗产之前，不得在法庭上对继承人主张针对遗产的请求权。”该法第2014条规定：“继承人对于遗产债务，在最初三个月经过前，有拒绝清偿之权，但是不能在制作遗产清册之后，拒绝清偿遗产债务。”

②日本。日本法赋予继承人以管理义务，继承人在承认前及抛弃后均负有管理义务，除非有另外继承人或遗产管理人接管遗产。但即使如此，日本法也不当然认可继承人为适格的诉讼主体。《日本民事诉讼法》第208条第2款规定：“继承人在得为继承抛弃之期间，不得承受诉讼程序。”只有在继承人为遗产管理人时，才当然具有诉讼主体资格。

德国、日本否定此期间继承人诉讼主体资格，并不会导致对债权人权利的侵害，因为在日本法，继承人不胜任时，利害关系人或检察官得向家庭裁判所请求为遗产保存之必要处分，亦得请求选任遗产管理人。[①]《德国民法典》第1961条规定：“如果权利人为在法庭上主张一项针对遗产的请求权而申请任命遗产代管人，在第1960条第一款的情形下，遗产法院应当任命一名遗产代管人。”

（2）确定继承人或遗产存有人为被告。我国台湾学者史尚宽先生认为，抛弃或承认前之遗产，系以继承人为管理人之财团，遗产本身有为原告及被告之适格，然所谓遗产本身有为原告及被告之适格，其意义不啻谓管理遗产之继承人有为原告及被告之适格。如不认继承人为被告适格，则此时第三人对于遗产提起诉讼，将为绝

① 《日本民法典》第918条。

对不可能。[①] 笔者同意该观点，主张遗产为无权利能力财团，在承认或抛弃前，继承人实为遗产之代理人。

我国继承法规定放弃继承的继承人可以不负偿还被继承人的债务及税款，但没有明确规定其对遗产的管理义务。该法第 24 条规定："存有遗产的人，应当妥善保管遗产，任何人不得侵吞或者争抢。"这就明确了存有遗产的人保管遗产的义务。存有遗产的人既有可能是继承人，也有可能是继承人以外的第三人，如受遗赠人、承租人、保管人等。既然继承人有保管遗产的义务，那么对遗产为善良管理及参与诉讼应为当然。我们没有完善的遗产清算制度，也没有对遗产债权人在一定期限拒绝清偿的规定，所以债权人以继承人为适格被告是有依据的。即使继承人放弃继承，也只是免负偿债之责，并不能当然免除对遗产的管理义务，以其为被告并不是让其承担还债责任，而是令其以遗产来清偿债务。尤其我国没有无人承认之继承制度，当继承人均放弃继承或无继承人而有遗产时，缺乏适格的被告极易使债权人权利的行使收到阻切。所以说，在债务人死亡案件中，应确定继承人或遗产存有人为被告。

2. 关于债权人的诉前财产保全

由于继承人清理债权债务的行为处于不受监控的状态，若其资信较差，则极可能发生挥霍遗产或混淆个人财产与遗产，从而使得债权人的债权根本不可能受偿或不能全部受偿。这样对债权人显然不公平。因此，笔者认为，债权人为保证将来生效判决得以执行，顺利实现其债权，可以请求法院实施诉前财产保全，人民法院经审查确认符合条件后，可以采取保全措施。

二、关于遗产清册制度

有条件的有限责任继承制度，要起到在保护继承人的自己固有财产不被强制用于清偿被继承人的债务的同时，又要保证被继承人

---

① 史尚宽：《继承法》，中国政法大学出版社 2000 年版，第 359 页。

的债权人的债权能够就遗产优先受偿。要达到这样的目的，其核心是确定遗产之状况并使之保持独立。要确认遗产之状况并使之保持独立之目的，笔者认为完全可以借鉴大多数大陆国家的做法——设立遗产清册制度。[①]

（一）遗产清册之制度设计

1. 清理人的选任

开始制作遗产清册时，继承人为3个以上的，应当推选遗产清理人或者聘请遗产清理人。继承人不在规定的期限内按法律规定推选、聘请遗产清理人或自行担任遗产清理人，并监督、敦促遗产清理人按法律规定制作遗产清册，或隐匿、侵吞遗产，对被继承人的债权人进行欺诈，或在清偿遗产债务之前违法处分、消费遗产，即丧失有限责任继承的权利转为必须为被继承人清偿全部债务。

继承人不能就清理人的确定达成一致的，由基层自治组织（村民委员会、居民委员会）、有关主管机关指定。必要时，由基层自治组织（村民委员会、居民委员会）、有关主管机关自己担任清理人。

“必要时”是指下列几种情况：

第一，继承人的全部或者大部分人为未成年人、无民事行为能力人、限制民事行为能力人的；

---

① 有学者认为，我国的现行规定简单易行，没有必要向法国、德国、日本一样，把制作遗产清册、呈送法院这一套烦琐手续作为限定继承的一个必经程序，在这一点上我国继承法较以往民法前进了一大步。（参见刘春茂主编：《中国民法学·财产继承》，中国人民公安大学出版社1990年版，第557~558页。）笔者对此规定在实践中是否真能可行不无疑问：根据现行继承法规定，继承人难以证明自己继承的遗产份额。如果没有遗产清册，当继承的财产与继承人自己的财产相混同时，继承人怎样证明自己继承的遗产数额？他们也许能够提供一些人证和物证，但是这些证据的可采性又有多大？怎么能够排除他们没有虚报继承遗产的可能性？法国、德国和日本这些国家规定继承人要选择限定继承，就要制作遗产清册并履行法定的程序，并不是以此来阻止继承人选择限定继承，而是基于有利于继承人在程序法上能够提供证明其继承遗产数额的强有力的证据，以达到保护债权人的利益的目的。

第二，继承人之间矛盾较大，互相不信任的；

第三，全体继承人在遗产清理前，均书面表示放弃继承的；

第四，遗产清理可能对当地经济、文化、稳定等产生较大影响的；

第五，其他基层自治组织（村民委员会、居民委员会）、有关主管机关认为应当由自己担任遗产清理人的。

2. 清理人的职责

遗产清理人代表（代理）全体继承人进行活动，对全体继承人负责，接受全体继承人监督。清理人在进行遗产清理、制作遗产清册时应当做到诚实信用、全面、准确，不得有隐匿不报、虚报债务等欺诈债权人的行为。如继承人不进行前列活动或者不遵守其诚实信用的义务，债权人可以向人民法院申请取消继承人的有限责任继承的资格，而按照无限责任继承处理。① 因清理人自己的重大过失、过错给其他继承人造成损失的，应当承担赔偿责任。

由基层自治组织（村民委员会、居民委员会）、有关主管机关自己担任清理人的，因自己的重大过失、过错给继承人、被继承人的债权人造成损失，应当承担赔偿责任。

在清偿全部遗产债务之前，遗产清理人原则上不得处分和消费遗产，也就是说应保持遗产的独立性、完整性。但因管理遗产和为债权人、继承人的利益而支出的费用不在此限。这些费用一般是指如下几项：

第一，遗产清理人管理遗产的费用；

第二，遗产清理人为债权人、继承人的利益而支出的费用；

第三，遗产清理人向公证机关、基层自治组织（村民委员会、居民委员会）、有关主管机关申请进行遗产清理而支出的费用；

第四，遗产清理人向人民法院申请公告所支出的有关费用；

第五，遗产清理人为被继承人的债权人分配遗产所支出的

① 对债权人行使取消权的期间，笔者认为可以规定为两年的除斥期间为宜。

费用；

第六，遗产清理人为继承人分配遗产所支出的费用。

3. 遗产清册制作的期限

清算人应当在知道或应当知道被继承人死亡后 3 个月内开始进行遗产清理，遗产清册应当在遗产清理开始起 6 个月内完成。无正当理由 3 个月不开始进行遗产清理或 6 个月内不能完成遗产清册的，视为同意按无限责任继承。遗产清册完成后，继承人对遗产情况有了一个全面的了解，有权作出理智的选择——无限责任继承、有限责任继承、放弃继承。

4. 遗产清册的内容

（1）被继承人的债务范围。

（2）遗产范围的限定。

5. 遗产清册公告制度

开始制作遗产清册时，遗产清理人应请求人民法院按清产还债程序进行公告，[①] 催告被继承人的债权人和其他对遗产享有权利的人在规定的期限内向人民法院申报权利。与此同时，遗产清理人应对已知的债权人和其他权利人予以书面通知。超过规定期限没有申报权利的，视为放弃权利。继承人已知权利人，而未在公告期限届满前书面告之遗产清理人的，权利人能提供证据证明继承人已知的，由该继承人在权利人本可以获得的清偿范围内予以赔偿。

关于公告期限，世界上许多国家的继承法规均有规定。《日本民法典》第 927 条规定："限定承认人于表示限定承认后五日以内，应对所有继承债权人及受遗赠人，公告已表示限定承认之事及应于一定期间内申报其请求的意旨。但是，其期间不得少于两个

① 笔者认为，在现实生活中，法院的公告一般在规定的报刊上登载，其通知和公示的作用相当有限，没有几个人可能会每天认真查看这些报刊和报刊的专栏，在当今信息爆炸的时代尤为如此。而且，在指定的报刊上刊登公告，其成本高昂，因此公示催告并不是一种最优的选择，能够直接通知则应当尽量通知。

月。”《德国民法典》第2061条规定：“任何共同继承人均可以公开催告遗产债权人在六个月之内到该继承人处或到遗产法院申报其债权。如果已经做出催告，则在分配之后，以未在期限届满之前申报或者该债权在分配时已为其所知为限，每一名共同继承人只对一项债权中与其继承份额相应的部分承担责任。催告由联邦公报和指定刊登遗产法院公示催告的报纸予以公布。期限自最后一次刊登时开始。费用由发布催告的继承人负担。”《瑞士民法典》第582条规定：“主管官厅，在制作财产清单的同时，应采取适当的公告方法。公告的期限最少应规定为一个月，自第一次公告时开始计算。”我国《民事诉讼法》第18章规定了公示催告程序的具体内容。笔者认为，在遗产清册公告期限问题上，可以借鉴民事诉讼法的规定，以2个月作为债权人申报债权的公告期限。以便保持法律体系的统一，节约立法成本。

6. 遗产清册的异议与补正

遗产清册制定后，公示催告期限届满前，由于制作人主观上或客观上的原因出现记载不实或不完全，这时，清理人可以主动进行修正，利害关系人（包括被继承人的债权人、受遗赠人、继承人的债权人、共同继承人，以及有对清算的财产主张权利的第三人等）也可以向人民法院提出异议，经审查异议成立的，人民法院可以责令清算人重新制作遗产清册，或指定专业人士（如律师）重新制作。在重新制作过程中，异议人可以申请参加，也可以不参加。补正后，公示催告期限重新计算。同时，为避免遗产清册的公示期限过长，财产状况长时间处于不稳定状态，补正的次数以两次为宜。

（二）遗产清册制度设计之依据

1. 关于清理人选任中对继承人权利的限制

这样规定的目的，一方面可以有效地保护被继承人的债权人的合法利益，另一方面也不损害诚实继承人的利益。让隐匿、侵吞遗产、欺诈债权人的继承人承担不利的法律后果，甚至令其用自己的固有财产为被继承人清偿债务，这是对欺诈行为的制裁，也是诚实信用原则在继承法中的体现。

2. 关于遗产清册制作期限的规定

规定时限是为了保证遗产清册的真实性、准确性。如果不加以限制，可能使这一制度形同虚设。如果由于遗产情况复杂、遇到不可抗力、具体负责清理的清理人死亡或者丧失行为能力（包括重病久治不愈）需要另行确定具体遗产清理人等情况，3 个月内难以完成遗产清册的制作任务，继承人应予期限届满前说明理由，请求公证机关、基层自治组织、有关主管机关予以延长。是否准许延长由公证机关、基层自治组织、有关主管机关审查决定。[①]

3. 关于遗产债务清偿公告

公告方式是法律实施中经常采用的一种方式，它通过一定的载体，将特定的法律事实在相对广泛的一定范围内予以发布，以让为数众多的不特定人所知晓，其高效便捷已为人们所认同，并为法律所采纳。因此，设立遗产继承公告制度，告知这些隐藏的利害关系人，查明隐藏的利害关系，妥善处理继承问题，是进一步完善继承制度的一项重要措施，必将有利于最大限度地减少继承纠纷，充分保护权利人的合法利益，促进社会安定团结。[②]

（1）这是继承关系得以确定的要求。在我国，由于各种原因导致家庭重组率逐年上升，加之新的社会观念和生活方式的影响，社会上大量存在除生父母之外的养父母、继父母，婚生子女外的非婚生子女、养子女、继子女，除依法办理结婚登记的合法夫妻外，1950 年婚姻法颁布之前的妾也是夫的合法配偶。现行继承法规定，父母、配偶、子女均为第一顺序的法定继承人，也就是说，亲生父

① 张玉敏教授对该制度已有论述，但由于遗产清册制度在我国立法中尚待完善，其制定时间的长短有待于进一步的调查研究，以便充分保护继承人与债权人之间的利益。

② 邓宏碧主编：《婚姻家庭继承法学》，成都科技大学出版社 1995 年版，第 467 ~ 468 页。

母、养父母、有抚养关系的继父母，婚生子女、非婚生子女、养子女和有抚养关系的继子女均为继承人。同时，法律还允许当事人通过立遗嘱的方式将个人合法财产赠给继承人之外任何人。在遗产继承和遗赠过程中，上述继承人和受遗赠人有些是主动出现或者是明显的，而有些则是隐性的或不为人所知的。如何确定有多少当事人对被继承人的遗产享有继承权和受遗赠权，是一个非常困难而又十分现实的重要问题。笔者认为，只有通过公告的形式予以公开告知，才可能使更多的当事人及时出现，以利于继承关系在合理、合法的原则下予以确定，充分保护当事人的权益。

此外，在遗嘱继承中，被继承人的遗嘱是确定被继承人生前关于遗产分配的真实意思表示的法定依据，它可以排斥部分或全部法定继承人的继承权，排除或限制法定继承的适用。但由于继承法对遗嘱的设立方式和遗嘱形式的规定相当宽松，从而使遗嘱呈现出多种多样的表现形式。随着人们法律意识的增强和家庭关系中不稳定因素的增加，当事人频繁设立、变更遗嘱的现象时有发生，其内容往往互不相同甚至相互矛盾。现行继承法规定，只有最后设立的遗嘱才是被继承人的最终的意思表示，为有效遗嘱；当有公证遗嘱时，以最后设立的公证遗嘱为准。当部分继承人持有被继承人的遗嘱即使是经公证的遗嘱主张继承权时，如何判定该遗嘱是当事人生前的最后遗嘱，即合法有效的遗嘱，再多再详尽的调查都很难说是完整的。因为当事人可以在多种场合以多种形式设立遗嘱，财产的受益人可以是全部或部分法定继承人，也可以是法定继承人之外的人。解决之道，也只能是设立公告制度，使有权主张权利的当事人知晓被继承人死亡、继承开始的事实及自己的权利范围，据此提出自己的主张并进行举证，才能使继承在合理、合法的原则下进行。

（2）这是债权、债务关系得以明确的要求。被继承人死亡的事实，债权人往往并不知悉，对于继承人而言，一般也不可能详尽知悉被继承人的负债情况和债权人的个人情况。尽管在遗产分配完毕后，被继承人的债权人仍然可以主张自己的权利，但如果继承人或受赠人已无力退还继承或受领的遗产时，势必会损害债权人的利益。因此，以公告的方式查明被继承人的债权人，是符合债法的要求的，也是保证财产流转关系和交易安全的一种有效措施。

（3）这是遗产范围得以明确的要求。我国现行《继承法》第3条规定：“遗产是公民死亡时遗留的个人合法财产……”遗产的范围主要包括公民的财产所有权，与财产所有权有关的财产权（他物权），债权和知识产权中的财产权。

从上述规定我们不难看出，遗产的特点之一是强调仅限于被继承人的个人合法财产；特点之二是遗产的范围相当广泛。

就第一个特点而言，实际情况往往是现实中在被继承人名下登记或占有、管理的财产，表面上虽具备被继承人所有的特征，但其实并非被继承人的个人财产，而是被继承人与他人共有的财产，或完全是他人所有的财产。如不加以区分，均被当做被继承人的财产加以继承，势必会侵犯他人的财产权利，造成社会的不安定。从第二个特点可以看出，由于被继承人的财产范围广泛，很多权利的实现需要第三者配合。因此，为了准确界定被继承人的合法财产和确定被继承人的财产范围，正确实现继承人的继承权，及时告知权利相对人，其有效途径也是设立公告制度。

（4）这是继承权得以明确的要求。现行《继承法》第7条规定：“继承人有下列行为之一的，丧失继承权：（一）故意杀害被继承人的；（二）为争夺遗产而杀害其他继承人的；（三）遗弃被继承人的，或者虐待被继承人情节严重的；（四）伪造、篡改或者销毁遗嘱，情节严重的。”在继承人申请继承时，为自己的利益，一般不会主动告知其有上述行为，而知情人往往因不知道继承事实的发生而失去了举报的机会，其后果可能就此放纵了上述继承人的违法犯罪行为，使得其他继承人和受遗赠人的利益得不到切实的保障；同时也违背了被继承人生前的真实意愿，使得《继承法》的规定难以付诸实施。因此，公告制度的确立，可以确保被继承人的财产能够转移给那些守法的继承人和受赠人，有利于维护社会公平，维护良好的社会主义道德观念。

（5）这是弱势群体利益得以保护的要求。现行《继承法》第14条规定："对继承人以外的依靠被继承人扶养的缺乏劳动能力又没有生活来源的人，或者继承人以外的对被继承人扶养较多的人，可以分配给他们适当的遗产。"这部分人之所以要依靠被继承人的扶助生活，往往是因为年幼或在生理上存在着这样或那样的缺陷而使得他们在社会中处于弱势地位。保护他们的请求权，靠其自身的力量显然是有限的，更重要的是如果由于继承人的疏忽或故意阻挠，他们连知晓自己享有请求权的机会都没有。因此，公告制度的设立，是保护这些"特殊"公民的有效办法。

三、关于遗产破产还债程序

（一）遗产破产之制度设计

1. 遗产破产的主体是遗产

遗产作为非法人财团，破产时遗产仅具有形式上的法律地位。[①]

2. 遗产破产的原因是债务超过

3. 遗产破产的申请主体

破产申请人为死者的债权人、继承人，或遗产清理人、管理人。[②]

4. 遗产破产的目的是进行财产清算

5. 遗产破产的破产财产的范围

通常认为，以属于遗产的一切财产为破产财产。

6. 遗产破产的破产债权的范围

遗产破产的破产债权有以下几种：

第一，被继承人生前成立的无财产担保的债权；

---

① 付翠英：《破产法比较研究》，中国人民公安大学出版社2004年版，第131页。

② 继承人、遗产清理人、遗产管理人不是真正的债务人，但是他们管理债务人的财产，并依法享有处分权，因此在学理上被称为准债务人。

第二，被继承人生前成立的有财产担保的债权，其数额超过担保价额的未受清偿部分；

第三，遗产破产宣告时未到期的债权；

第四，被继承人生前未支付的，有强制执行效力的罚金、罚款、违约金、赔偿金等；

第五，遗赠扶养协议之债；

第六，其他债权。

收到法院通知的债权人，其债权申报期限为收到通知后 1 个月内，未收到通知的债权人，其债权申报期限为公告之日起 3 个月内。

7. 遗产破产的受理

（1）管辖法院。有管辖权的法院应为被继承人住所地的基层人民法院或主要遗产所在地的基层人民法院。

（2）受理的效果。

①自遗产破产案件受理之日起，继承人（遗产清理人、遗产管理人）承担以下义务：遗产保全义务、说明义务、提交义务；不对个别债权人清偿的义务。

②自遗产破产案件受理之日起，自动冻结遗产债权人的个别追索行为。

8. 清偿行为的无效

被继承人死亡前 3 个月至破产宣告之日，被继承人的无偿或恶意处分行为无效。

（二）遗产破产制度的设置基础

1. 设立遗产破产制度的必要性

（1）有助于弥补遗产之债保全措施行使的不足。在被继承人生前行为危害债权人债权时，我们赋予了债权人行使撤销权来保全自己的债权，但是，基于遗产债权人撤销权行使的局限性，其不足以充分保护债权人的利益：

第一，被继承人对部分到期债权的清偿，其他未得清偿的到期债权人不得主张撤销。因为，清偿届期债务不能作为撤销权行使的对象。

第二，被继承人所为的有偿法律行为如清偿未到期债务等，撤销权的行使必须以债务人即被继承人与受益人均有恶意的条件，若仅有债务人的恶意而受益人为善意时则不得撤销其二者之间的法律关系。

第三，被继承人生前处分其财产的行为，并不总是能为其债权人所知晓，当其债权人不知晓被继承人所为的危及他们债权的行为时，也就无从行使撤销权。

第四，撤销权的行使系为全体债权人的利益，撤销权人有义务将取回的财产或取得的代替原来利益的损害赔偿金加入债务人的一般财产，作为全体一般债权人债权的共同担保，撤销权人对其取回的利益并无就其债权额优先受偿的权利，其债权只能按债权总额中所占的比例清偿。撤销权的这个效力无疑会削弱债权人行使撤销权的积极性。

第五，撤销权的行使必须通过法院按诉讼程序进行，颇为费时费力。

综上分析，我们不难发现，撤销权的行使并不能充分有效地保护遗产债权人的利益。在笔者看来，此时如引入遗产破产的法律制度，以上问题即可迎刃而解。

（2）有助于债务人死亡且无人继承时债权的实现。由于债务人的死亡，又无继承人或者继承人表示放弃继承，而使债权人主张权利面临下述两方面的困难：

第一，没有适格的被告。实践中，债务人死亡留有一定遗产，但无人继承时，如果有继承人的，由于继承人已明确表示放弃继承，债权人此时向继承人主张权利则没有法律依据。退一步讲，即使可以向继承人主张，由于遗产不够折抵债务，继承人为了少找麻烦而什么都不管，因此也是形同虚设；如果无继承人，债权人又不能擅自处分遗产。寻求保护，法律又告知没有被告而不予受理。实际上，债权人往往无处主张其权利。

第二，没有可适用的审理程序。债务人死亡且留有一定的遗产，但是没有人继承或继承人明确表示放弃继承的案件，没有适当的审理程序。其一，不能适用普通的民事案件审理程序。由于债务人死亡，没有继承人或者继承人明确表示放弃继承，因而没有适格的被告，不符合《民事诉讼法》第119条的规定，因此，不能按照普通的民事案件审理。其二，不能适用特别程序审理。由于债权人主张的是债权，属于民事权益争议，不属于《民事诉讼法》第177条规定的情形，因此，不能适用特别程序审理。其三，不能适用企业法人破产还债程序审理。因为该程序的适用对象只能是企业法人。

面对上述窘境，债权人只有通过法律救济，而目前的法律制度又使得债权人得不到相应的法律救济，故有必要设立遗产破产制度，以有效维护债权人的合法利益。

（3）有助于避免继承人“坐收渔利”。由于继承人放弃继承往往是因为遗产不足以折抵债务，而法律制度的空白，使得债权人无法实现债权。虽然继承人明确表示放弃继承，但往往实际上占有遗产，因此，最终还是继承人得到遗产。

2. 设立遗产破产制度的法理学基础

（1）基于平等的观念。平等是一种社会观念，在其作为近代资本主义政治制度的价值目标之前，早已为远古的哲学家所推崇，但无论平等这一制度或思想源自何处，它始终都是社会正义的化身，是法律价值体系中首要的构成内容。在法学范畴内，主体的机会平等是平等最重要的含义，亦即是“每个人都享有作为人被平等对待的权利”。[①] 民事主体要平等地被对待，在权利能力上必须平等，只有使一切主体平等地拥有享受权利、承担义务的机会，在困境获得法律同等的救济，方可实现最真正的法律人格的平等。

---

① “Taking rights seriously ”, (rerised edition) by R. Dworkin, Harvard university press pp. 272 – 273.

（2）基于增进社会经济关系稳定性的要求。稳定性是法理学上用以形容社会关系状态的术语。有人将秩序定义为社会中存在的各种关系稳定性、结构的有序性、行为的规则性、进程的连续性、事情的可预测性以及财产和心理的安全性等多方面，进而使稳定性成为秩序化后社会关系的表现。[①] 事实证明，大量动态中的经济关系实质就是特定当事人之间的具体权利义务关系——即民法上债的关系，这样债权、债务关系必将透过经济关系对社会的稳定性加以影响，因此，债的关系的畅顺是社会稳定的重要因素。

3. 设立遗产破产制度的可行性

“历史的经验已经反复证明，理论上很完美的制度不一定都可以付诸实施，而行之有效的制度未必都是事先设计好的。”[②] 笔者认为，在缺少成熟理论的研究时，我国建立遗产破产制度也有充分的可能性。除社会经济发展情况外，很重要的一点就是，某些实体和程序上的规范可以直接从现有的法律中获得。这主要表现在《民法通则》第 108 条、第 84 条第 2 款规定了“债务应当清偿”，“债权人有权要求债务人按照合同的约定或者依照法律的规定履行义务”。《继承法》第 33 条规定：“继承遗产应当清偿被继承人依法应当缴纳的税款和债务，缴纳税款和清偿债务以他的遗产实际价值为限。超过遗产实际价值部分，继承人自愿偿还的不在此限。继承人放弃继承的，对被继承人依法应当缴纳的税款和债务可以不负偿还责任。”《破产法》第 7 条规定，企业法人已解散但未清算或未清算完毕，资产不足以清偿债务的，依法负有清算责任的人应当向人民法院申请破产清算。

从上述规定可以看出，一方面，无论是企业法人，还是公民或其他组织，债务人都有义务依照合同的约定与法律的规定履行义务。当公民死亡后，特别是继承人放弃继承后，因继承人对被继承

---

① 张文显：《法的一般原理》，辽宁大学出版社 1988 年版，第 93 页。
② 季卫东：《法治与选择》，载《中外法学》1998 年第 4 期。

人依法应当缴纳的税款和债务可以不负清偿责任，债权人的利益难以得到保障。

企业法人因严重亏损，无力清偿到期债务，可以宣告破产。应用类比推理的逻辑原理，公民因死亡这一法律事实的出现，死亡公民作为债权债务关系当事人，已丧失了主体资格，以之为中心所形成的法律关系必将消灭，因此，对民事法律关系中的债权债务关系和行政法律关系中的纳税和征税关系做出法律上的确认和处理，进入清产和还债程序是完全可行的，也是非常必要的。

另一方面，债权人都有权利依照法律规定或合同约定享有债权，而这种债权，依照民法通则规定的公民、法人和其他组织在民事法律关系中的平等地位和民法通则所规定的民事行为的公平性原则，各债权人之间的民事债权是平等的，债务人对各债权人的义务应当是平等的。退一步来讲，假定债权人与债务人之间的权利义务关系已转化为继承人与各债权人之间的债权债务关系，也应当是平等的。因此，设立死亡公民破产还债程序也是十分必要的。

（三）遗产破产制度设计之依据

1. 关于遗产破产的主体

遗产具有破产能力表明遗产不再是权利、义务的客体，而是作为主体。既然是主体，法律必须确认其应有的地位。从民事主体范围考虑，除了自然人、法人之外，非法人组织作为民事主体已经是不可争议的事实。对于非法人组织，一般都是指不具备法人资格的人的集合体。遗产作为财产的集合体，与财团法人相似，但遗产又无法达到财团法人的设立条件，如财产必须达到一定数额、必须进行登记等。遗产作为死者的财产，需要从夫妻共有财产、家庭共有财产中进行分割，并且这些遗产又作为亲属寄托感情的载体，数量又不等，其目的仅仅是分割。由于这些因素的存在，无法使遗产等同于财团法人。对遗产的管理可以使用财团法人的管理方法，但不能确认其为财团法人。如果还要明确遗产的主体地位的话，可直接定位为非财团法人。

2. 关于遗产破产的原因

债务超过，又被称为资不抵债，是指遗产债务总额①超过遗产总额。债务超过是遗产破产的原因，并且是唯一的原因。② 究其缘由乃在于遗产具有固定性，在继承开始后到破产宣告时止，其范围一般总是确定的。

3. 关于遗产破产的申请主体

（1）死者的继承人在遗产出现不能清偿债务的情形时，可以申请遗产破产。继承人申请遗产破产的应符合：其一，该继承人没有放弃继承也未丧失继承权；其二，被继承人所遗留的财产债权不足以偿付其所负的有效债务（包括到期债务和未到期债务）；其三，对上述支付能力状况，申请人应提供证据证明；其四，以书面形式提出申请。

（2）遗产清理人、管理人有权对遗产进行管理和处分，在遗产出现不能清偿债务的情形时，可以申请遗产破产。遗产清理人、管理人申请遗产破产的应符合：其一，被继承人所遗留的财产债权不足以偿付其所负的有效债务（包括到期债务和未到期债务）；其二，对上述支付能力状况，申请人应提供证据证明；其三，以书面形式提出申请。

（3）债务人（被继承人）死后，遗产债权人可以直接对遗产提出破产。遗产债权人申请遗产破产的应符合：其一，有证据证明被继承人的经济状况恶化或有证据证明继承人、遗产管理人有损害债权人利益的行为；其二，债权人可以自己提出申请也可以由他人代理申请；其三，申请人以书面形式提出申请。

---

① 在遗产债务总额确定的时候，应把所有的债务，不论是否已届清偿期、不论所附条件是否已成就，均计算在内。原因在于，被继承人死亡以后，遗产债权人权益的实现与否全在遗产。此时，如果遗产不足以清偿所有的债务，而未到期的（所附条件未成就的）债权与到期的（所附条件已成就的）债权又不能得到一起清偿，其就有可能失去保障，这对债权人显然不公平。

② 肖贤贵：《破产法》，中国社会科学出版社 1995 年版，第 40 页。

在前面的论述中笔者已经提到，债权人、继承人和遗产管理人均有权申请遗产破产。继承人和遗产管理人申请破产是法律赋予的一种特权，因为在一般民事诉讼程序上，继承人和遗产管理人是不能对自己提起诉讼的。法律之所以规定继承人和遗产管理人可以提起破产申请，是因为他们较为了解遗产的负债情况，在资不抵债的情况下，及时提出破产申请，能够避免损失的进一步扩大，有利于债权人利益的保护。但是，法律赋予继承人和遗产管理人的这种特权，在现实生活中，不可避免地要被继承人和遗产管理人利用，当遗产负债累累，继承人和遗产管理人在时机成熟的时候主动申请破产，借以摆脱沉重的债务负担。对于此种情况，法律上如何补救，国外的做法值得我们借鉴：首先，是规定继承人和遗产管理人有申请破产的义务，而不是申请破产的权利。因为规定其有申请破产的义务则意味着一旦达到了法律规定的界限就必须主动申请破产，这样做可以较好地保护债权人的利益。其次，全面规定破产犯罪问题。通过加强破产犯罪的规定，避免利用破产制度损害债权人利益情形的发生。

4. 关于遗产破产的目的

由于债务人死亡后才发生遗产破产，其破产原因又是债务超过，因此，遗产破产不存在自然人破产或法人破产中的破产人再生的问题，遗产破产的目的是唯一的，即破产清算。

5. 关于遗产破产的破产财产的范围

破产财产，是指破产宣告时为破产人所有，依破产程序在债权人之间进行分配的全部财产。对于遗产破产的破产财产的范围而言，通常认为，以属于遗产的一切财产为破产财产。此处所谓的“一切财产”并不限于继承开始时的财产，在继承开始后宣告破产前，继承人、遗产管理人等由于管理和处分遗产而生的权利也应当计算在总额内。

6. 关于遗产破产的破产债权的范围

（1）被继承人生前成立的无财产担保的债权。无财产担保的债权，又称为普通债权。是指债权人在设立债权时，没有要求债务人以其特定的财产作为履行债务的担保的债权。

（2）被继承人生前成立的有财产担保的债权，其数额超过担保价额的未受清偿部分。该部分为普通债权。

（3）遗产破产宣告时未到期的债权。这种债权视为已到期，因为若等到期限届至，债务人的财产会被其他债权人分配完毕，该债权人因此而索债无门，不免有失公平。所以，未到期的债权应作为破产债权，但应减去未到期的利息。盖因利息因时间作用而产生，破产宣告后，债务人不可能继续使用本金，故不应支付未到期的利息。

（4）被继承人生前未支付的，有强制执行效力的罚金、罚款、违约金、赔偿金等。被继承人生前因触犯我国相关法律而被科以的经济处罚，是国家对破产人违法犯罪行为的追究，是其对社会应承担的法律责任。债务人不能因为自己死亡和破产而推卸这种责任，故应列入破产债权。

（5）遗赠扶养协议之债。所谓遗赠扶养协议，是指遗赠人与扶养人签订的，由遗赠人遗赠个人财产给扶养人所有，扶养人承担遗赠人生养死葬义务的协议。在该债权债务关系中，对价表现为对债务人生前的扶养和债权人对债务人死后遗产的获得，其符合普通债权的特征，所以应当被列为破产债权。

（6）其他债权。该条属于兜底性规定，目的在于查遗补漏，适应不断变动的现实的需要。

关于债权申报期限的规定，采用了现行破产法的设计，以保证法之间的统一。

7. 关于遗产破产的受理

（1）管辖法院。为保持部门法之间制度设计的统一，适用了民事诉讼法有关专属管辖的规定。

（2）受理的效果。法院受理遗产破产申请，意味着破产程序的开始。破产程序开始后，破产财产进入保全状态，遗产债权人的权利行使也受到约束。具体说，发生以下效果：

第一，对继承人（遗产清理人、遗产管理人）的约束。自遗产破产案件受理之日起，继承人（遗产清理人、遗产管理人）承担以下义务：遗产保全义务、说明义务、提交义务。保全债务人的财产和掌握债务人在财务、经营和其他有关方面的信息，是人民法院审理遗产破产案件和债权人行使权利的重要条件。因此，保护和移交财产、如实说明有关情况和完整、真实提交有关材料，是继承人（遗产清理人、遗产管理人）在破产制度上的重要义务。

不对个别债权人清偿的义务。遗产破产程序开始后，未经人民法院许可，继承人（遗产清理人、遗产管理人）不得对个别遗产债权人清偿债务，也不得以破产财产设立新的担保。

第二，对遗产债权人的约束。遗产破产程序的一个重要任务，就是维护债权人集体受偿的秩序。因此，破产程序开始的一个重要效果，就是自遗产破产案件受理之日起，自动冻结遗产债权人的个别追索行为。具体表现为以下三项规定：其一，遗产破产案件受理后，遗产债权人只能通过遗产破产程序行使权利，其不得个别追索债务，也不能向人民法院提起新的民事诉讼；其二，有财产担保的遗产债权人，在破产案件受理后至破产宣告前的期间，未经人民法院准许，不得行使优先权；其三，被继承人生前的开户银行，不得扣划其既存款抵还债款。

8. 关于清偿行为的无效

人民法院受理破产案件后，对被继承人财产的民事执行程序中止，继承人对部分债权人的清偿无效，各债权人只能通过破产还债程序按比例提请清偿；公民死亡，被宣告破产后，死亡公民生前一定时期内某些处分自己财产的行为无效。企业法人破产法规定的期限是人民法院受理破产案件前6个月至破产宣告之日这段时期。对于遗产破产应稍短些，以被继承人死亡前3个月至破产宣告之日为宜。因为，被继承人生前恶意处分自己的财产是基于其意识到自己将不久于人世这一点上，而其这种预见能力是有一定限度的。某些处分自己财产的行为指下列行为：

第一，无偿转让其财产；

第二，放弃自己的债权；

第三，对未到期的债务提前清偿；

第四，对到期的数个债务，只清偿了部分债权人的债务；

第五，隐匿或者无偿转让财产。

四、关于遗产债务的清偿顺序

当一笔财产上有多项债权同时存在时，哪一项应优先受偿，哪一项应次之，这对保障债权人的利益是相当重要的。法律主体不外乎自然人、法人、非法人组织。某自然人的死亡将引起继承法律关系发生；而法人的终止，亦将导致其债权、债务的清偿。对于后者各国都有专门的法律加以调整，即破产法。二者不乏相同之处，故在此，笔者拟结合破产法的相关原理和制度，分析遗产债务清偿之序列问题。

（一）遗产债务清偿顺序之制度设计

第一顺序：共益费用；

第二顺序：确为维持生存所需要的特留份、酌给遗产；

第三顺序：遗赠扶养协议之债；

第四顺序：劳动债权；

第五顺序：死者生前所欠的第三、第四顺序以外的债务；

第六顺序：遗赠。

（二）遗产债务清偿顺序设计之依据

1. 确定遗产债务清偿顺序的原则

（1）“共益费用”随时清偿原则。在继承关系中，为了分配遗产，在其发生过程中产生一些费用与支出，如制作遗产目录的费用、因遗产分配所生之诉讼费用，遗产管理人的报酬等，这些费用都是为了全体遗产债权人的共同利益所支出的，因而其实质是“共益费用”。其本职与破产法上的共益费用是一回事儿。各国法对共益费用的一般做法是“由破产财产随时支付”。[1]

(2) 最必要性原则。生存权是最基本的人权。一个人死后，他的遗产应当首先用于解决依靠死者生活且没有生活来源的继承人的生活之所必需。也就是说，如果继承人中有缺乏劳动能力又无生活来源的人，即使积极财产不足以折抵消极财产时，也应为其保留适当的财产。因为人的基本生活保障应当放在最优先的位置。史尚宽先生精辟地指出，“向被继承人受扶养者，固定得因特留份之享有而不再需要扶养，其期待依财产以生活者，亦得因特留份之取得而为能力之社会一员，此莫不直接或间接的为社会全体之利益”。[2]此外，从我国实际出发，我国是一个社会保障体系颇为滞后的国家，社会保障水平低，尤其对于广大农民缺乏有效的社会保障机制。故我们应充分发挥家庭的保障功能。

(3) 先有偿后无偿原则。“债的信用结合有偿，使财富通过交易而营资本之功能。”[3] 相对，在资源稀缺之前提下，无偿只能作为例外。而同时，虽同为交换正义的体现，因侵害引起对损失的赔偿责任是非自愿的交换，又较因合同引起的自愿的债务更有实现的必要。[4]

---

① 例如，《日本破产法》第49条规定：“财团债权无须依破产程序，得随时清偿。”具体而言：①不按破产分配方案受偿，以示其与破产债权的区别。②具有强制执行力。当破产管理人不为共益费用的偿还时，权利人可申请法院为强制执行。③对共益费用的清偿应通过破产管理人，而破产管理人承认与清偿共益费用的，应经法院或监督人同意。在日本民法典上，共益费用权利人对于债务人的总财产享有先取特权。类推适用，在继承过程中所生之共益费用亦应由遗产随时支付，并且应优于一般债权而获清偿。我国《企业破产法》第113条规定：“破产财产在优先清偿破产费用和共益债务后，依照下列顺序清偿：(一) 破产人所欠职工的工资和医疗、伤残补助、抚恤费用，所欠的应当划入职工个人账户的基本养老保险、基本医疗保险费用，以及法律、行政法规规定应当支付给职工的补偿金；(二) 破产人欠缴的除前项规定以外的社会保险费用和破产人所欠税款；(三) 普通破产债权。破产财产不足以清偿同一顺序的清偿要求的，按照比例分配。破产企业的董事、监事和高级管理人员的工资按照该企业职工的平均工资计算。”

② 史尚宽：《继承法论》，荣泰印书馆1966年版，第555页。

③ 林城二：《民法理论与问题研究》，中国政法大学出版社2000年版，第139页。

④ 张力、张红梅：《论遗产债务清偿的顺序》，载《法论》2001年第4期。

2. 确定遗产债务清偿顺序之立法理由

（1）关于共益费用。从被继承人死亡时起，到遗产分配完为止，必然要发生对遗产的清点、保管、处理等问题。在此期间，为保障遗产的顺利分割而做出的努力，对所有的遗产应得人都有利，对于这些公共费用的开支，理应在遗产中首先扣除。

（2）关于确为维持生存所需要的特留份、酌给遗产。

①确为维持生存所需要的特留份。将特留份之债排在第二位，理由如下：其一，作为法定继承人，如果在被继承人未死亡之前，失去劳动能力又没有生活来源，被继承人对他有抚养义务，在他死后，这种义务可以免除，但如果被继承人留有遗产，也应当为他们保留适当的份额，以维持其正常的生活需要，这于法于理，都无可厚非；其二，生存权是最基本的人权，即使遗产不足以清偿税款和债务，也应当为其保留适当的份额，以维持其生存需要。

②确为维持生存所需要的酌给遗产。如前所述，此处的酌给遗产是指继承人以外的，依靠被继承人生前扶养，缺乏劳动能力又没有生活来源的人，在被继承人死后，依法可以请求分得适当的遗产。

根据我国宪法之规定，公民在年老、疾病或者丧失劳动能力时，国家应该给予物质帮助。被继承人在生前出于道义扶养了继承人以外的，缺乏劳动能力又没有生活来源的人，是值得提倡的。同时也体现了被继承人的生前意愿。

（3）关于遗赠扶养协议之债。遗赠扶养协议的双方当事人是在平等自愿的基础上经过协商，在意思表示一致的基础上签订协议的。在遗赠扶养协议中，遗赠人和扶养人相互享有权利的同时又都相互负有义务，且双方当事人在从对方获得权益时都支付了相应的代价，因此，遗赠扶养协议是双务、有偿性质的双方法律行为。此外，虽然遗赠扶养协议中所规定的遗赠财产转移要到遗赠人死亡时才能实现。但是，协议一经签订，遗赠扶养协议中的扶养部分，即扶养人在协议中承担的对遗赠人生养死葬义务那一部分内容，则在协议达成之后，遗赠人生存时就要履行。故遗赠扶养协议之债应先于其他债务履行。

（4）关于劳动债权。劳动债权，是指雇员基于劳动关系而对雇主所享有的各种请求权的总和。劳动债权在性质上仍然属于普通债权，但从保护劳动者和维护人权的需要考虑，有必要赋予其“超级优先的法律地位”①。

（5）死者生前所欠的第三、第四顺序以外的债务。这一顺位的债务，主要包括无因管理之债、普通债务和死者生前所欠的税款等以国家财政为后盾的债务。

①关于无因管理之债。无因管理是这样的行为：“对于他人事务，并无加以干涉之权利或义务，然吾人相倚互助，以防止他人之损害或增进他人之利益，自社会利益之意，为应奖励之事，管理事物之制度，即基于此理想而建立，于保护本人利益之中，寓有适合社会利益之事。”② 无因管理从法律价值上看，体现了公平正义的法律精神，反映出社会对于维护公序良俗行为的赞许。

但是，在各国关于无因管理的法律中，并没有规定管理人得向本人请求补偿的权利，导致在司法实践中的适用也不尽如人意。③我国法学界也同样如此，究其深层原因：一方面是由于立法的不完善，我国《民法通则》对无因管理的规定体现在第93条：“没有法定的或者约定的义务，为避免他人利益受损失进行管理或者服务的，有权要求受益人偿付由此而支付的必要费用。”而《继承法》也只在第14条规定，继承人以外的对被继承人扶养较多的人，可以分给他们适当的遗产。另一方面还存在着社会伦理道德观念上的障碍。我国公民道德对所谓的“施恩图报”行为非常藐视，认为

① 仇家明：《论破产程序中劳动债权的清偿顺序及范围》，载《政法学刊》2005年第5期。

② 史尚宽：《民法总论》，中国政法大学出版社2000年版，第56页。

③ 李滇：《浅议无因管理之债的价值与救济》，载《东岳论坛》2003年第6期。

它与我国“助人为乐”的优良传统是背道而驰的。这种观念，使得无因管理人即使因实施管理行为而遭受损失也不愿意诉诸法律，害怕被别人蔑视，以致其蒙受损失的合法权益无法得到合理的补偿。这样势必会导致当今社会无因管理行为的减少。

要保护好管理人的利益，首先应当从完善立法入手。立法中必须将受益人的补偿责任明确规定下来，而不应模棱两可地用“可以给予适当补偿”来解决受益人的责任问题。

②关于一般债务和以国家财政为后盾的债务。《继承法》第33条规定，继承遗产应当清偿被继承人依法应当缴纳的税款和债务，缴纳税款和清偿债务以他的遗产实际价值为限。税款和债务孰优先孰滞后？笔者认为应处于同一序列。原因有二：第一，国家机关及某些国有法人以国家财政为后盾，与孤立的私人债权人相比较而言，它们理所当然应有所谦让，而不应鼓励它们与个人争利，造成公权与私权竞争的假象。第二，现代许多发达国家已将税款改为一般破产债权，其主要考虑到“税收债权往往数额较大，一旦列为优先权，将使得其他破产债权难以得到清偿和分配，故从保护一般债权人利益出发，应将之列为一般破产债权”。“没有任何迹象表明对税收优先权的废除会影响国库的收入。相反，却有许多债权人被迫放弃他们合理正当的请求权，以便使政府能得到优先受偿。”①

（6）关于遗赠。遗赠为无对价的负债，且死者遗留的积极财产在性质上为死者生前债务的担保，故偿还死者生前所欠的债务和生前所欠的税款、罚金等，应优先于遗赠之债，否则不仅与继承法确定的宗旨不符，而且可能因被继承人的单方意志，而使其他债权人的利益受到损害②。

---

① 李永军：《破产法律制度》，中国法制出版社2000年版，第204页、第334页。

② 蓝承烈：《民法专题研究与应用》，群众出版社2002年版，第453页。

参考文献

专著

1. 郑玉波：《民法总则》，三民书局 1979 年版。

2. 张文显：《法的一般原理》，辽宁大学出版社 1988 年版。

3. 刘素萍：《继承法》，中国人民大学出版社 1988 年版。

4. 刘春茂：《中国民法学·财产继承》，中国人民公安大学出版社 1990 年版。

5. 张晋藩：《台湾法律概论》，中国政法大学出版社 1992 年版。

6. 杨振山：《民商法实务研究》，山西经济出版社 1993 年版。

7. 高清海：《哲学的憧憬——〈形而上学〉的沉思》，吉林大学出版社 1995 年版。

8. 苏力：《变法、法治及其本土资源》，中国政法大学出版社 1996 年版。

9. 卓泽渊：《法的价值论》，法律出版社 1997 年版。

10. 孙正聿：《哲学通论》，辽宁人民出版社 1998 年版。

11. 郭明瑞、房绍坤：《继承法》，法律出版社 1998 年版。

12. 梁慧星：《民法总论》，法律出版社 1998 年版。

13. 李双元、温世扬：《比较民法学》，武汉大学出版社 1998 年版。

14. 陈棋炎：《民法继承新论》，三民书局 1998 年版。

15. 王泽鉴：《民法学说与判例研究》（第4期），中国政法大学出版社1998年版。

16. 梅仲协：《民法要义》，中国政法大学出版社1998年版。

17. 王涌：《私权的概念》，法律出版社1999年版。

18. 张玉敏：《继承法律制度研究》，法律出版社1999年版。

19. 张文显：《法理学》，高等教育出版社1999年版。

20. 侯放：《继承法比较》，福建人民出版社1999年版。

21. 林秀雄：《民法亲属继承争议问题研究》，五南图书出版公司1999年版。

22. 曹诗权：《婚姻家庭继承法学》，中国法制出版社1999年版。

23. 梁治平：《法律的文化解释》，三联书店1999年版。

24. 解兴权：《通向正义之路——法律推理的方法论研究》，中国政法大学出版社2000年版。

25. 林城二：《民法理论与问题研究》，中国政法大学出版社2000年版。

26. 李永军：《破产法律制度》，中国法制出版社2000年版。

27. 黄宗乐：《民法继承新论》，三民书局2000年版。

28. 史尚宽：《继承法论》，中国政法大学出版社2000年版。

29. 梁慧星：《中国物权法草案建议稿》，中国社会科学文献出版社2000年版。

30. 梁文书、黄赤东：《继承法及其配套规定新释新解》，人民法院出版社2001年版。

31. 周枏：《罗马法原论》，商务印书馆2001年版。

32. 靳宝兰、徐武生：《民事法律制度比较研究》，中国人民公安大学出版社2001年版。

33. 王泽鉴：《债法原理》（第1册），中国政法大学出版社2001年版。

34. 崔建远：《新合同法原理与案例评释》，吉林大学出版社

2001 年版。

35. 李开国、张玉敏:《中国民法学》，法律出版社 2002 年版。

36. 蓝承烈:《民法专题研究与应用》，群众出版社 2002 年版。

37. 梁凤荣:《中国传统民法理念与规范》，郑州大学出版社 2003 年版。

38. 王新生:《市民社会论》，广西人民出版社 2003 年版。

39. 李传敢:《王泽鉴法学全集第十卷——民法概要》，中国政法大学出版社 2003 年版。

40. 郭明瑞、房绍坤、关涛:《继承法研究》，中国人民大学出版社 2003 年版。

41. 马原、高圣平:《继承法及配套规定新释新解》，人民法院出版社 2003 年版。

42. 刘文:《继承法比较研究》，中国人民公安大学出版社 2004 年版。

43. 王利明:《中国民法典学者建议稿及立法理由》，法律出版社 2005 年版。

44. 陈苇:《婚姻家庭继承法学》，群众出版社 2005 年版。

45. 王承志:《美国冲突法重述之晚近发展》，法律出版社 2006 年版。

46. 杨立新、朱呈义:《继承法专论》，高等教育出版社 2006 年版。

47. 于飞:《海峡两岸民商事法律冲突问题研究》，商务印书馆 2007 年版。

48. 陈苇、宋豫主编:《中国大陆与港、澳、台继承法比较研究》，群众出版社 2007 年版。

49. 陈苇主编:《当代中国民众继承习惯实证调查研究》，群众出版社 2008 年版。

50. 陈苇主编:《外国继承法比较与中国民法典继承编制定研究》，北京大学出版社 2011 年版。

51. ［日］穗积陈重：《法律进化论》，黄尊三译，商务印书馆1929年版。

52. ［法］卢梭：《社会契约论》，何兆武译，商务印书馆1980年版。

53. ［英］B. 马林诺斯基：《文化论》，费孝通译，商务印书馆1940年版。

54. ［美］彼得·哈伊：《美国法律概论》，许庆坤译，北京大学出版社1983年版。

55. ［英］梅因：《古代法》，沈景一译，商务印书馆1983年版。

56. ［美］哈罗德·J. 伯尔曼：《法律与宗教》，梁治平译，三联书店1991年版。

57. ［意］彼德罗·彭梵德：《罗马法教科书》，黄风译，中国政法大学出版社1992年版。

58. ［美］罗伯特·考特、托马斯·尤伦：《法和经济学》，张军等译，上海三联书店1994年版。

59. ［美］路易斯·亨金、阿尔伯特·J. 罗森塔尔：《宪政与权利：美国宪法的域外影响》，郑戈、赵晓力、强世功译，三联书店1996年版。

60. ［德］马克斯·韦伯：《新教伦理与资本主义精神》，于晓、陈维纲译，三联书店1997年版。

61. ［美］罗纳德·德沃金：《认真对待权利》，信春鹰、吴玉章译，中国大百科全书出版社1998年版。

62. ［美］E. 博登海默：《法理学：法律哲学与法律方法》，邓正来译，中国政法大学出版社1999年版。

63. ［古罗马］优士丁尼：《法学阶梯》，徐国栋译，中国政法大学出版社1999年版。

64. ［日］星野英一：《私法中的人》，载梁慧星主编：《为权利而斗争》，中国法制出版社2000年版。

65. ［英］巴里·尼古拉斯：《罗马法概论》，黄风译，法律出版社 2000 年版。

66. ［日］大须贺明：《生存权论》，林浩译，法律出版社 2001 年版。

67. ［美］摩尔根：《古代社会》，陈德正、李焕丽导读，天津人民出版社 2010 年版。

68. ［德］黑格尔：《法哲学原理》（导读），杨东柱、尹建军、王哲编译，北京出版社 2007 年版。

69. ［日］三菱日联信托银行编著：《信托法务与实务》，张军建译，中国财政经济出版社 2010 年版。

学位论文

1. 石杰：《虚拟财产若干问题的法律研究》，兰州大学民商法学 2006 年硕士学位论文。

2. 余俊生：《网络虚拟财产法律问题研究》，中国政法大学 2008 年博士学位论文。

期刊文章

1. 尹田：《被继承人生前债务清偿问题探讨》，载《政治与法律》1987 年第 3 期。

2. 吴志忠：《丹麦的法定继承、遗产税及其给我们的借鉴》，载《法商研究》1994 年第 5 期。

3. 韦生琼：《保险金与遗产不能相提并论》，载《财经科学》1995 年第 2 期。

4. 曹满章、曹登润：《设立死亡公民清产还债程序初探》，载《现代法学》1996 年第 5 期。

5. 汤维建：《关于建立我国的个人破产程序制度的构想》，载《政法论坛》1997 年第 4 期。

6. 林秀雄：《限定继承人违反法定程序时之赔偿责任》，载

《月旦法学》1997年第2期。

7. 梁剑兵：《狗能继承遗产吗?》，载《中国律师》1997年第10期。

8. 严明、曹迎红：《财产继承转移机制研究》，载《求是学刊》1998年第1期。

9. 季卫东：《法治与选择》，载《中外法学》1998年第4期。

10. 齐树洁、林兴登：《论继承法对债权人利益的保护》，载《厦门大学学报》1998年第3期。

11. 黄宗乐：《论继承回复请求权》，载《辅仁法学》1999年第18期。

12. 施慧玲：《论我国家庭法之发展与研究——一个家庭法律社会学的观点》，载《政大法学评论》2000年第63期。

13. 田建强：《略论我国遗产的分割顺序》，载《天水师院学报》2000年第2期。

14. 张进军：《论限定继承制度的完善》，载《聊城师范学院学报》2000年第3期。

15. 赵钢、刘学在：《论代位权诉讼》，载《法学研究》2000年第6期。

16. 张力、张红梅：《论遗产债务清偿的顺序》，载《法论》2001年第4期。

17. 张晓辉、王启梁：《民间法的变迁与作用——云南25个少数民族村寨的民间法分析》，载《现代法学》2001年第5期。

18. 许勤、魏嶷：《概括继承、限定继承及其他》，载《学术月刊》2001年第8期。

19. 龙翼飞：《制定中国民法典财产继承编的思考与建议》，载《中华女子学院学报》2002年第4期。

20. 王建文：《死者生前债务法律处置初探》，载《天津市政法管理干部学院学报》2002年第3期。

21. 金锦城：《继承回复请求权之性质研究》，载《行政与法》

2002 年第 2 期。

22. 白庆兰：《当代继承制度发展趋势初探》，载《湖南省政法管理干部学院学报》2002 年第 5 期。

23. 王冬梅、孙传喜：《继承的放弃与债权人撤销权的行使》，载《哈尔滨市委党校学报》2002 年第 6 期。

24. 林秀雄：《继承回复请求权相关实务见解之研究》，载《辅仁法学》2002 年第 23 期。

25. 郑玉波：《民事责任之分析》，载郑玉波：《民商法问题研究（第 1 辑）》，三民书局 2002 年版。

26. 申建平：《遗产酌分请求权刍议》，载《北方论丛》2002 年第 4 期。

27. 张谷：《论债权让与契约与债务人保护原则》，载《中外法学》2003 年第 1 期。

28. 蔡宝刚：《法律与经济：马克思论财产关系及其经济意义》，载《法学研究》2003 年第 7 期。

29. 唐敏宝：《无人承认继承之遗产管理人与遗嘱执行人之规范竞合——评最高法院九十年度台上字第三一四号民事判决》，载《法学专刊》2003 年第 2 期。

30. 卢文峰：《论遗产债权的法律保护》，载《学术期刊文库》2003 年第 10 期。

31. 谭艳：《遗产债务清偿制度研究》，载《学术期刊文库》2003 年第 10 期。

32. 赵占领：《论虚拟财产的法律保护》，载《信息网络安全》2004 年第 5 期。

33. 郭明瑞、张平华：《海峡两岸继承法比较研究》，载《当代法学》2004 年第 3 期。

34. 司艳丽、仲相：《继承人旷缺制度研究》，载《烟台大学学报（哲学社会科学版）》2004 年第 17 卷第 4 期。

35. 编者按：《耐人寻味“遗产案”——疑案讨论读者意见之

一》，载《人民法院报》2004 年 5 月 30 日。

36. 于大海：《遗产之争》，载《人民法院报》2004 年 4 月 18 日。

37. 龙英锋：《从我国遗产的限定继承谈个人破产的设想》，载《政法学习》2004 年第 4 期。

38. 陈建伟、王燕华：《农村宅基地使用权不能作为遗产继承》，载《人民法院报》2005 年 1 月 4 日。

39. 陈苇、杜江涌：《中国农村妇女土地使用权与物权法保障研究》，载陈苇主编：《家事法研究》（2005 年卷），群众出版社 2006 年版。

40. 李润强：《唐代家庭财产的法律继承和遗嘱继承》，载《甘肃政法学院学报》2005 年第 1 期。

41. 寿步、徐彦冰：《网络游戏虚拟物的财产权保护》，载《中国知识产权报》2005 年 5 月 21 日。

42. 仇家明：《论破产程序中劳动债权的清偿顺序及范围》，载《政法学刊》2005 年第 5 期。

43. 杜江涌：《论意思自治原则在继承立法中的贯彻》，载《西华师范大学学报》2005 年第 1 期。

44. 张义华：《财产继承中债权人权利的保护》，载《法律适用》2005 年第 5 期。

45. 郭志俊、侯玉庆、徐泽清：《债务人死亡案件中适格被告的确定》，载《理论与实践周刊》2005 年第 24 期。

46. 杜江涌：《解读与重构：继承中的财产移转机制研究——以“和谐社会”理念为视角》，载《云南行政学院学报》2006 年第 3 期。

47. 张华贵：《财产归扣制度研究》，载《现代法学》2006 年第 4 期。

48. 王翔：《对我国应否建立归扣制度的商榷》，载《石河子大学学报（哲学社会科学版）》2007 年第 6 期。

49. 沈星:《也谈归扣制度——兼论我国是否应当引入归扣制度》,载《学术论坛》2008 年第 1 期。

50. 张平华、刘耀东:《遗产分割中的归扣制度研究》,载《法学论坛》2009 年第 1 期。

51. 于光辉:《论我国〈继承法〉的修改与完善》,载《法学杂志》2009 年第 9 期。

52. 李刚:《论夫妻一方婚内单独放弃继承的效力》,载《广西政法管理干部学院学报》2011 年第 4 期。

53. 孙文桢:《论人格继承和继承法的制度结构》,载《北方法学》2011 年第 1 期。

54. 张先明:《成绩有目共睹 经验弥足珍贵——2008 年以来全国民事审判工作综述》,载《人民法院报》2011 年 6 月 24 日。

55. 杨立新:《对修正〈继承法〉十个问题的意见》,载西南政法大学民商法学院和外国家庭法及妇女理论研究中心编印:《中国继承法修改热点难点问题研讨会论文集》2012 年 6 月。

法典

1. 赵秉志译:《澳门民法典》,中国人民大学出版社 1999 年版。

2. 殷生根、王燕译:《瑞士民法典》,中国政法大学出版社 1999 年版。

3. 《世界著名法典汉译丛书》编委会:《赫梯法典》,法律出版社 2000 年版。

4. 《世界著名法典汉译丛书》编委会:《摩奴法典》,法律出版社 2000 年版。

5. 尹田译:《阿尔及利亚民法典》,中国法制出版社 2002 年版。

6. 海棠、吴振平译:《蒙古国民法典》,中国法制出版社 2002 年版。

7. 鄢一美译：《俄罗斯新民法典·继承权》，清华大学出版社2003年版。

8. 费安玲、丁玫、张宓译：《意大利民法典》，中国政法大学出版社2004年版。

9. 罗结珍译：《法国民法典》，法律出版社2005年版。

10. 孙建江、郭站红、朱亚芬译：《魁北克民法典》，中国人民大学出版社2005年版。

11. 陈卫佐译注：《德国民法典》，法律出版社2006年版。

12. 渠涛编译：《日本民法典》，法律出版社2006年版。

13. 蒋月等译：《英国婚姻家庭制定法选集》，法律出版社2008年版。

14. 陈苇等译：《澳大利亚家庭法（2008年修正）》，群众出版社2009年版。

15. 陈忠林：《新学林分科六法——民法》，台湾新学林出版股份有限公司2011年版。

外文资料

1. William E. Hocking, Presentstus of the Philosophy of law and of rights, New haven, 1926.

2. William B . stoebuck, Dale A . Whitman, The law of Property: Oxford University Press, Oxford, England, 1982.

3. See Eugene F. Scoles, Succession Without Administration: Past and Future, 48 Mo. L. Rev, 1983.

4. John H. Langbein, The Nonprobate Revolution And The Future Of The Law Of Succession, Harvard Law Review ,1984.

5. Osborne MJ and A Rubinstein, Bargaining and Markets. San Diego: Acade mic Press, 1990.

6. Arthur Hartkamp etc, Towards a European Civil code and edition, Kluwer law international, 1998.

7. Richard A. Posner, Economic Aalysis of Law, Little Brown and Company, 1992.

8. Christian Stewart, Analysis: Estate Duty Planning For Partners, Hong Kong Law Journal, 1997.

9. Mary F. Radford And F. Skip Sugarman, Georgia's New Probate Code, Georgia State University Law Review, 1997.

10. Jeffrey T. Drake, Casenote & Comment: Devolution Agreements: Non - Probate Disposition Of Community Property In Idaho And Washington, Idaho Law Review, 1998.

11. Mary F. Radford and F. Skip Sugarman, GEORGIA'S NEW PROBATE CODE, Georgia State University Georgia State University Law Review, 2000.

12. Andrew Halkyard, Hong Kong Estate Duty: A Blueprint For Reform, Hong Kong Law Journal, 2000.

13. Jesse Dukeminier, Stanley M. Johanson, Will, Trust and Estates, CETEC Publishing House, 2003.

14. David D. Friedman, What Economics Has to Do with Law and Why It Matters, Sanra Clara Press, 2004.

15. Randal A. Kauffman, Survival Actions Who Has Standing To Represent An Estate? Texas Bar Journal June, 2004.

16. Robert L. Aldridge, 2004 Legislative Report, Advocate June, Albany Law Review, 2004.

17. Ed Wallis, An Outdated Form Of Evidentiary Law: A Survey Of Dead Man's Statutes And A Proposal For Change., Cleveland State Law Review, 2005.

18. R. Dworkin, Taking rights seriously, (rerised edition) Harvard university press, 2006.

19. Richard D. Villa, Medical Malpractice & Mental Incompetence: Tinkle - Ing On The Two - Year Statute Of Limitations, South

Texas Law Review Winter, 2004.

20. Jason A. Frank, Long Term Care In The 21st Century, Maryland Bar Journal July/August, 2005.

21. U. S. A law, http://usa. dongyu. net. cn. 访问日期 2008 年 8 月 10 日。

22. UNIFORM PROBATE CODE (Last Amended or Revised in 2006), http://www. law. upenn. edu/bll/archives/ulc/upc/final2005. htm, 访问日期 2007 年 8 月 16 日。

23. AndrewIwobi, Essential Succession, Wuhan University Press, 2004.

24. Herbert Elliott, Basic Estate lanning, http://www. usalaw. com, 访问日期 2012 年 7 月 30 日。

25. "probate records: England and Wales", http://www. alanmann. com. 访问日期 2012 年 7 月 30 日。

后　记

在歌乐山脚的台阶路中已经踯躅徘徊了十八个春秋，从黄昏中的毓秀湖到晨曦下的陈家坡，从喧嚣的罗马广场到静寂的敬业楼，不知丈量了多少次来去匆匆。于梦中，我常想：你挚爱的热土，给你刻下了什么样的生命烙印？山城底蕴，江畔性格，苦身立志，宁静淡泊。

“日出江花红胜火，春来江水绿如蓝。”在春日的晨曦中，我站在缀满鲜花的巴渝大地，眺望远方，向那带来光明与希望的伟大使者注目行礼，微风拂面，鸟鸣盈耳，群峰显现，曲水生晶，大地一片生机。这是崭新的一天，每个人都对生活充满了期待，而我希望通过自己的辛勤劳作能在这开满鲜花的土地上收获那甜美的浆果。

感谢生我养我的父母，三十余载恩重如山。是他们的养育，让我有今日厚重的人生；是他们的付出，让我有对事业执著的力量。父亲的宽爱，母亲的严厉，照亮我人生前行的道路。

感谢培养我的导师陈苇教授，七年师生情同母子。先生的严谨，让我受益匪浅；先生的批评和鼓励，让我走好人生的每一步。

感谢我的爱人，默默付出始终无悔。她的依赖，让我懂得为人夫的角色；她的善良与单纯，让我坚定执子之手与子偕老。

感谢民商法学院的前辈和同人，感谢我的学弟、学妹，感谢我的朋友们，感谢困境中给予我支持和鼓励的每一个人。他们让我学会珍惜生命中的点点滴滴，他们让我快乐前行。

值此本书付梓，犬子杜禹乐恒（一一）茁壮成长……

附　录

西南政法大学外国家庭法及妇女理论研究中心简介（中英文对照）

学术顾问（以姓氏笔画为序）：王建华、方　俐、兰运华、李春茹、陈　彬、郭渝平

主　　任：陈　苇

副 主 任：张华贵、朱　凡

秘 书 长：杜江涌

副秘书长：胡苷用

2003 年 12 月至 2004 年 12 月西南政法大学民商法学院博士生导师陈苇教授受国家留学基金资助，由国家教育部公派出国留学作为访问学者到澳大利亚悉尼大学法学院进修家庭法一年。她回国后于 2005 年 1 月向学校提出了建立“西南政法大学外国家庭法及妇女理论研究中心”的书面申请。2005 年 4 月 1 日西南政法大学校长办公会议批准同意该研究中心成立。

本“研究中心”的宗旨是通过整合本校婚姻家庭法及妇女理论方面的科研与教学资源，联合校内外其他单位与部门的相关人员，以西南政法大学为依托，开展中外学术交流，着力研究现阶段中外婚姻家庭继承法及妇女领域的重大理论和实践课题，为我国婚姻家庭继承法的完善及妇女理论的发展提供有益的借鉴经验，为我国立法机关提出相关建议，为司法部门提供法律咨询服务，争取多出科研成果，出精品科研成果，为创建国内一流、国际知名的西南政法大学而努力。

本“研究中心”的主要任务包括：1. 开展中外学术交流；

2. 提供专业咨询服务；3. 进行理论研究；4. 培养婚姻家庭继承法及妇女理论的学术人才；5. 组织开展学术讲座等，以期造就一批在本学科领域有一定影响的学术骨干和后备学术带头人。

本“研究中心”以《家事法研究》论丛作为学术研究阵地，每年计划推出 1～2 辑，由国家级出版社出版。并创建“研究中心”的网页——中外婚姻家庭法及妇女理论论坛，发表本研究中心成员的学术成果、开展对婚姻家庭问题的讨论，并邀请相关中外专家、学者、立法和司法实务部门人员进入该“论坛”，进行学术交流，以期实现学术研究与立法、司法的良性互动，促进中外学术研究和学术交流。

本“研究中心”以西南政法大学民商法学院婚姻家庭继承法和妇女理论研究所的人员为基础，并聘请校内外的专家、学者担任学术顾问和特约研究员而组成。

Appendix

Introduction of the Research Center on Foreign Family Law and Women's Theory of Southwest University of Political Science and Law, China

Academic Consultants: Wang Jianhua, Fang Li, Lan Yunhua, Li Chunru, Chen Bin, Guo Yuping

Director: Chen Wei

Deputy Director: Zhang Huagui, Zhu Fan

Academic Secretary: Du Jiangyong

Deputy Academic Secretary: Hu Ganyong

Introduction

Professor Chen Wei, the doctor tutor of the Civil and Business Law School of Southwest University of Political Science and Law, China [hereinafter refers to SWUPL], studied family law in the Law School of Sydney University, Australia from Dec. 2003 to Dec. 2004 with the sustentation of "STATE SCHOLARSHIP FUND AWARD". In Jan. 2005, some days after came back to China, she presented the application for establishing "the Research Center on Foreign Family Law and Women's Theory of SWUPL, China". On Apr. 1st 2005, the President's Working Office of SWUPL approved her application.

The aim of the Research Center, is to develop academic exchange between China and foreign countries, put emphasis on grand important theory and practice problems of family law and women's theory by associating the researching and teaching resources of SWUPL with relevant personnel of other units and departments. All of that we have done and will do have some important meaning: (1) may provide the valuable experiences for the perfection of the laws of family and succession in China and the development of women's theory, (2) may provide relevant suggestions to Chinese legislature, and (3) may provide legal advices to judicial practice departments. We hope that SWUPL will be top ranking internally and famous internationally with our efforts.

The assignments of the Research Center including: (1) developing academic exchange between China and foreign countries in relevant fields; (2) providing professional consultation service; (3) strengthen academic research; (4) training some academic adepts of family law and women's theory; (5) giving academic lectures. We hope that some adepts and reserve academic leaders with certain influence in family law field would be brought up.

The research place of the Research Center including: (1) "Research on Family Law", is the analects of our academic research theses which will be published by a national publishing house one or two times per year; (2) "China and Foreign Countries Family Law and Women's Theory Forum", is the official website of the center. There will be academic products of center's members, discussions on family law and women's theory, and academic exchanges of experts, scholars, and judicial personnel of China and foreign countries. We hope to realize the virtuous communication between the theory and the practice and promote the academic exchange and research of China and foreign countries.

The personnel of the Research Center are mainly composed of scholars from the Marriage, Family and Succession Law and Women's Theory Research Institute of the Civil and Business Law School of SWUPL, China. We also invite some famous experts and scholars around the whole country to be the consultants and special research fellows. They are the members of the Research Center too.

图书在版编目（CIP）数据

遗产债务法律制度研究 / 杜江涌著 . —北京：群众出版社，2013.1
（家事法研究学术文库）
ISBN 978 - 7 - 5014 - 5093 - 0

Ⅰ. ①遗… Ⅱ. ①杜… Ⅲ. ①继承法—研究—中国
Ⅳ. ①D923.54

中国版本图书馆 CIP 数据核字（2012）第 307026 号

遗产债务法律制度研究

杜江涌 著

出版发行：群众出版社
地 址：北京市西城区木樨地南里
邮政编码：100038
经 销：新华书店
印 刷：北京蓝空印刷厂

版 次：2013 年 1 月第 1 版
印 次：2013 年 1 月第 1 次
印 张：8.625
开 本：880 毫米 ×1230 毫米 1/32
字 数：232 千字

书 号：ISBN 978 - 7 - 5014 - 5093 - 0
定 价：30.00 元

网 址：www.qzcbs.com
电子邮箱：qzcbs@sohu.com

营销中心电话：010 - 83903254
读者服务部电话（门市）：010 - 83903257
警官读者俱乐部电话（网购、邮购）：010 - 83903253
法律分社电话：010 - 83905745

本社图书出现印装质量问题，由本社负责退换